世纪精睿


高职高专全息化经济管理类系列教材

高等教育经济管理类“十二五”规划教材


# 经济学原理与应用


主编　金春良



上海交通大学出版社

## 内 容 提 要

本教材按照“模块引导、任务驱动”的模式组织教学内容，共设置了 9 个模块、22 个任务。9 大模块中，模块 1 介绍了经济学的概况，模块 2、3、4、5、6 阐述了微观经济学的供求理论、弹性理论、消费者行为理论、产量成本理论、市场结构理论、收入分配理论，模块 7、8、9 阐述了宏观经济学的国民收入核算、经济增长与经济周期理论、失业与通货膨胀理论以及宏观经济政策。在每个任务中，不仅按照必须、够用的原则安排了基本理论，还配以与理论部分等量的案例资源，实现了基本原理学习与案例分析的有机结合。力图通过上述安排，使本教材在落实能力培养方面有所突破。

**图书在版编目(CIP)数据**

经济学原理与应用/金春良主编. —上海：上海交通大学出版社，2013

高职高专全息化经济管理类教材

ISBN 978-7-313-09212-0

Ⅰ. 经... Ⅱ. 金... Ⅲ. 经济学—高等职业教育—教材 Ⅳ. F0

中国版本图书馆 CIP 数据核字(2012)第 273650 号

**经济学原理与应用**

金春良 **主编**

上海交通大学出版社出版发行

（上海市番禺路 951 号 邮政编码 200030）

电话：64071208 出版人：韩建民

上海华业装璜印刷有限公司 印刷 全国新华书店经销

开本：787mm×1092mm 1/16 印张：15.5 字数：398 千字

2013 年 1 月第 1 版 2013 年 1 月第 1 次印刷

印数：1～3 030

ISBN 978-7-313-09212-0/F 定价：34.00 元

# 前　　言

高职院校经济学课程应该使用什么样的教材?

高职教育的灵魂是应用,当高职的经济学教材具有以下三个特点时,或许更有利于教学:第一,理论够用,不追求理论体系的深而全,但要保证理论体系的基本完整性;第二,教材内容体现实用性,以激发学生主动学习;第三,教材内容体现趣味性,快乐地学习更符合人的天性。

基于以上思路,本教材作了一种"新瓶新酒"的尝试,即采用"模块引导、任务驱动"的编写体例,配以与理论部分等量的案例资源。

按照够用原则,本教材提炼出 20 多条高职经济管理类学生应该掌握和了解的基本定理、规律、原理等经济学基础理论,为学习后续专业课奠定基础,同时对高职经济管理类学生的未来工作和生活有较大的指导意义。

在此基础上,本教材将《经济原理应用》划分为 9 个教学模块,其中,模块 1 是全书的总括,模块 2、3、4、5、6 是微观经济模块,模块 7、8、9 是宏观经济模块。微观经济模块中,供求理论模块是整个微观经济理论的核心,其他理论模块都是围绕该模块展开的。宏观经济模块中,国民收入核算及决定模块是整个宏观经济理论的核心。

随后,本教材根据每个模块包含的基本原理,划分出相应的教学任务,基本上一个原理对应一个任务,9 个模块共有 22 个任务,着重培养学生运用该原理解决实际问题的能力。

本教材选用的案例包括三种类型:第一种是从互联网摘录的各家媒体刊登的时事新闻案例,如"优惠政策取消,小排量车受冷"、"限购令——楼市调控的行政手段"、"巴菲特慈善午餐拍卖"等;第二种是根据分散各处的零星素材加工而成的汇总资讯案例,如"低碳经济——从官方到民间的共同话题"、"中外啤酒企业的扩张"、"三种不同类型的价格变动"等;第三种是根据编者工作和生活中观察到的周围经济现象"创作"的虚拟案例,如"刘老师夫妇购买二手房的机会成本"、"陈老师炒股票划不划算?"、"蚕豆新上市"等。

本教材在出版之前,已经以自编讲义的形式在内部使用了两次,根据教学过程中反馈情况总结,本教材具有以下三个特点:

1. 模块引导,任务驱动

本教材以高职经济管理类学生未来工作和生活的实际需要为主线来规划模块和设计教学任务,在延续以往教材理论体系完整性的基础上,大大提升了学生学习态度的主动性、学习方法的探究性和学习过程的合作性。

编者建议任务驱动式教学以下列步骤进行:课前,学生带着驱动案例所设置的问题阅读教材,观看教材配套课件;课堂上,教师用相关案例创设教学情境,将基本原理讲解与案例分析相结合,用基本原理解析案例,以案例印证基本原理;课后,用练习题巩固课堂所学,加深对所学原理的理解。

2. 学用结合、能力为本

任务的编写设计全程贯彻“学用结合”的教改理念，将“驱动案例”、“案例引读”、“案例解析”“典型案例探讨”、“案例分析”等能力训练贯穿每个任务编写设计全过程，通过大容量、密集的案例思考和训练，逐步培养起学生对经济现象的感知力，使其在以后的工作生活中接触各种经济现象时，能够自觉地运用所学经济原理去分析问题，并能够提出解决问题的基本思路，从而以之指导微观经济活动。

3. 化繁为简，深入浅出

经济学的实用性是毋庸置疑的，但是相当部分学生认为经济学理论晦涩难懂，学习这门课没什么用，为此，本教材选用了大量的案例资源，以帮助学生克服消极的学习心理。如用案例“优惠政策取消，小排量车受冷”说明需求的变动，用案例“长春车展上演价格优惠战”帮助学生理解薄利多销。最终学生会发现，经济学的学习过程，就是枯燥的经济学理论与工作生活中的经济现象不断“对接”的过程，经济学为他们提供了观察经济社会的窗口，经济学是非常实用的，从而不断增加学习的主动性。

对于编者来说，编写经济学任务驱动型教材是个全新的尝试，由于水平有限，加之时间仓促，书中肯定存在许多不足之处，祈愿每一个读者朋友能够不吝批评指正。

高职院校经济学教材的建设任重而道远，任务驱动型教材是目前比较流行的模式，但也不排除还有其他更好的模式，祈愿能有更多的同行加入到高职经济学教材建设探索中来，祈愿高职经济学课程改革日新月异，早日成功。

本教材由江阴职业技术学院金春良老师设计编写方案并担任主编，龚隐春副教授、冯军老师担任副主编，汪彤彤副教授担任主审。具体分工如下：金春良老师编写模块一、二，奚建军老师编写模块三，冯军老师编写模块四，龚隐春副教授编写模块五、六、七，鲍松媛老师编写模块八、九，全书由金春良老师通稿。

本教材在编写过程中，参阅了众多的经济学优秀教材和专著；上海交通大学出版社的相关人士给予了细致的指导和热情的服务，在此一并表示感谢。

编　者

2012 年 2 月

# 目　录

**赠送课件说明：**

充实教学内容、丰富教学资源、改进教学方法是高校教师提高教学质量的基本思路，也是我们编写教材的宗旨。为方便教师教学，我们配套制作了本教材的教学课件，免费提供给使用本教材的教师。为保证教师获得课件，请授课教师填写开课情况证明，同时注明联系方式，并邮寄(或传真)至下列地址，我们将在 48 小时内寄出课件，或向教师提供用户名和密码，在本社网站(www.jiaodapress.com.cn)上下载课件。本书第三部分"案例介绍与分析"的相关内容也可在上述网站上下载。

联系人：王华祖
地址：上海交通大学出版社职教图书出版中心　上海市番禺路 951 号
邮编：200030
电话：(021)60403028，(021)60403033(fax)
E-mail：jimshua@hotmail.com

# 模块一 经济学启蒙

基本任务

1. 经济学是关于选择的科学
2. 经济学基本原理鸟瞰

**【模块简介】**

经济学是一门关于选择的科学！

消费者需要不断作出各种消费选择：假如想买一套学区房，现在该不该出手？暑假要不要带孩子出去旅游？电脑落伍了，是将就一段时间还是马上换新的？刚考上大学的孩子要求来个“苹果三件套”，要不要满足他？

企业老板更是每时每刻面对大量的生产经营决策：要不要扩大企业规模？要不要接这份订单？要不要典当融资？要不要花大价钱在央视做广告？同行打价格战，要不要应战？金融危机了，要不要裁员？

消费者和企业为什么要不断地作出选择呢？

市场上有亿万个消费者，从经济学的角度看，他们在做两件事：第一，出卖劳动力等生产要素，挣钱；第二，用挣来的钱购买消费品，目的是通过消费获取欲望的满足，得到最大的效用。为了用有限的收入换取最大程度的满足，消费者就必须精心“布局”他的消费。

市场上有千千万万的企业，从经济学的角度看，这些企业也都在做两件事：第一，购买劳动力、原材料和机器设备等生产要素并生产产品；第二，出售产品。企业做这两件事的目的是获利。为了获取最大的利润，企业的每一步都必须精打细算。

所以，消费者的选择是为了追求效用最大化，企业的选择是为了追求利润最大化。

但是，选择会产生机会成本，消费者和企业只要做出了选择，就必须考虑机会成本！

本模块将为您掀开经济学的“盖头”。

# 任务1 经济学是关于选择的科学

**本项目内容结构图**

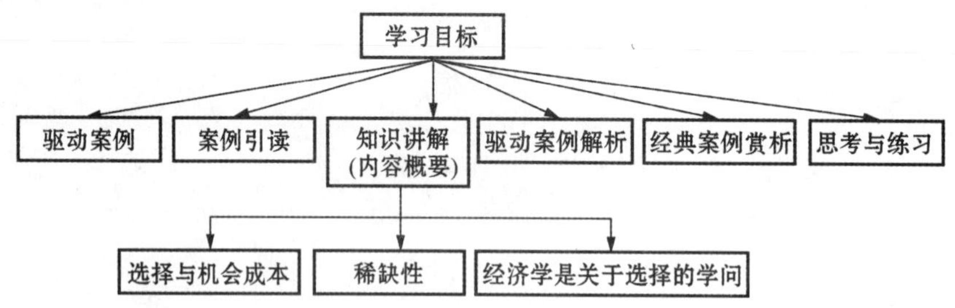

## 学习目标

• **知识目标**

(1) 掌握经济学的定义。

(2) 掌握稀缺性的定义。

(3) 掌握机会成本的含义。

(4) 了解生产可能线的含义。

• **能力目标**

能够分析单个企业或消费者某项决策的机会成本。

## 驱动案例

**刘老师夫妇购买二手房的机会成本**

刘老师有个独生女儿,今年上六年级,即将要升入初中。

刘老师夫妇商量后,打算购买江阴主城区公园新村的二手房,面积为50平方米,该地段的商品房归属于N中学学区。N中学是江苏名校,刘老师夫妇希望女儿到N中学读初中。

根据江阴房产网的资料,2012年春季公园新村二手房的均价大约在每平方米9000元左右,刘老师夫妇看中的一套50平方米的二手房网上标价45万元。

刘老师的夫人认为,3~5年内,江阴主城区的房价不会大幅上涨,也很难大幅下跌。3年以后应该可以将房子原价转手,因此购买学区房支付的费用包括两部分,一是买卖2次交易需要缴纳的契税2.7万元,二是购房时给中介支付的佣金约3000元。刘老师说:“老婆啊,你没有考虑机会成本。”

**问题:**什么是机会成本?刘老师夫妇购买二手房的机会成本是什么?

## 案例引读

**不满足的现代人**

刘老师有位同窗好友王先生。2002 年，王先生贷款买了一套二手房，从父母家分出来。那时，这对小夫妻最大的心愿是用 10 年时间还清贷款。

2005 年，王先生下海开了一家公司，赚了上千万。富裕后的王先生先购买了一套黄山湖的别墅，又给自己买了一辆别克车代步。后来，由于夫妻俩老是抢车用，王先生干脆又买了辆车，夫妻俩一人一辆车。

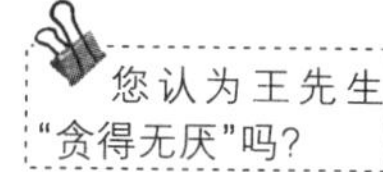

您认为王先生“贪得无厌”吗？

刘老师与王先生聚会，恭维王先生生活在蜜罐里，应该非常满足了。谁知王先生说，现在的道路越来越堵了，他真想向华西村学习，买架直升飞机开开。

## 知识讲解

### 一、个人、企业和社会面临选择

现代社会，我们经常面临选择。例如，江职业技术学院的张同学原本打算利用元旦回家探望父母，但是 12 月 30 日，班主任通知，期终考试时间提前至 1 月 4 日到 6 日。由于复习时间紧张，张同学就面临选择，要么冒着考砸的风险回家，要么克制想家的念头留下来复习迎考。

想一想，最近您做出了什么选择？

现代社会，不仅每一个普通人必须面临选择，整个社会也不得不作出选择。

假设某地区生产两种物品：汽车和住房。从生产力分配角度考试，该地区可以全部生产汽车或全部生产住房，也可以生产一部分汽车、一部分住房，如图 1-1 所示：

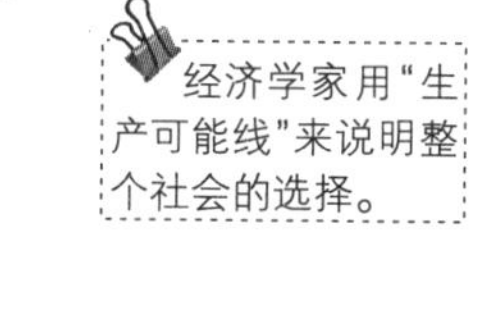

经济学家用“生产可能线”来说明整个社会的选择。

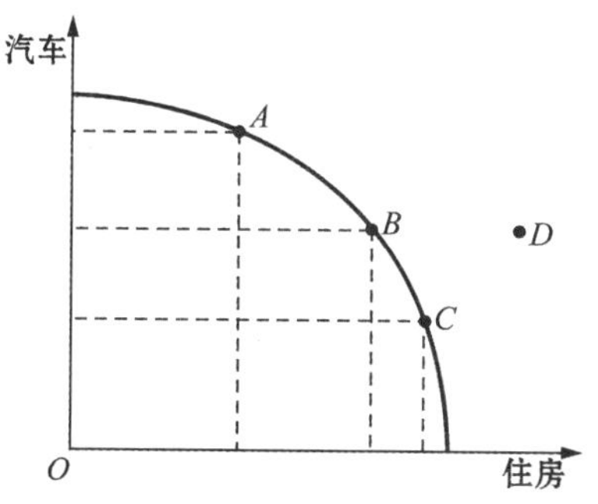


图 1-1　某地区生产可能线

图 1-1 中，$A$ 点表示该地区“开足马力”，才能达到的最大汽车和住房产量的组合，$B$ 点和 $C$ 点同样如此。区别是：$A$ 点表示该地区生产较多的汽车、较少的住房，$B$ 点表示该地区生产的汽车和住房数量大致相当，$C$ 点表示该地区生产较少的汽车、较多的住房。

$A$、$B$、$C$ 三点分别表示三种不同的汽车和住房产量组合，因为这三点都已经

"开足马力",所以从 $A$ 点到 $B$ 点,增加住房的产量就必须减少汽车的产量,从 $B$ 点到 $C$ 点同样如此。$A$、$B$、$C$ 三点所在的曲线是该地区目前能发挥的"最高水平",这条曲线就是**生产可能线**(全称"生产可能性边界线")。

推而广之,满足公众的居住需要,是建造更多的高档别墅还是更多的普通商品房?解决公众的出行难题,是公交优先还是大力发展私家车?这些论题都可以用生产可能线描述。

我们在学习经济学理论时,必须学会使用假设。

通过假设一个地区只生产两种物品:汽车和住房,我们就可以方便地理解汽车和住房之间此消彼长的关系。一旦我们理解了两种产品之间此消彼长的关系,我们就可以更好地理解真实世界中各种产品之间此消彼长的关系。

## 二、选择的隐性代价——机会成本

选择使人们必须"承担"机会成本。**机会成本**是指企业在生产经营过程中所实际支付的各种费用,包括房屋租金、设备折旧、原材料采购费用、工资、财务利息等。机会成本与人们日常提及的会计成本有明显的差别。

会计成本的实质是"实际支付的费用";机会成本的实质是"无奈放弃的机会"。

会计成本是指企业在生产经营过程中实际支付的各种费用,包括工资、财务利息、房屋租金、原材料采购费用等。显然,会计成本是一种企业真金白银的支出。

机会成本并不是指实际的支付,而是决策者在做出一种选择时无奈放弃的其他机会。虽然没有实际付出,但是这个"无奈放弃的机会"却是人们在作出决策时必须考虑的。

可以用下面的案例来说明机会成本。

### 相关案例链接

**陈老师炒股票划不划算?**

陈老师是一所中学的英语老师,平时上课,每年暑假她都在一家外贸公司起草商务公文并担任翻译。兼职的报酬比较高,每个暑假陈老师都能获得 1 万元的外快,而且兼职让她大长见识,熟悉了商场上的常规流程。

陈老师的父亲是个资深股民,这几年来,由于操作不当,亏损较大,情绪低落。2012 年暑假,陈老师放弃了兼职,接手了他的股票账户,做起了短时间的股民。由于陈老师善于学习,加之花 5 000 元拜了个师父,一个暑假下来,陈老师将账户中的 10 万元炒到 11.5 万元,2 个月的收益率达到 15%。

机会成本容易被人们忽视,所以是一种"隐性"代价。

陈老师的父亲很高兴,认为女儿有炒股票的天赋,这个暑假把账户交给女儿很划算,但是陈老师却认为她炒股票并不怎么划算!

陈老师在选择炒股票是有机会成本的。陈老师炒股票后,不得不放弃了兼职,自然也就放弃了 1 万元的兼职收入,这个"无奈放弃的获取 1 万元报酬的机会",就是陈老师炒股票的机会成本。

机会成本普遍存在:只要选择,就必然面对机会成本。

**注意:**某项决策有两种选择方案时,两种方案互为机会成本,如图 1-2 所示:

**注意:**某项决策有多种选择方案时,一种方案的机会成本是其余方案中的"最优项方案",如图 1-3 所示:

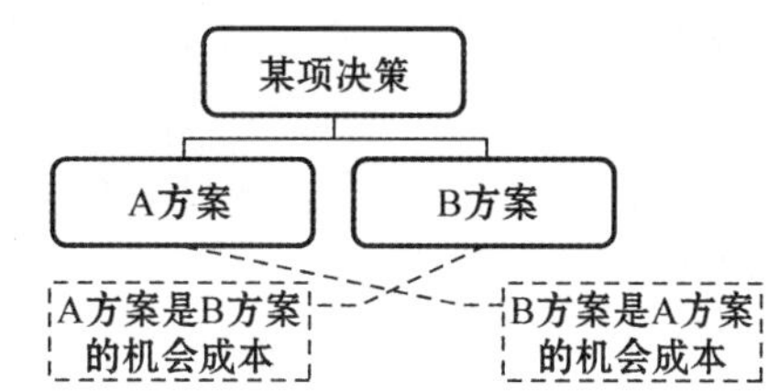


图 1-2　两种选择方案时的机会成本

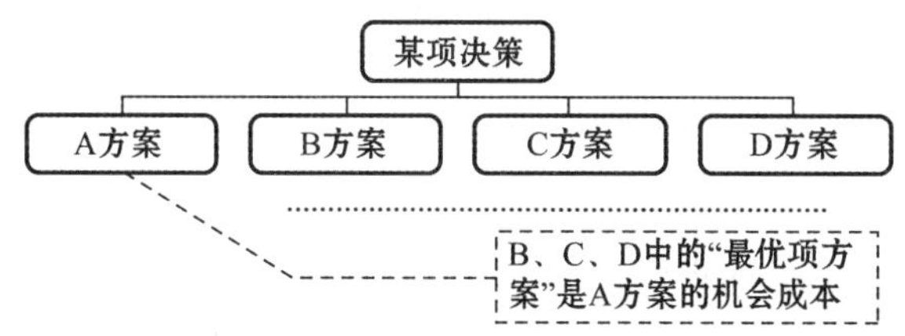


图 1-3　多种选择方案时的机会成本

因此，前文提及的江阴职业技术学院的张同学选择元旦期间回家团聚，就必须放弃复习迎考的时间，放弃的复习迎考时间就是回家团聚的机会成本；选择复习迎考，就必须放弃回家团聚，放弃的回家团聚机会就是复习迎考的机会成本。

江阴文化路南侧与砂山路西侧交界处，原本是一块农田，某开发公司开发了高端楼盘丹芙春城。建造丹芙春城的机会成本是什么？

## 三、个人、企业和社会选择最优方案

1. 个人、企业和社会的欲望是无穷尽的

**个人：**在这个世界上，大多数人对物质产品和劳务的欲望是无穷尽的。

现代社会中，多数人并不满足于简单的生存，还想消耗更多的物品，如更多更华丽的衣服、更贵更精美的食物、更大更高档的房子等。而且，这种消耗更多物品的欲望是会不断膨胀的，旧的欲望满足了，新的欲望又随之产生。案例引读中刘老师的同窗好友王先生，不过是一个典型的缩影而已。

**企业：**企业的目标是追求更多的利润，如何获得就要从产销量、成本、价格三方面挖掘潜力。

### 相关案例链接

**A 房产公司如何创造更多的利润？**

A 房产公司是一家从事房地产开发的中型房地产企业。

2010 年，该公司实现商品房销售面积 10 万平方米，平均每平方米单价 6 000 元，共计实现销售金额 6 亿元；平均每平方米会计成本 5 400 元，总成本 5.4 亿元，平均每平方米税前利润 600 元，公司实现总的税前利润 6 000 万元。

税前利润是指没有扣除企业所得税的利润。

2010 年年底公司股东大会上，A 房产公司张总经理首先向出席股东大会的各位股东表示感谢，并表示 2011 年他将率领全体员工为股东们创造更多的利润。

从经济学的角度看，2011 年，A 房产公司该如何创造比 2010 年更多的利润呢？

(1) 扩大商品房销售面积。如果其他条件不变，2011 年销售面积增加到 15 万平方米，公司税前利润将达到 9 000 万元。

600×15 万=9 000 万

(2) 降低每平方米商品房成本。如果其他条件不变，每平方米成本降低到 5 300元，2011 年公司税前利润将达到 7 000 万元。

(6 000－5 300)×10 万=7 000 万

(3) 提高每平方米商品房销售价格。如果其他条件不变，每平方米销售价格提高到 6 300 元，2011 年公司税前利润将会达到 9 000 万元。

(6 300－5 400)×10 万=9 000 万

现实中，很难有“成本下降”和“价格提高”同时出现的好事。A 房产公司只有加强成本管理，使成本比同行低一点，同时坚持精细开发，使价格比同行高一点，就能扩大获利空间，赚取高于同行的利润。

**社会**：社会是由无数个个人和数量众多的企业组成的集合，由于个人和企业的欲望无穷尽，所以整个社会的欲望也是无穷尽的。图 1-1 中，人们要么选择 $A$ 点、要么选择 $B$ 点或 $C$ 点。但是人们想不想选择 $D$ 点呢？$D$ 点与 $C$ 点相比，这个地区的人们可以得到更多的住房，显然，$D$ 点更有吸引力。

2. 个人、企业和社会追求欲望的满足遭遇制约条件

个人、企业和社会在追求欲望满足时，会遭遇某种制约条件。

王先生想购买一架直升机代步，但这个想法面临着购买能力的制约。私人直升机的购买、使用、维护成本远高于私家车，王先生不一定能够负担得起。

江阴职业技术学院的张同学既想利用元旦回家探望父母，又想留下来复习迎考。但是张同学没有分身术，只能两者择其一。

陈老师如果能够兼职、炒股两不误，她的暑期收入将大大增加。但是，正所谓“一心不可二用”，外贸公司的制度也不会允许她“公私兼顾”。

图 1-1 中，$D$ 点更有吸引力，人们更想选择 $D$ 点：因为 $D$ 点与 $B$ 点相比，这个地区的人们可以得到更多的住房，而生产的汽车并不减少(就是说公众的出行改善了，而居住条件并不减弱)。但是，这个地区的生产能力毕竟有限，$B$ 点已经是“开足马力”了，$D$ 点的想法是不现实的。

上述几个例子只是追求欲望受阻的一个缩影。实际上，个人、企业和社会在追求欲望满足的过程中，必然会遭遇某种制约条件——满足欲望所需要的资源有限，这里的资源包括时间资源、信息资源、人力资源、自然资源、资本资源等。

经济学上用稀缺性来描述个人、企业和社会追求欲望受阻的状况，所谓**稀缺性**是指相对于个人、企业和社会不断增长的欲望而言，资源的相对不足状态。

3. 稀缺性制约下，个人、企业和社会选择最优满足方案

“理性人”是指希望以最小经济代价去获得最大经济利益的各类从事日常经济活动的主体。

由于稀缺性的存在，个人、企业和社会无法满足全部欲望，只能退而求其次，争取满足部分欲望。于是，个人、企业和社会经常在两种或两种以上的方案之间“摇摆不定”。经济学家们通常认为，“理性人”选择最优方案，最优方案也就是会计利润最大的方案。

陈老师根据什么认为她炒股票不划算呢？

2012 年暑假，陈老师有两种方案：

第一种是兼职翻译，按照以往水平，可以获得 1 万元的兼职收入。此处不考虑兼职时的劳动投入，公司这点活对于陈老师来说很轻松，因而陈老师兼职的会计利润是 1 万元。

第二种是炒股票，获得了 1.5 万元的收入，支付了 5000 元的拜师费。此处不考虑炒股票时的劳动投入，炒股票的决策不消耗体力，因而表面看陈老师炒股票的会计利润也是 1 万元。但是，炒股票是有心理压力的，陈老师在这两个月中所承受的心理压力肯定远远大于熟门熟路的兼职翻译。假设陈老师的心理压力成本是 3 000 元，考虑 3 000 元的心理成本，那么炒股票的会计利润实际只有 7 000元。

陈老师兼职的会计利润是 1 万元，炒股票的会计利润只有 7 000 元，两者比较，陈老师的最优方案是兼职，炒股票的确“很不划算”！

①会计利润等于总收益减去会计成本。

②总收益是指企业从事某项经济活动所得到的资金收入，包括成本和利润。

③广义上讲，总收益和会计成本可以是一种比方，总收益是指个人和企业从事某件事情的利益，会计成本是指个人和企业从事某件事情的代价。

4. 最优满足方案的经济利润

经济学家常用经济利润来判断某种方案是否最优。如果某种方案的经济利润为正，说明该方案为最优，可以执行；反之，如果某种方案的经济利润为负，说明该方案不是最优，不应该执行，决策者还有更好的选择。那么，什么是经济利润？

会计利润 ＝总收益 － 会计成本

经济利润 ＝总收益 － 会计成本 － 机会成本 ＝ 会计利润 － 机会成本

假设某项决策有 A、B、C、D 四种选择方案，根据机会成本的定义，A 方案的机会成本是指 B、C、D 三个方案中“最优选项”的会计利润。

如果 A 方案的会计利润大于其机会成本，经济利润为正，说明 A 方案的会计利润大于 B、C、D 三个方案的“最优选项”，A 方案是最优方案，应该执行。如果 A 方案的会计利润小于其机会成本，经济利润为负，说明 A 方案的会计利润小于 B、C、D 三个方案的“最优选项”，A 方案肯定不是最优方案，不应该执行。

在陈老师炒股票的案例中，其经济利润如何呢？

陈老师炒股票的会计利润 ＝1.5 万 －（5 000 ＋ 3 000）＝ 7 000

陈老师炒股票的经济利润 ＝7 000 － 10 000 ＝－ 3000

结论：陈老师炒股票的经济利润为负，不划算！

机会成本在经济学中是一个十分重要的概念，我们明白了机会成本的含义，就能自觉运用机会成本分析个人、企业和社会的某一项决策。判断个人、企业和社会的某一项方案是否最优，不仅要看实施该项方案的利益与代价对比，也要分析该方案有无替代方案，替代方案是否优于原方案，也就是说，学习“机会成本”的作用可以使我们养成“看看有无更好机会”的习惯。

会计利润为正、但是经济利润是负的方案，不划算，停！

## 四、经济学是关于选择的科学

经济学的产生源于“稀缺性”的存在，经济学是一门研究稀缺性制约下，个人、企业和社会如何选择最优方案的学问。下面三个问题将会在本书以后的各模块中被反复讨论，这些讨论将使我们更加明白“经济学是关于选择的科学”。

(1) 企业生产什么产品？现代人要生存和发展，就要消耗更多的商品，这些商品种类成千上万，都是由企业生产的。问题是，为什么这家企业愿意生产啤酒而那家企业愿意生产服装？

(2) 企业生产产品的方式是什么？是走“劳动密集型”生产路线，还是走“资本技术密集型”生产路线？换句话说，企业是靠人多来提高产量，还是靠先进的设备来提高产量？

(3) 企业生产的产品该卖给谁？为什么有人可以住豪宅、开名车、上高档酒楼，而有的人只能住经适房、挤公交、偶尔下下小饭馆？

这三个问题合并起来，被称为“资源配置”，资源配置是经济学要解决的核心问题。

## 驱动案例解析

### 刘老师夫妇购买二手房的机会成本

假设刘老师夫妇的45万有两种选择，第一是购买公园新村的50平方米二手房，第二是将45万存入银行。假如购买二手学区房，相应的收益是女儿可以分享N中学的优秀教学资源，必须的费用包括契税2.7万元和支付中介的佣金3 000元，合计3万元；假如将45万存入银行，以3年期利率4.75%计算，3年内可以获得银行存款利息收入约6.4万元，这个6.4万就是刘老师夫妇购买二手学区房的机会成本。

刘老师夫妇既然决定购买二手学区房，那么购买二手学区房肯定是他们的最优方案。也就是说，他认为，分享N中学的优秀教学资源是非常划算的事情，折算成经济价值肯定大于9.4万，这份经济价值在扣掉契税和佣金3万、银行存款利息收入6.4万后，仍然还有相当余额。

## 经典案例赏析

### 低碳经济——从官方到民间的共同话题

近几年来，随着全球气候变暖，节能减排和保护环境的话题频频为各方所关注。

2009年6月，中国社会科学院在北京发布《城市蓝皮书：中国城市发展报告(NO.2)》，报告指出，在全球气候变化的大背景下，发展低碳经济正在成为各级部门决策者的共识。节能减排，促进低碳经济发展，既是救治全球气候变暖的关键性方案，也是践行科学发展观的重要手段。

2009年12月7日，全球关注的联合国气候变化峰会在丹麦首都哥本哈根召开，多个国家和地区的与会者齐聚一堂，共同探讨世界各国共同关注的问题——气候暖化与“减排”计划。

国务院总理温家宝2009年3月5日在十一届全国人大三次会议上作政府工作报告时强调，要努力建设以低碳排放为特征的产业体系和消费模式，积极参与应对气候变化国际合作，推动全球应对气候变化取得新进展。

有网友发表关于低碳生活的好处：少浪费0.5千克粮食，可节能0.18千克标准煤，减排二氧化碳0.47千克；少喝一瓶啤酒，可减排二氧化碳0.2千克；减少使用1千克过度包装纸，可节能1.3千克标准煤，减排二氧化碳3.5千克；如果全国减少10%的一次性筷子使用量，可减排二氧化碳1.03亿千克。

那么，全球各国为什么要发展低碳经济？主要基于下列两点原因。

第一，地球上的石油煤炭即将用完。能源是世界各国发展经济的重要物质基础。在过去100多年里，西方主要国家先后完成了工业化，但同时也“吃掉了”地球上大量的石油和煤炭。石油和煤炭是不可再生的，用掉一点就少一点。据某世界能源机构预计，按照目前的用法，再过几十年地球上的石油、煤炭就要被用光了。可见，经济学的稀缺性概念真是非常“精辟”，地球老人家亿万年的储备仅仅只能供给人类几百年的挥霍。

第二，地球“呼吸系统”不堪重负。多年来，地球的“呼吸系统”已经陷于混乱。如同河流的自净能力一样，地球生态系统的自净能力也是有限度的。据相关研究，地球上每年约有200多亿吨二氧化碳没有及时被地球“处理”掉。近年来，这些多余的二氧化碳“为非作歹”，制造了一次又一次的自然灾害，人类同时也一次又一次体会到了“搬起石头砸自己的脚”的含义。

## 思考与练习

姓名________ 班级________ 学号________

**1. 名词解释**

机会成本

稀缺性

理性人

经济学

**2. 选择题**

(1) 根据经济学上稀缺性的定义,张先生的稀缺性是指(　　)。

A. 有了一辆捷达,还想拥有一辆奥迪

B. 年收入 20 万元

C. 尽管年收入 20 万元,但是他依然无法购买心仪已久的别墅

D. 不想出国旅游

(2) 稀缺性存在于下列情形(　　)。

A. 只存在于经济发达国家

B. 只存在于经济落后国家

C. 只存在于生产力不发达的原始社会

D. 存在于所有经济形态中

(3) 由于存在稀缺性,所以(　　)。

A. 个人和企业必须作出选择

B. 个人和企业无法作出正确选择

C. 个人和企业应该尽早作出选择

D. 个人和企业应该推迟作出选择

(4) 关于生产可能线的说法,正确的是(　　)。

A. 生产可能线上的任何一点表明资源得到了充分利用

B. 生产可能线内的任何一点表明尽管资源得到了充分利用,但是利用效率不高

C. 生产可能线外的任何一点表明资源没有得到充分利用

D. 生产可能线上的任何一点向右下方移动,表明两种产品的产量同时增加

(5) 下列关于机会成本的描述,正确的是(　　)。

A. 机会成本是指人们作出一项选择时所必须放弃的最优机会

B. 没有选择就没有机会成本

C. 机会成本并不是指实际的费用支出

D. 机会成本是一种隐性代价

E. 一项选择存在多项机会成本

**3. 作图题**

假定一个地区建造两种房子:别墅和普通商品房,可以全部建造别墅,可以全部建造普通商品房,也可以建造一部分别墅、一部分普通商品房。如下表所示:

| 建造方案 | 别墅 | 普通商品房 |
| --- | --- | --- |
| 一号 | 0 | 100 |
| 二号 | 10 | 80 |
| 三号 | 20 | 60 |
| 四号 | 30 | 40 |
| 五号 | 40 | 20 |
| 六号 | 50 | 0 |

要求:根据表中数据,作出该地区建造房子的生产可能线。

**4. 案例分析题**

2010 年 7 月 5 日,康佳集团以 3.42 亿元购得了昆山市周庄镇全旺路南侧总面积为 36.7 万平方米的土地,并将在该地块进行房地产及商业等配套开发。

2012 年 5 月 31 日,在昆明市土地和矿业权交易中心举行的土地拍卖活动中,联想控股融科智地房地产股份有限公司、云南汉鼎投资有限公司以底价竞得五华普吉片区 2 宗土地,土地面积共 139.76 亩。

讨论:康佳、联想涉足房地产业是他们的最优选择吗?从机会成本的角度谈谈他们涉足房地产业的合理性。

# 任务 2　经济学基本原理鸟瞰

**本项目内容结构图**

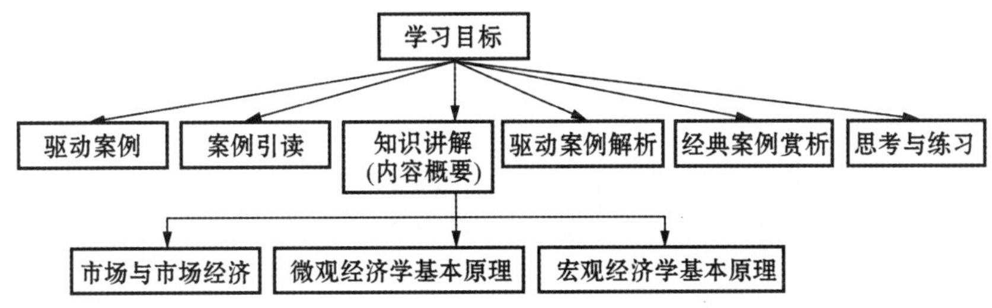

## 学习目标

- **知识目标**

(1) 掌握市场的含义。

(2) 初步理解市场经济中价格的作用。

(3) 初步熟悉微观、宏观经济学基本原理。

- **能力目标**

能够联系实际分析市场化的资源配置。

## 驱动案例

### 万科老业主大闹退房

在上周五下午万科上海提前展开的迎中秋楼盘优惠促销活动上，位于浦东三林的金色雅筑售楼处便闯入一些前期购房的准业主，拉住一些前去看房甚至准备签约的购房者，告诫他们不要买房，否则迟早也会沦为"退房团"的一员。

据记者了解，前期购房者"闹退房"从 8 月初便已开始。"退房团"首批队伍有 50 多人。金色雅筑今年 3 月开盘，至今已经降价 3 次，在此过程中，这些购房者有的损失了几十万元。

（资料来源：何契. 万科上海调价引发退房风波. 2008-09-02. 上海证券报）

**问题：**我们应该怎样看待万科业主的退房行为？

## 案例引读

### 不断变化的"三大件"

刘老师和他的同窗好友王先生关系很铁，隔段时间就要碰碰头。

不久前的一次碰头中，他们的话题是“生活三大件”。在一通神侃中，两人一点点地回想起了过去的生活。

20世纪80年代，人们追求的三大件是：电视机、收录机和洗衣机。

那时候，王先生还是个小孩子，记得隔壁的周叔叔家里买了个黑白电视机，放金庸的《射雕英雄传》时，全村人都来看，以至于不得不把电视机搬到房间外的小广场。

20世纪90年代，人们追求的三大件是：彩电、冰箱和音响。

市场经济使人们消费的物质产品快速增加。

当然，那时候的彩电还很笨重，一台电视机要两个人抬，但是比黑白电视机强得多了。那时候的冰箱也很小，180升的就算比较大了，不过质量很好，很多人家当时买的冰箱现在还在用着。没有多久，电话、空调、电脑又进入了人们的视线。刘老师记得，1998年他家装电话的初装费是2 200元，电脑更不便宜，价格要上万元。

21世纪，住房和汽车已经成为人们最大的追求，但除了这两件，还有一个大件是什么呢？两人一时想不出了。

## 知识讲解

### 一、市场

**市场**是指买卖双方交易的场所，市场可以是有形的，也可以是无形的。市场分为两类：物品市场和生产要素市场。参加交易的市场主体也有两类：消费者和企业。消费者和企业是通过物品市场和生产要素市场联结在一起的。

物品市场的物品包括有形的物品和无形的劳务。生产要素市场简称要素市场，下同。

市场上有千千万万的企业，生产出形形色色不同的商品。从经济学的角度看，无论是“巨无霸”的飞机制造公司，还是街边的小蛋糕店，其实质并无区别。本质上讲，这些企业都在做两件事：第一，购买劳动力、原材料和机器设备等生产要素，并使用这些要素生产出产品；第二，将产品拿到物品市场上出售。企业做这两件事的目的是获利。

生产要素是指企业进行生产经营活动时所需要的各种资源，包括劳动、资本、土地、企业家才能四种。

市场上有亿万个消费者，从经济学的角度看，他们也都在做两件事：第一，出卖劳动力等生产要素，获取要素报酬；第二，用所得收入购买消费品。个人做这两件事的目的是追求欲望的满足，经济学把个人消费物品得到的满足称为效用。

消费者和企业的活动可以用表1-1概括：

表1-1 消费者和企业的经济活动概貌

| 市场主体 | 市场 | | 目的 |
|---|---|---|---|
| | 要素市场 | 物品市场 | |
| 消费者 | ①出售生产要素 | ④购进物品 | 效用最大化 |
| 企业 | ②购进生产要素 | ③出售物品 | 利润最大化 |

表 1-1 中，隐含着消费者和企业之间的循环关系。

表中的①-②-③-④说明：在要素市场上，企业买进，消费者卖出；在物品市场上，企业卖出，消费者买进，形成一次完整的循环，并且，这个循环并不是只运转一次，而是日复一日、年复一年永不停止地运转下去，如图 1-4 所示：

想一想，如果哪天某企业生产出来的产品卖不出去，企业面临什么风险？企业还能"玩得转"吗？对消费者和企业之间的循环又有何影响？

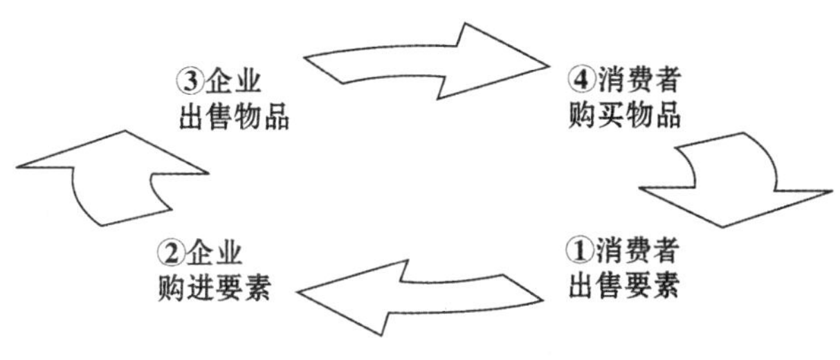


图 1-4　消费者和企业经济活动循环图

## 二、市场经济

### 1. 市场经济是人类应对稀缺性的较好选择

市场经济就是由企业和个人独立决策、由价格主导企业和个人经济活动的经济。

资源的稀缺性是永恒存在的。早期的原始社会，人类食不果腹，为生存而不断打架。当今的文明社会，人们并不缺衣少食，但却仍然做不到"无忧"，依旧每天关心自己的欲望。

虽然稀缺性存在于一切人类社会形态，但是各个时期人类应对稀缺性的方法是完全不同的。人类最近几百年的实践证明，市场经济是人类应对稀缺性的较好选择，人类选择了市场经济后，创造的社会财富空前增加。

为什么市场经济能够解放生产力呢？因为企业为了利润最大化，就要努力地生产适销对路的物品；而消费者为了满足自己的欲望，也会努力地工作，所以市场经济创造的社会财富会空前增加。

### 2. 价格在市场经济中的作用

市场经济是人类应对稀缺性的较好选择，在市场化的资源配置方式下，价格对人们的日常经济活动起着基础性调节作用，始终是微观市场主体关注的核心。价格在物品市场中，主要起到两种作用。

微观市场主体指参与生产和消费的每一个企业和每一个消费者。

(1) 反映某种商品的供求信息。市场上有许多消费者和企业，在长期的滚爬摸打中，学会了通过观察某商品价格变动的情况，来推测其供求变动的信息。打个比方，价格就像鱼线上的浮子。浮子动了，说明鱼儿活动了。某种商品的价格动了，说明该种商品的供求发生变化了：如果某种商品价格上升，说明该商品供不应求；反之，如果某种商品价格下跌，说明该商品供大于求。市场上流通着成千上万种商品，各种商品的价格起起落落，不断把每一种商品供求变化的信息传递给消费者和企业。

"其他条件不变"是指价格以外的其他因素都假设不变，详见模块 2。

(2) 引导微观市场主体的经济活动。从企业的角度讲，如果某种商品的价格上升，在其他条件不变的情况下，生产该产品的利润增加，企业必然会扩大产量；反之，企业必然会缩减产量。从消费者的角度讲，如果某种商品的价格上升，在其他条件不变的情况下,消费者必然会捂紧钱包,或者寻找价格较低的替代品消费;反之,消费者必然会乘机采购。

价格在要素市场中也起到两种作用:第一,反映各种生产要素的市场供求情况。如最近几年来我国各个地方高级技工工资连续上涨,背后的原因正是技术工人特别是高级技术工人供不应求,存在着很大的缺口,业界称之为"技工荒"现象。第二,影响消费者的要素出售和企业的要素购买。

3. "看不见的手"引导市场运行

市场是由亿万个消费者和众多的企业组成的集合体,在市场经济中,消费者和生产者分散各地,各自打着各自的"算盘"。在价格的引导下,企业根据某种物品的价格涨跌调整自己的生产决策,消费者根据某种物品的价格涨跌调整自己的购买决策,最终会使市场达到供求平衡。市场仿佛存在一只"看不见的手",引导着千千万万个企业和消费者作出正确的决策。企业得到了利润,消费者得到了想要的物品,各得其所,市场的运行井然有序。"看不见的手"的引导作用如图 1-5 所示:

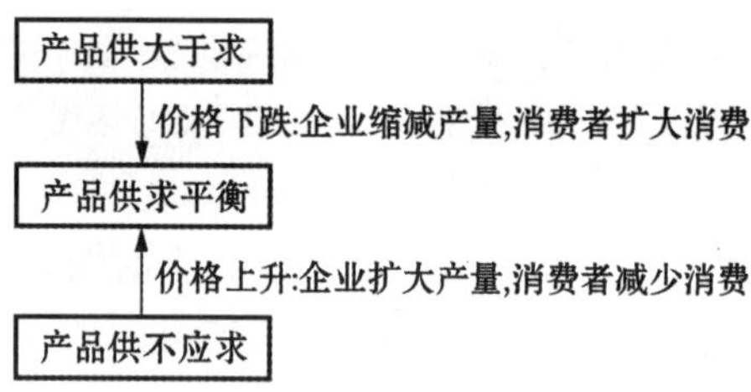


图 1-5 "看不见的手"示意图

"看不见的手"思想是由经济学鼻祖、现代经济学的奠基者、英国古典经济学家亚当·斯密于 1776 年提出的,至今仍是现代经济学的核心内容。近二三百年来,现代经济学迅猛发展,至今已经成为一门体系庞大、内容博大精深的社会科学。

本书主要介绍现代经济学的基础内容:微观经济学和宏观经济学。

## 三、微观经济学基本原理鸟瞰

市场经济中,企业的目标是追求利润最大化,消费者的目标是追求效用最大化。**微观经济学**是研究在稀缺性前提下,单个企业或者单个消费者如何选择最优方案的学问。

1. 价格理论模块

物品市场上,消费者购买某商品,形成对某商品的需求。物品市场上,企业出售某商品,形成对某商品的供给。**价格理论模块**揭示了各种商品需求、供给和价格之间的相互关系。

某商品需求、供给和价格之间的关系表现在两个方面:一方面,需求和供给的共同作用决定了该商品的价格,需求和供给的变动导致该商品价格随之变动;另一方面，价格的变动也会导致该商品消费者的购买量和企业的供应量发生变动。如图 1-6 所示：

> 需求量是某一特定价格时的消费者购买量，供给量是某一特定价格时的企业供应量，详见模块 2。

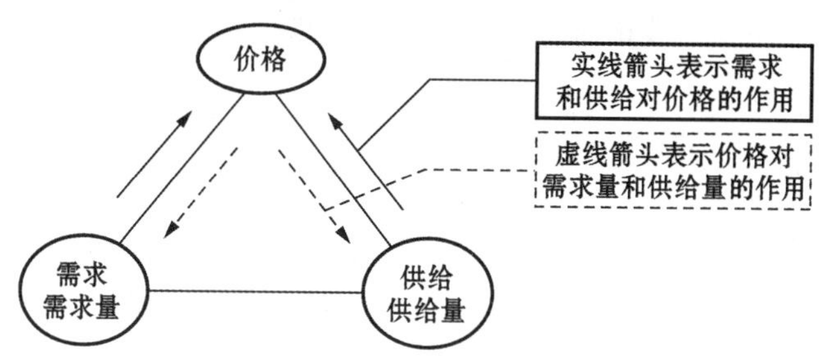


图 1-6 需求、供给和价格的关系

价格理论模块主要阐述 5 条经济学原理：

(1) 需求理论：在其他条件不变时，消费者购买某种商品的数量与价格成反比。

(2) 供给理论：在其他条件不变时，企业出售某种商品的数量与价格成正比。

(3) 供求理论：某种商品需求和供给的变动是其价格波动的真正推手，这两大力量共同决定了该种商品的产量和价格。

(4) 需求价格弹性理论：不同商品价格的变动对其需求量产生的影响力度是不同的。

(5) 供给价格弹性理论：不同商品价格的变动对其供给量产生的影响力度是不同的。

价格理论模块回答了"资源配置"的第一个问题：企业生产什么产品？

**企业生产什么产品**？表面上是由企业决定的，从深层次讲，是企业家根据某产品市场需要决定的。通俗地说，就是只要消费者掏钱买什么，企业就生产什么。

2. 消费者行为理论模块

消费者的目标是追求效用最大化，消费者必须消费产品才能满足自己的欲望。**消费者行为理论**揭示了收入约束前提下消费者追求最大满足程度的方法。

消费者要用有限的资金换取最大的消费满足，必须做到两点：第一，把全部消费资金用完；第二、每一元钱都要花在刃口上，即每一元钱用在不同商品上的边际效用相等，不花钱购买效用非常低甚至没有什么效用的商品。

消费者行为理论模块主要阐述两条经济学原理：

(1) 边际效用递减规律：消费者连续消费某种物品，从追加的产品消费中，所得到的满足是逐步递减的。

(2) 消费者均衡理论：消费者购买每种商品所获得的边际效用与其价格之比相等时，总效用实现最大化。

3. 生产者行为理论模块

企业从事生产的目的是为了追求利润最大化。企业从三个方面追求更多的利润：第一是产量，第二是成本，第三是价格。产销量、产品成本、产品价格三个因素互相影响，共同决定了某个企业的利润水平。

产量、成本和价格如何决定一个企业的利润？企业的会计利润等于总收益减去总成本。总收益是企业销售产品所得到的全部收入，是产品价格与销售量的乘积。用 $TR$ 表示总收益，用 $P$ 表示产品销售价格，用 $Q$ 表示产品销售数量，则总收益可以用公式表示为：

$$TR = P \times Q$$

总成本是企业购买劳动力、原材料和机器设备等全部生产要素的费用，平均成本是每单位产品所包含的劳动力、原材料和机器设备等要素购买费用。用 $TC$ 表示总成本，用 $AC$ 表示单位产品平均成本，用 $Q$ 表示产品数量，则总成本可以用公式表示为：

$$TC = AC \times Q$$

$$\text{会计利润} = TR - TC = P \times Q - AC \times Q = (P - AC) \times Q$$

## 相关案例链接

**养猪大户的利润与风险**

近年来，生猪价格暴涨暴跌，养猪大户们陷入了赚钱、亏损的轮回之中。

假设某养猪大户的每头生猪出栏平均重为 200 斤，每头生猪出栏平均成本为 1400 元。

如果市场上的生猪出栏价格为每斤 8 元，该养猪大户出售 1000 头生猪，盈亏是多少？如果市场上的生猪出栏价格为每斤 6 元，该养猪大户出售 1000 头生猪，盈亏又是多少？

该养猪大户的总成本：

$$TC = AC \times Q = 1400 \times 1000 = 140\text{ 万}$$

如果生猪出栏价格为 8 元每斤，1000 头生猪的总收益是：

$$TR = P \times Q = 8 \times 200 \times 1000 = 160\text{ 万}$$

$$\text{会计利润} = TR - TC = 160\text{ 万} - 140\text{ 万} = 20\text{ 万}$$

如果生猪出栏价格为 6 元每斤，1000 头生猪的总收益是：

$$TR = P \times Q = 6 \times 200 \times 1000 = 120\text{ 万}$$

$$\text{会计利润} = TR - TC = 120\text{ 万} - 140\text{ 万} = -20\text{ 万}$$

所以，菜场上猪肉涨个 1 元或跌个 1 元，消费者可能习以为常了，但是对于养猪大户们来说，那就是进账 1 辆轿车或者亏掉 1 辆轿车的事情。“兹事体大”！不得不小心应对。

**结论：**企业会计利润的大小既跟产量多少有关，也跟成本和价格的“落差”密切相关。

成本和价格的“落差”首先跟成本的高低相关。生产者行为理论揭示了产量和成本的变化规律。

生产者行为理论模块主要阐述 4 条经济学原理：

(1) 边际产量递减规律:短期内,连续投入某种生产要素,对产量的贡献是递减的。

(2) 短期成本理论:短期内,单位产品成本先递减而递增,存在短期低点。

(3) 规模经济理论理论:长期内,某个企业规模的扩张不是无限的,而是存在着与所在行业相适应的最适规模。

(4) 长期成本理论:长期内,单位产品成本先递减而递增,存在长期低点。

生产者行为理论模块回答了"资源配置"的第二个问题:企业生产产品的方式是什么?

企业生产产品要消耗生产要素,生产要素要从市场上购买。一个企业生产某种产品,可以靠多雇用工人来提高产量,也可以靠使用先进的设备来提高产量。企业是靠人多来提高产量,还是靠先进的设备来提高产量?不同的情况下企业会作出不同的选择。

企业走"劳动密集型"路线,还是走"资本技术密集型"路线,不是出于企业家的随意选择,而是企业家基于成本最低原则作出的理性选择。

例如:改革开放初期,我国的劳动力成本很便宜,加工制造企业一般会选择多用工人,少用机器设备;而随着我国劳动力成本的上升,企业开始采用先进的设备来代替"人海战术"。据媒体报道,近年来,富士康开始采用机器人来取代一部分人工操作,就是一个典型的例子。

又如:小区的杂货店一般是人工结账,杂货店上一套先进的收银系统代价很高,是典型的"杀鸡用牛刀",非常不划算。但是,为什么大型超市愿意采用收银系统呢?因为大型超市的货物周转量极大,收银系统虽然价格高,但是分摊到单个商品的成本几乎可以忽略不计。先进的收银系统不仅结算快捷正确,而且信息处理、反馈效率高,有助于大型超市的现代化管理。

### 4. 市场结构理论模块

如前所述,企业从事生产的目的是为了追求利润最大化。

$$企业的会计利润 = (P - AC) \times Q$$

除了产量 $Q$ 外,影响企业会计利润的另一方面就是成本和价格的"落差":$(P-AC)$。成本和价格的"落差"首先跟成本的高低相关,其次跟价格的高低相关。

如果某产品销售价格大于平均成本,企业就能盈利,成本和价格的"落差"越大,企业的会计利润就越高;反过来,如果某产品销售价格低于平均成本,企业会亏损,低于成本的幅度越大,企业的亏损就越大。所以,为了提高利润,企业必须提高自己的产品售价。

在"养猪大户的利润与风险"案例中,如果某养猪大户出栏的猪别具特色,比如是真正的生态猪,肯定就会受到市场的追捧。当市场上普通生猪出栏价格为每斤 6 元时,他可以提高自己生态猪的价格至 7 元、8 元……不仅不会亏损,反而还能获利。

由此可见,企业提高自己产品的定价能力很重要。市场结构理论揭示了不同市场结构下单个企业的“定价”能力。

经济学家根据市场的竞争与垄断程度把市场分为四种类型:完全竞争市场,垄断竞争市场,寡头垄断市场和完全垄断市场。处于不同市场结构的企业,在市场上拥有完全不同的“定价能力”。

理论上讲,市场经济中企业的产品价格是由企业自己确定的。但是,企业的定价不一定被市场上的消费者接受,如果企业将自己的产品定为“天价”,多数时候消费者可以放弃购买,某种产品在市场上的价格完全是供求双方博弈的结果。

市场结构理论包含两块内容:

(1) 市场结构类型分析:说明了划分市场结构的具体标准。

(2) 竞争与垄断理论:分析了完全竞争、垄断竞争、寡头垄断、完全垄断四种市场结构下单个企业的均衡。

5. 分配理论模块

社会中的单个成员,首先是生产要素的提供者,同时又是个消费者。在商品和劳务市场上,每个消费者的购买能力是不同的。富有的人可以一掷千金购买市价500万元的别墅、50万元的宝马,抽空还能去迪拜旅游,充分领略这个充满奢华的炫彩世界。而一般工薪阶层只能挤公交车上下班,周末去附近公园散散步,购买一套70万元的普通商品房,还必须为30万元的首付愁眉不展。

为什么不同的人拥有不同的消费能力呢?

不同的人拥有不同的消费能力,是因为他们拥有不同的挣钱能力。富有的人之所以富有,是因为他们通过出售劳动力、资本等生产要素得到的货币更多,如香港的知名大律师,打一次官司的收入动辄几十到几百万不等;贫穷的人之所以贫穷,是因为他们通过出售劳动力等生产要素得到的货币较少,如普通打工者。

分配理论模块回答了“资源配置”的第三个问题:企业生产的产品该卖给谁?企业生产的产品卖给拥有“相应购买力并愿意购买企业产品的消费者”。

收入分配理论包含两块内容:

(1) 收入分配理论:分析了资本、劳动、土地、企业家才能四种生产要素的价格形成及变动。

(2) 收入再分配政策:阐述了政府对收入的调节。

## 相关知识链接

表 1-2 微观经济学五大模块理论一览表

| | |
|---|---|
| 价格理论模块<br>(微观核心) | 1. 需求理论 |
| | 2. 供给理论 |
| | 3. 供求定理 |
| | 4. 需求价格弹性 |
| | 5. 供给价格弹性 |

（续表）

| | |
|---|---|
| 消费者行为理论模块 | 1. 边际效用递减规律 |
| | 2. 消费者均衡理论 |
| 生产者行为理论模块 | 1. 边际产量递减规律 |
| | 2. 短期成本理论 |
| | 3. 规模经济理论 |
| | 4. 长期成本理论 |
| 市场结构理论模块 | 1. 市场结构类型分析 |
| | 2. 竞争与垄断 |
| 分配理论模块 | 1. 收入分配理论 |
| | 2. 收入再分配政策 |

## 相关知识链接

### 微观经济学五大模块的关系

微观经济学中，价格理论模块是微观经济学的核心模块，其他模块都是围绕此模块展开的。消费者行为理论模块是对价格理论中“需求”的进一步阐述，也说明了消费者如何追求效用最大化；生产者行为理论模块是对价格理论中“供给”的进一步阐述，生产者行为理论模块和市场结构理论模块结合在一起，就能将产量、成本和价格结合起来，说明企业是如何追求利润最大化的；分配理论模块是均衡价格理论在要素市场的具体应用。

五大模块之间的关系如图 1-7 所示：

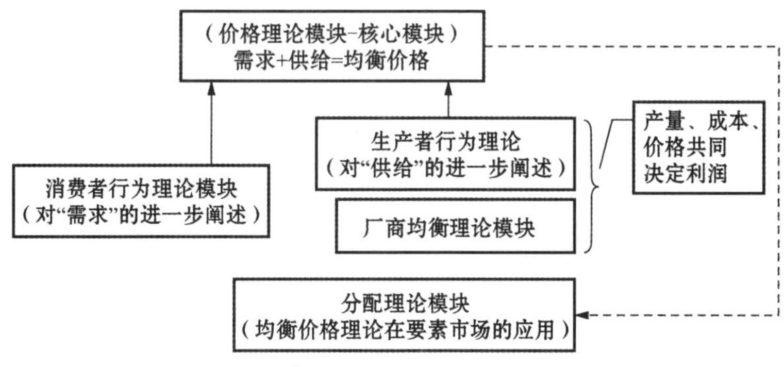


图 1-7　微观经济学模块结构图

## 四、宏观观经济学基本原理鸟瞰

20 世纪 30 年代，西方主要国家爆发了席卷世界的经济大危机，这次危机彻底暴露了自由放任市场经济“很不可爱”的一面。经济学家开始思考，只靠市场这只“看不见的手”究竟能不能使市场经济运行达到最优状态？除了这只“看不见的手”之外，是否还必须增加政府调控这只“看得见的手”来协助和干预整个经济运行？

> 干预派的意思是：经济波动是市场“闯的祸”，政府的责任就是帮市场“摆平”经济波动。
> 自由派的意思是：经济波动并不是市场“闯的祸”，并且，只要假以时日，市场本身能够“摆平”经济波动。

围绕国家是否应该干预宏观经济，整个经济学界分为互相对立的两派：干预派和自由派。干预派认为市场的缺陷导致经济波动，主张靠政府调控这只“看得见的手”来平抑宏观经济波动；与此相反，自由派认为波动的原因来自市场之外，并且，市场本身具有修复波动的能力，所以反对国家干预。

1936 年，英国经济学家凯恩斯的著作《就业、利息与货币通论》出版，标志着现代宏观经济学的创立。**宏观经济学**是研究资源稀缺性前提下，整个经济体系如何应对失业、通货膨胀、经济周期性波动等问题，获得最大产出的学问。宏观经济学需要回答三个问题：如何实现经济稳定增长，减少经济周期性波动、如何保持物价相对稳定、如何减少失业。对这三个问题，干预派和自由派作出了不同的回答，提出了不同的政策主张。干预派的主流是凯恩斯主义经济学，自由派的主流是新古典宏观经济学。

> 微观经济学的三个问题被称为“资源配置”，宏观经济学的三个问题被称为“资源利用”。

本书在宏观经济学部分重点介绍干预派的主流凯恩斯主义经济学。

1. 国民收入核算及决定模块

国民收入模块介绍了国民收入的核算及决定，是整个宏观经济学的核心。

(1) 国民收入核算与变动：介绍了 GDP 的计算方法及其变动。

(2) 经济增长与经济周期：从长短期的角度进一步分析国民收入。

2. 失业与通胀模块

失业与通胀模块分析了短期中宏观经济的两个现象：失业与通胀。

(1) 失业理论：分析了周期性失业的形成原因。

(2) 通胀理论：分析了通货膨胀的成因、分类以及影响。

3. 宏观经济政策模块

宏观经济政策模块介绍了宏观政策的目标、工具，重点介绍了凯恩斯主义的两大需求管理政策：凯恩斯主义财政政策和凯恩斯主义货币政策。

(1) 财政政策：从财政的角度阐述一个国家总需求的调节。

(2) 货币政策：从货币的角度阐述一个国家总需求的调节。

## 相关知识链接

**表 1-3 宏观经济四大模块一览表**

| 模块 | 内容 |
|---|---|
| 国民收入理论模块（宏观核心） | 1. 国民收入核算和变动 |
| | 2. 经济增长与经济周期 |
| 失业与通胀模块 | 1. 失业理论 |
| | 2. 通胀(通缩)理论 |
| 宏观经济政策模块 | 1. 财政政策 |
| | 2. 货币政策 |

## 驱动案例解析

### 万科老业主大闹退房

对于老业主的大闹退房，万科方面表示“体谅客户的心情并表示深切的理解，但是作为一家经营实体和上市公司，万科要对投资者和股东负责，其一切企业行为必须遵循契约原则”。我们认同万科的做法，认为万科完全可以“不接受无法律、合同依据的补偿和退房要求”，不支持万科老业主的退房行为。

微观经济学的中心理论是价格理论。价格像一只看不见的手，调节着各经济主体的经济行为，影响着各经济主体的根本利益。在万科与客户之间，价格一经确定，万科和业主之间即构成了契约关系，双方必须遵守。

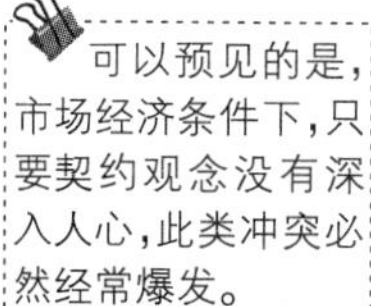


市场经济条件下，买卖双方利益要想得到保障，双方必须尊重契约、遵守契约。推而广之，任何个人和企业想进入市场从事经济活动，都必须树立深刻的契约意识。

## 经典案例赏析

### 亚当·斯密与“看不见的手”

1776年，经济学鼻祖亚当·斯密在其著作《国富论》中，用他那细致而深邃的观察，天才地描绘了市场这只无形之手调节经济活动的全过程。

人类几乎随时随地都需要同胞的协助，要想仅仅依赖他人的恩惠，那一定是不行的。……我们每天所需要的食品和饮料，不是出自屠夫、酿酒家或烙面包师的恩惠，而是出于他们自利的打算。

他（指屠夫、酿酒家或烙面包师等出售各种物品者）通常并不打算促进公共的利益，也不知道他自己在什么程度上促进了那种利益。……他所盘算的也只是他自己的利益。在这场合，像在其他许多场合一样，他受着一只看不见的手的指导，去尽力达到一个并非他本意想要达到的目的。……他追求自己的利益，往往使他能比在真正出于本意的情况下更有效地促进社会的利益。

## 思考与练习

姓名________　班级________　学号________

**1. 名词解释**

市场

生产要素

微观经济学

宏观经济学

**2. 选择题**

(1) 微观经济学要解决的问题是(　　)。

A. 资源配置　　B. 资源利用

C. 企业如何获取最大化利润　　D. 消费者如何获取最大效用

(2) 微观经济学的核心理论是(　　)。

A. 剩余价值理论　　B. 价格理论

C. 生产者行为理论　　D. 消费者行为理论

(3) 宏观经济学的核心理论是(　　)。

A. 通货膨胀理论　　B. 国民收入决定理论

C. 经济周期理论　　D. 失业理论

(4) 属于微观经济学讨论问题的是(　　)。

A. 2012 年 A 国失业率上升的原因　　B. 个人所得税的起征点上调

C. 商业银行存款准备金率的调整　　D. 茅台白酒涨价对该企业利润的影响

E. 假期里，张老师是去桂林旅游，还是购买心仪已久的单反相机

(5) 属于宏观经济学讨论问题的是(　　)。

A. 在高铁冲击下航空公司降低票价

B. 大葱价格上涨

C. 2012 年中国 GDP 增长率

D. 央行宣布自 6 月 8 日起下调金融机构人民币存贷款基准利率

E. 2012 年 3 月中国外汇储备余额为 3.31 万亿美元

**3. 案例分析题**

(1) 近年来,中外啤酒企业加快了在国内啤酒市场扩张的步伐。

【资料1】 目前我国啤酒市场的人均消费量与世界平均消费量相比还有较大差距……捷克每年人均消费啤酒量为180升,德国128升,美国107升,欧洲平均为85升,而中国人均消费量却只有23升……整个啤酒行业存在着巨大的发展空间。(燕京啤酒总裁李福成发言,2006.04)

【资料2】 2008年2月20日,燕京啤酒股东大会审议通过决议,燕京计划定向增发融资18亿元,用于外埠12个生产项目的改扩建、新建,以早日实现啤酒产量500万千升的战略目标。

【资料3】 2009年1月23日,日本朝日啤酒对外宣布,计划于3月份出资6.665亿美元,获取青岛啤酒19.99%的股份。

问题:上网搜索中外各啤酒巨头在国内啤酒市场加紧扩张的资料,并回答中外啤酒企业为什么要加快在国内啤酒市场扩张的步伐?

(2) 富士康武汉园区F区,某冲压车间的刘向(化名)成了一名特殊的“监工”,他每天都要操控一台机器人,在生产电脑机箱的流水线上进行作业。

“这机器操作速度比人慢,只能顶半个人,不过它最大的优点就是不会累。人是要累的,累了得休息。”刘向告诉《中国经营报》记者,目前在厂区有少量岗位已用上机器人,它们分布在各厂区产线上。

据了解,富士康武汉科技园自2008年起开始在冲压、成型、涂装等生产线引进机器人,零散分布,并配合人工生产。目前,武汉科技园主要从事相机、台式电脑等产品生产,机器人相对适用。而刘向称,未来该园区还将会进一步增加机器人,但具体数量未定。

(资料来源:张业军. 富士康“机器人”潜伏. 中国经营报. 2011-08-06. 节选)

问题:上网搜索富士康使用“机器人”的资料,并回答富士康为什么要使用“机器人”?

# 模块二 均衡价格理论

基本任务

1. 需求理论应用
2. 供给理论应用
3. 供求理论应用
4. 价格弹性理论应用
5. 市场失灵

**【模块简介】**

市场经济中，各种商品的价格波动可能是最吸引人们眼球的经济现象了。

先看房子：2008 年 9 月，为了应对房地产调控，万科在杭州开展“魅力之城”楼盘降价促销活动，由于降价幅度较大，部分老业主坚决要求退房。谁知世事难料，2009 年杭州楼市行情戏剧性回暖。……就在许多人相信房价“永远上涨”后，2011 年下半年，杭州房价又重新回到下降通道，部分楼盘的价格甚至跌回了疯涨前的 2009 年。

再说大蒜：2008 年来，我国大蒜价格暴跌又暴涨，大蒜的经销商们面临着极大的价格风险。每公斤 2 元从农民手中收购的大蒜可能会跌到 4 毛，也可能会涨到 15 元。所以说，这几年来，经销商们玩大蒜如同玩“蹦极”，其实挺不容易。

最后看手机：上世纪 80 年代初，第一代手机（大哥大）刚刚面世时，公开价格在 20000 元左右，黑市要 25 000 元。当年的人们再有想象力也想不到，20 多年后的今天，手机居然是收废品者的“标配”，他会告诉您一个号码，让您有废纸时关照他的生意。

上述三个例子不过是价格“万花筒”的一个缩影。实际上，在市场经济条件下，小到几块钱一棵的白菜，大到几百万一套的商品房，其价格走势都令人难以捉摸。

透过令人眼花缭乱的价格波动表象，我们不禁要问，究竟是什么力量在影响着每种商品的价格运动？或者说，引起某种商品价格波动的背后推手是什么？答案是需求和供给！每种商品的需求和供给是其价格波动的背后推手，需求和供给这两大力量共同决定了该种商品的产量和价格。

某种商品需求和供给的变动会导致其均衡价格发生变动，反过来，该种商品价格的变动也会对其需求量和供给量产生影响，导致该商品的需求量和供给量发生相应的变动。

例如，每逢五一、十一、春节等节假日，各大商场竞相打折制造人气，其中服装服饰、黄金珠宝、数码产品等商品尤其“给力”，消费者也很给面子，使劲购买。但是，有些产品却极少降价促销,食盐、酱油就是典型。

为什么数码产品经常打折而食盐很少打折呢?因为数码产品的打折能大大提升销售量,而食盐打折后,消费者并不会大包小包地购买。换句话说,数码产品的降价能导致其需求量的大幅度增加,而食盐的降价几乎不能带来其需求量的增加。

生活中,不同的商品,其需求量变动对价格变动的敏感程度是不一样的,经济学家用需求价格弹性来表示不同商品的需求量变动对价格变动的敏感程度。同样道理,供给价格弹性是表示不同商品的供给量变动对价格变动的敏感程度。

本模块将向您展示消费者的购买、企业的供应和商品价格之间的“三角”关系。

本模块是微观经济学的核心模块,微观经济学其他模块都是围绕这一模块而展开的。

# 任务1 需求理论应用

**本项目内容结构图**

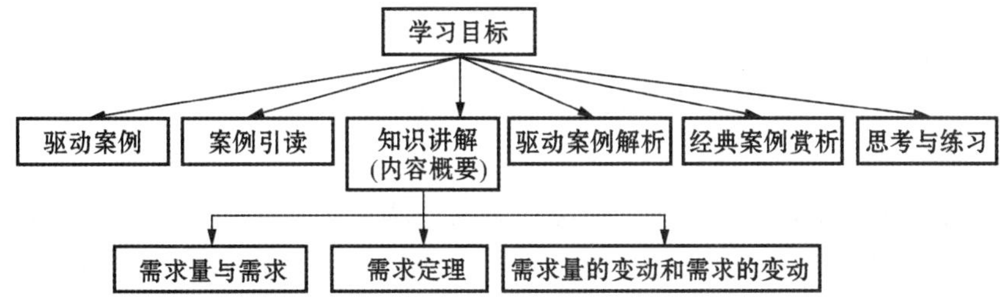


## 学习目标

- **知识目标**

(1) 掌握需求的定义。

(2) 熟悉需求定理的含义。

(3) 理解"需求变动"与"需求量变动"的不同。

- **能力目标**

(1) 能够区分某商品"需求变动"与"需求量变动"。

(2) 能够运用需求定理分析某种商品价格与需求量之间的反向关系。

(3) 能够分析特定事件导致的某种商品需求的变动。

## 驱动案例

### 优惠政策取消,小排量车受冷

2009年和2010年,1.6L以下排量车市场份额都在70%以上。但今年前2月,由于政策取消,小车市场一下子显得沉寂。

"去年小排量车卖疯了,但今年头2个月却明显卖不好,上周只卖了3辆小车。"一位不愿透露姓名的汽车销售人员悲观地向记者感慨。

正在逛车市的陈先生说,年前购买小排量车有2.5%优惠,现在没了,心理上过不去,干脆看看情况再说。

(资料来源:林燕.小排量车受冷,促销很给力.钱江晚报.2011-03-09节选)

**要求:**运用需求理论分析优惠政策取消对小排量汽车需求的具体影响。

## 案例引读

**蚕豆新上市**

清明节后，蚕豆踩着春笋的尾巴上市了。

这天，黄老师下班回家，刚进门，夫人兴冲冲地告诉他，今天买了他最爱吃的蚕豆，正在做作业的儿子听了也兴奋地大叫："哦，吃蚕豆喽！哦，吃蚕豆喽！"吃饭时，黄老师顺便问了句："多少钱一斤？"当得知15元一斤时，黄老师吸了口凉气。

**美食一条街的卷饼**

这2个案例阐释了微观经济学最基本、也是最重要的概念——需求。

江阴职业技术学院围墙外有美食一条街，各式各样烧烤、品种丰富的包子、新鲜爽口的水果以及口味众多的卷饼分布其间。其中几个摊位出售玉米卷饼。

假设2011年9月中旬，玉米饼的价格是每份4.0元时，消费者购买量是500份；价格是每份3.5元时，购买量是1 000份；价格是每份3.0元时，购买量是1 500份；价格是每份2.5元时，购买量是2 000份；价格是每份2元时，购买量是2 500份。

## 知识讲解

### 一、需求和需求量

"其他条件不变"是指只有该种商品的价格在变动。

在给需求量和需求下定义时，首先要假设其他条件不变。

在某个市场上，假定其他条件不变，**需求量**是指消费者在一定时期内，针对某个具体的价格，愿意购买并且有能力购买的某商品的数量。在某个市场上，假定其他条件不变，**需求**是指消费者在一定时期内，针对不同的价格，愿意购买并且有能力购买的某商品的数量。

可以用案例引读中玉米饼的例子说明需求和需求量。

当价格是每份3.0元时，购买量是1 500份，这个1 500份就是需求量。同样道理，500份、1 000份、2 000份、2 500份……都是需求量；而包含500份、1 000份、2 000份、2 500份……需求量的集合就是需求。

消费者有了对某商品的购买能力并不一定能形成需求。

假设案例引读中，清明节后双休日蚕豆价格是每斤15元，虽然每斤15元的价格一般家庭都能承受，但是并非每个家庭都愿意"奢侈"一回：黄老师家只买过一次，数量是1斤；四楼的一对白领小夫妻是"月光族"，爱吃时令蔬菜的他们2天内买了2次蚕豆，每次1斤，而一楼的李奶奶根本不打算买。那么，双休日黄老师家的蚕豆需求量是1斤，白领小夫妻家的蚕豆需求量是2斤，李奶奶的蚕豆需求量为0。

必须同时具备"购买意愿"和"购买力"才能形成需求。

同样，消费者有了对某商品的购买愿望并不一定能形成需求。

仍旧以黄老师和他的邻居为例：假设黄老师家所在小区旁边新开发一处楼盘

"滨江花苑",位置、房型都不错。黄老师看中了一套70平方米的小户型,总价63万。黄老师夫妻俩收入中等,由于平时较节俭,家里有20万存款,加上夫妻俩的公积金10万,只需贷款30万就差不多了;而白领小夫妻俩虽然收入较高,但平时基本没有积蓄,连首付都难以凑齐,只能望"房"兴叹;李奶奶年纪大了,早已退休,依靠养老金生活,当然不可能再买第二套房。那么,尽管大家都很心动,但是只有黄老师家才能形成购房需求。

需要说明,经济学中的需求分为个人需求和市场需求。单个消费者对某种商品的需求,就是个人需求;市场上所有消费者对某种商品的需求的总和,被称为市场需求。

## 二、其他条件不变时需求量和价格的反向运动关系

根据案例引读中玉米饼需求的数据,可以作出玉米饼需求表,如表2-1所示。

**需求表**是其他条件不变时,反映商品的需求量和价格之间一一对应关系的表格。

表2-1　玉米饼需求表

| | 价格($P$) | 需求量($Q$) | 对应关系 |
|---|---|---|---|
| 1 | 2.0 | 2500 | 2.0～2500 |
| 2 | 2.5 | 2000 | 2.5～2000 |
| 3 | 3.0 | 1500 | 3.0～1500 |
| 4 | 3.5 | 1000 | 3.5～1000 |
| 5 | 4.0 | 500 | 4.0～500 |

根据玉米饼需求表,采用描点作图法可以作出玉米饼需求曲线图,如图2-1所示:

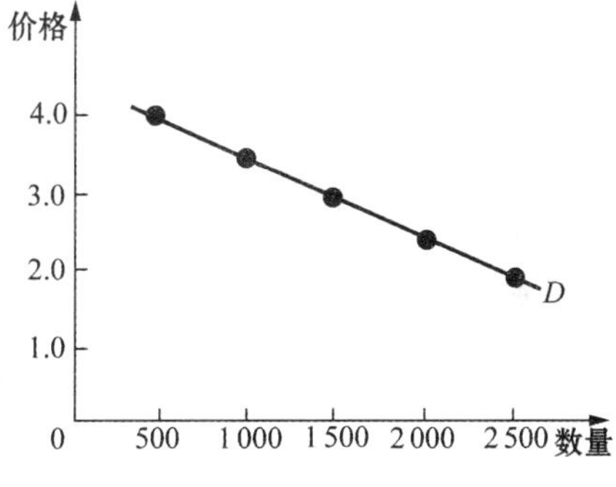


图2-1　玉米饼需求曲线

**需求曲线**是其他条件不变时,反映商品的需求量和价格之间一一对应关系的曲线。需求曲线($D$)通常以价格为纵轴,以需求量为横轴。

需求的定义、需求表和需求曲线分别用"各自的方式"反映了需求量和价格之间的一一对应关系,揭示了玉米饼的价格与需求量之间的反向运动特征。

经济学理论的表达方式是不拘一格的。其他条件不变时，玉米饼价格与其需求量之间的反向运动特征，我们可以用文字叙述，可以用表格来表述，也可以用图形来展示。总的来说，图形展示形象、直观，一目了然，许多时候，想“到位”地表达一个经济学原理，没有图形的配合效果是不理想的。

我们在学习经济学时要熟记每一个图形，养成结合图形分析各种经济现象的习惯。其他条件不变时，类似玉米饼价格与需求量之间的这种反方向运动特征，在绝大多数商品中普遍存在，是一种客观经济规律，可以用需求定理来描述这一规律。

需求定理也有例外，极少数商品的价格与需求量成正比，比如炫耀性物品。

**需求定理是指**在其他条件不变时，如果某种商品的市场价格上升，则该商品需求量减少；如果某种商品的市场价格下降，则该商品需求量增加。

需求定理的前提是“其他条件不变”，所谓其他条件不变，是指除本身价格的变动外，其他影响某商品需求的条件都不变。比如在玉米饼例子中，其他因素不变是指学校没有放假、食堂没有停电、没有其他替代产品（拉面、包子、烧饼等）在打折促销……只有如此，玉米饼的价格才与需求量成反比。

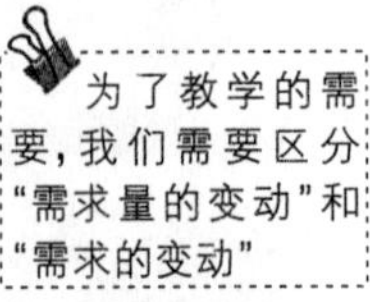

为了教学的需要，我们需要区分“需求量的变动”和“需求的变动”

需求曲线可以形象地说明玉米饼“需求量的变动”。**需求量的变动**是指假定影响某商品需求的其他条件不变时，由该商品本身价格变动所引起的消费者购买量的变动。

案例引读中，当玉米饼的价格由 4 元下降到 2 元时，需求量由 500 份增加到 2 500份；由 2 元上升到 4 元时，需求量由 2 500 份减少到 500 份。在图中，需求量的变动表现为同一条需求曲线上的点的来回移动，如图 2-2 所示：

想一想，在图形上，需求量所对应的点从左上方向右下方移动，表示需求量增加还是减少？

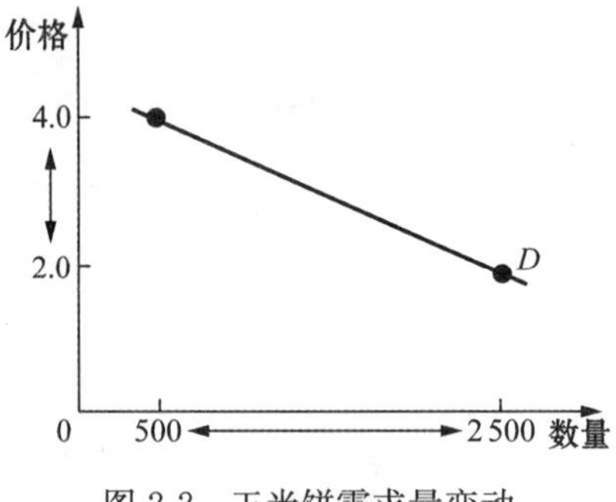


图 2-2　玉米饼需求量变动

## 三、其他条件变化导致需求变动

其他条件不变时，某商品本身价格变动所引起的购买量变动称为“需求量的变动”。反过来，如果某商品的价格不变，而其他条件发生变化时，情形又如何呢？

假定某种商品的价格不变，而其他条件发生变化，则该商品将发生“需求的变动”。

**需求的变动**是指假定某商品本身的价格不变，由任何一种本身价格以外因素改变所引起的消费者购买量的变动。在图 2-2 中，需求的变动表现为同一条需求曲线的左右平行移动。

在案例引读中，假设玉米饼的价格不变：如果食堂停电维修，原来习惯在食堂就餐的学生纷纷到美食街吃饭，对卷饼的需求就增加了；如果端午节放假，学生外出游玩，学院里的学生少了很多，买玉米饼的人自然比平时减少，卷饼的需求就减少了。

假定玉米饼每份 3.0 元时，平时购买量是 1500 份，食堂停电时购买量增加到 2000 份，端午节放假时购买量下降到 1000 份。同样道理，假定玉米饼每份 2.0 元、2.5 元、3.5 元、4.0 元，在停电和放假时消费者购买量也会发生变化，如表 2-2 所示：

**表 2-2　玉米饼需求表(正常、停电、放假)**

| | 价格/元 | 正常<br>需求量/份 | 食堂停电<br>需求量/份 | 端午节放假<br>需求量/份 |
|---|---|---|---|---|
| 1 | 2.0 | 2500 | 3000 | 2000 |
| 2 | 2.5 | 2000 | 2500 | 1500 |
| 3 | 3.0 | 1500 | 2000 | 1000 |
| 4 | 3.5 | 1000 | 1500 | 500 |
| 5 | 4.0 | 500 | 1000 | 0 |

根据停电和放假时玉米饼购买量的变化，可以得到停电时和放假时的需求曲线。

设停电时需求曲线为 $D_1$，放假时需求曲线为 $D_2$，如图 2-3 所示：

想一想，在图形上，需求曲线向右方移动，表示需求增加还是减少？

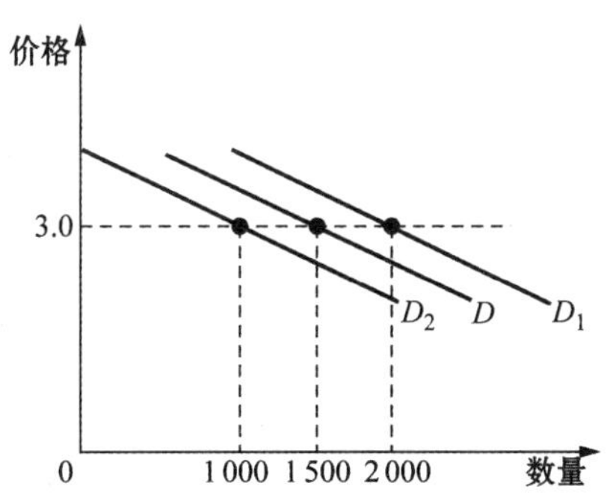


图 2-3　玉米饼需求变动

## 四、其他条件变化概述

影响商品需求的“其他条件”是多种多样的，无法一一列举。此处列举几种具有代表性的情形：

(1) 消费者收入增减。

(2) 消费者对某商品未来价格走势的预期发生变化。

(3) 消费者对某商品的嗜好改变。

(4) 国家调整某商品的消费政策。

这些因素对商品需求的影响可以用图 2-4 来说明：

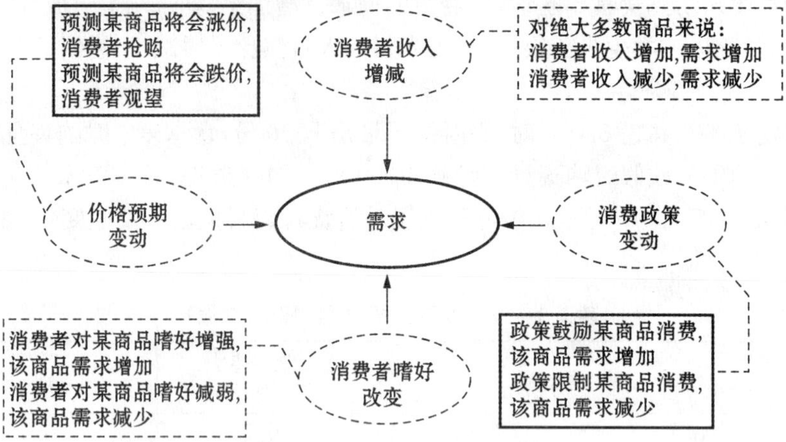

图 2-4 影响商品需求因素示意图

为了加深对图 2-4 的理解，此处列举出下列实例：

(1) 王先生最近升职为人力资源部经理，年薪大增，他买了辆别克车代步。

(2) 改革开放以来，随着江阴市地区经济的快速发展，江阴城乡居民收入快速提高，导致了该市私家车数量的猛增，根据相关部门资料统计，截至 2011 年 6 月底，江阴市汽车保有量为 195 943 辆，其中 70%为私家车。

(3) 2011 年下半年，无锡市商品房价格逐月下跌，但是在“房价将继续下跌”预期的影响下，购房者普遍持观望态度，没有马上入市。

(4) 2008 年，中国发生三聚氰胺事件，一时间，涉事品牌牛奶大量滞销。

(5) 2009 年，我国实施 1.6 升及以下排量乘用车购置税按 5%的税率征收的优惠政策，使各地小排量车的销量猛增。

## 驱动案例解析

### 优惠政策取消，小排量车受冷

对于驱动案例，我们可以用“需求的变动”来解释购置税税率变动对小排量车的影响，小排量车销量骤减，是因为取消优惠政策导致小排量车的需求减少了。

以 2010 年哈弗 M2 新款 1.5CVT 两驱精英型为例，它在 2010 年的市场报价大约是 8 万元。在没有优惠政策的情况下，它的购置税大约是 80 000×10%＝8 000元；2010 年在 7.5%的优惠税率下，购置税大约是 80 000×7.5%＝6 000 元，节省了 2 000 元；2009 年在 5%的优惠税率下，购置税大约是 80 000×5%＝4 000 元，节省了 4 000 元。

想一想，还有哪些因素会导致小排量车需求曲线移动？

所以，在其他因素不变的情况下，购置税优惠必然降低消费者购买 1.6 升及以下排量乘用车的成本，使 1.6 升及以下排量乘用车销量大增，在图形上，表现为需求曲线右移。反之，优惠政策取消，必然使 1.6 升及以下排量乘用车受冷，在图形上，表现为需求曲线左移。

## 经典案例赏析

### 限购令——楼市调控的行政手段

**【资料1】** 要严格限制各种名目的炒房和投机性购房。……地方人民政府可根据实际情况，采取临时性措施，在一定时期内限定购房套数。

（资料来源：国务院关于坚决遏制部分城市房价过快上涨的通知. 国发〔2010〕10号）

**【资料2】** 各直辖市、计划单列市、省会城市和房价过高、上涨过快的城市，在一定时期内，要从严制定和执行住房限购措施。原则上对已拥有1套住房的当地户籍居民家庭、能够提供当地一定年限纳税证明或社会保险缴纳证明的非当地户籍居民家庭，限购1套住房（含新建商品住房和二手住房）。

（资料来源：国务院办公厅关于进一步做好房地产市场调控工作有关问题的通知. 国办发〔2011〕1号）

这个案例告诉我们，影响需求的因素是多种多样的。我们在具体分析某商品需求的变动时，要善于结合具体环境，发现最关键因素，抓住主要矛盾。

为配合中央政府要求，北京、上海、广州、杭州、苏州、无锡、武汉等城市，相继出台了住房限购令，规定本市居民和外地居民的购房数量和条件。截至2011-10-31，全国累计有46个城市发布了限购令。那么，限购令的出台目的是什么呢？

实施限购令是为了遏制过快增长的投机性购房需求。近十年来，随着我国城市化的不断推进，居民的刚性购房需求不断增长，供求矛盾十分突出，房价持续上涨。房价的持续上涨吸引了大量资本参与到商品房炒作中去，使得房地产市场供求矛盾更加明显。

应该说，市场经济条件下，房地产领域的适度市场投机是不可避免的，也有一定的积极作用。但是当炒房越演越烈，已经成为房价非理性上涨的重要推力时，遏制过度投机就十分必要了。

## 思考与练习

姓名________　班级________　学号________

**1. 名词解释**

需求

需求量的变动

需求的变动

需求定理

**2. 选择题**

(1) 在其他条件不变的情况下，当乒乓桌的价格上升时，对乒乓球的需求将(　　)。

A. 减少　B. 不变　C. 增加　D. 难以确定

(2) 在其他条件不变的情况下，当邓亚萍牌乒乓球拍的价格上升时，对红双喜牌乒乓球拍的需求将(　　)。

A. 减少　B. 不变　C. 增加　D. 难以确定

(3) 在其他条件不变的情况下，当青菜的价格急剧升高时，对手机的需求将(　　)。

A. 减少　B. 不变　C. 增加　D. 难以确定

(4) 在其他条件不变的情况下，消费者预期商品房的价格还将下降，则当前的购房需求会(　　)。

A. 减少　B. 增加　C. 不变　D. 难以确定

(5) 引起小排量车需求增加的原因是(　　)。

A. 交通管理部门放松了对小排量车的通行限制

B. 消费者收入增加了

C. 消费者收入减少了

D. 汽油价格下降了

E. 小排量车价格下降了

(6) 引起某城市商品房需求增加的原因是(　　)。

A. 商业银行降低了第二套房贷首付款比例

B. 地方政府取消了“限购令”

C. 消费者收入增加了

D. 开发商大幅降价促销

E. 消费者预期新一轮房价上涨将会来临

**3. 作图题**

某知名品牌巧克力计划开展一次促销活动,江阴A咨询公司接受委托开展了市场调查。调查表明,标重为110g的某款比利时进口巧克力市场需求如下:当价格为18元每盒时,预计销售量可能是1000盒;当价格为19元每盒时,预计销售量可能是900盒;当价格为20元每盒时,预计销售量可能是800盒;当价格为21元每盒时,预计销售量可能是700盒;当价格为22元每盒时,预计销售量可能是600盒。

要求:请根据上述资料,作出该款进口巧克力的需求曲线。

**4. 案例分析题**

精彩的足球赛事让球迷们过足了眼瘾,也让鸭脖子店的老板们高兴得合不拢嘴。记者18日上午从本市最大的鸭脖子销售连锁店久久丫了解到,这几天,他们的鸭脖子一天能卖出去5万根,比平时的销量增长了一半。……

昨晚8时,距离阿根廷队与塞黑队的比赛还有一小时,位于簋街的久久丫、哈哈镜等鸭脖子店的生意也到了最为红火的时候。店面前"世界杯看过瘾,鸭脖子啃上瘾"的广告极具诱惑力,产品的包装袋上,还专门印上了世界杯赛事安排表。

(资料来源:王军华.球迷每天啃掉5万鸭脖子.北京晚报.2006-06-17节选)

要求:结合图形分析世界杯赛事对久久丫鸭脖子需求的影响。

# 任务2　供给理论应用

**本项目内容结构图**

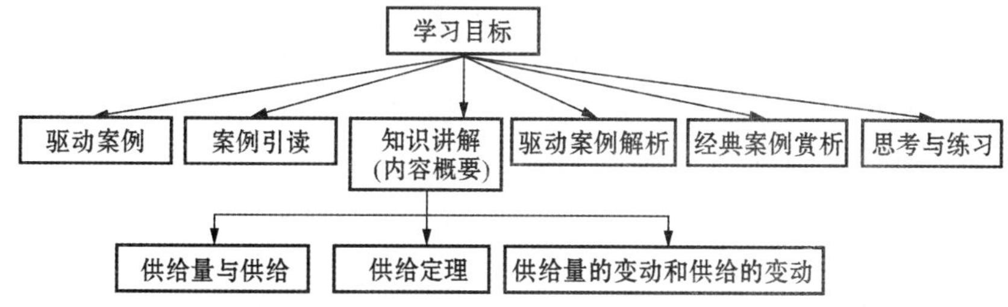

## 学习目标

- **知识目标**

(1) 掌握供给的定义。

(2) 熟悉供给定理的含义。

(3) 理解“供给变动”与“供给量变动”的不同。

- **能力目标**

(1) 能够区分某商品“供给变动”与“供给量变动”的区别。

(2) 能够运用供给定理分析某种商品价格变动与供给量变动之间关系。

(3) 能够分析特定事件导致的某种商品供给的变动。

## 驱动案例

### 申城蔬菜上市量剧增

梅雨过后，申城出现了连续高温天气，“憋”在大棚里的蔬菜迅速“拔高”，忙煞菜农，也使得蔬菜上市量迅速增加。再加上外地菜集中抵沪，最终导致申城菜价在梅雨季节冲高后重又回落。……

“天一热，蔬菜长得就快，尤其是黄瓜和番茄，眼下正是产量最多的时候，”从浙江来沪郊南汇承包种植两个蔬菜大棚的冯先生，乐呵呵地向记者介绍，“上周每天最多只能摘黄瓜50公斤，近两天每天都能摘出120～130公斤。”

(资料来源：皇甫萍，袁亚祥. 上市量剧增，菜价一天跌三成. 新民晚报. 2008-07-14)

**要求：**运用供给理论分析高温和外地菜输入对申城蔬菜供给的具体影响。

## 案例引读

### 茅台年产量

自然环境和酿造工艺的独特性，造就了茅台酒独一无二的品质，也使茅台酒的产量受到极大限制。

这个案例阐释了微观经济学最基本，也是最重要的概念——供给。

**【资料】** 记者从日前召开的贵州省经济工作会议上获悉，2011 年，贵州茅台集团白酒预计总产量 6.3 万吨，同比增长 20.7%，其中茅台酒 30 026 吨，增长 14.2%。据最新统计数据，2011 年贵州茅台集团实现销售收入(含税)237 亿元，增长 52.2%，拉动新开工白酒生产和配套产业项目 61 个，工业投资达到 46.6 亿元，实现利税 170 亿元，增长 45%。公司利税总额、上交税金、人均创利税率等指标居中国白酒行业第一。

(资料来源：王丽，陈嫱. 贵州茅台酒 2011 年产量突破 3 万吨. 2011-12-29. 新华网)

**【资料】** “原计划‘十二五’期间实现产能 3 万吨，‘十三五’达到 4 万吨。现在，我们计划‘十二五’期间要达到 4 万吨，‘十三五’要达到 5 万吨，整个计划提前了五年。”(茅台集团名誉董事长季克良语)

## 知识讲解

### 一、供给和供给量

“其他条件不变”是指只有该种商品的价格在变动。

在给供给量和供给下定义时，首先要假设其他条件不变。

在某个市场上，假定其他条件不变，**供给量**是指企业在一定时期内，针对某个具体的价格，愿意提供并且有能力提供的某商品的数量。在某个市场上，假定其他条件不变，**供给**是指企业在一定时期内，针对不同的价格，愿意提供并且有能力提供的某商品的数量。

#### 相关案例链接

**美食一条街的卷饼**

江阴职业技术学院围墙外有美食一条街，各式各样烧烤、品种丰富的包子、新鲜爽口的水果以及口味众多的卷饼分布其间。其中几个摊位出售玉米卷饼。

假设 2011 年 9 月中旬，玉米饼的价格是每份 2.0 元时，卷饼摊位玉米饼销售量是 500 份；价格是每份 2.5 元时，销售量是 1000 份；价格是每份 3.0 元时，销售量是 1500 份；价格是每份 3.5 元时，销售量是 2000 份；价格是每份 4.0 元时销售量是 2500 份。

上述玉米饼的案例也很好地说明了供给和供给量。当价格是每份 3.0 元时，销售量是1 500份，这个1 500份就是供给量。同样道理，500份、1 000份、2 000份、2 500份……都是供给量，而包含500份、1 000份、2 000份、2 500份……供给量的集合就是供给。

## 二、企业供给的时滞

根据需求的定义，消费者必须同时具备对某商品的“购买意愿”和“购买力”才能形成需求，这两个因素哪个更关键呢？答案通常是前者。

买方市场下，吸引消费者关注自己的产品并产生购买欲，成为大多数企业的重要工作。

目前，我国绝大多数商品早已形成买方市场格局，供应丰富，品种繁多。与此同时，我国公众的消费能力已经大大提高，除了住房、汽车等少数物品外，万元以内的物品一般都能买得起。对这些商品，形成消费者需求的关键是“购买意愿”。例如，王先生是西门子的品牌爱好者，只购买西门子的家电，这是因为他只对西门子家电产生“购买意愿”，并不是他买不起其他品牌的家电。

企业的供给则不然！对企业而言，“提供意愿”和“提供能力”相比较，通常，“提供能力”更关键。

资本家天生就是逐利的，无论哪一个行业，企业从事生产和经营的目的只有一个，追逐利润。通俗地说，只要有钱赚，企业就非常愿意“提供”，但是愿意“提供”不等于马上就能“提供”。

企业的“提供”与消费者的“支付”不同点是：企业的“提供”有时滞。消费者一旦有了购买意愿，从决定购买到完成支付的时间间隔是很短的，一般只有几天。企业的“提供”没有这么简单，企业在发现市场机会后，从决定生产到向市场提供产品，中间会有一个较为“漫长”的时间间隔。

如果是临时决定的小额交易，购买过程只需几分钟；如果是网络购物，从决定购买到下单只需要1分钟。

造成这种时滞的原因有三种：第一，农产品生长过程中的自然限制，如，生猪的生长周期至少是6个月；第二，生产产品的技术条件限制，如，建造一栋6层楼的普通商品房，目前大概要3～5个月的时间；第三，生产某些产品所需要的工艺、资源条件限制，比如案例引读中茅台酒的产量扩张。

同理，在完成支付前，消费者的购买意愿一旦消失，取消购买也是极其简单的。企业就不一样了，如果企业发现判断有偏差，从决定停产到停止向市场供应产品，中间也存在一个“时滞”，因为生长中的农产品(农作物、商品猪等)不会停止生产，流水线上的半成品、仓库里的商品也必须销售出去。企业供给的这一特点，使得企业的日常经营活动存在高度的不确定性，面临着较大的市场风险，“生猪生产已跌破盈亏平衡点”的案例就深刻说明了这一点。

这是企业生产经营活动中必然面临的重大风险。

### 相关案例链接

**生猪生产已跌破盈亏平衡点**

鲁百顺给记者算了一笔账：目前，分布在郑州各县区的养猪场，单是饲料成本，养成一头猪就得900～1 200元，加上人工、兽药、保健等，每头猪的生产成本在每斤7.5元左右。而春节后，生猪出栏价格为每斤6.5元至7元，与去年生猪销售最高价每斤9.5元相比，降了3元左右。

老张说，他是在去年猪崽高价位时进的猪，经过几个月高投入的养殖，等到出栏时，不成想生猪价格一路跌到谷底。“每头猪都长到100多公斤了，赔钱也得卖出去，”老张说，“每出栏一头赔100多元，心疼呀，真不想继续养下去了。”

（资料来源：程国平.“养一头猪赔200元，心疼呀！真不想干了！”.郑州晚报.2012-06-14，节选）

## 三、其他条件不变时供给量和价格的正向运动关系

根据本任务的卷饼案例中玉米饼供给的数据，可以作出玉米饼供给表。如图2-3所示。

**供给表**是其他条件不变时，反映商品的供给量和价格之间一一对应关系的表格。

表2-3 玉米饼供给表

| | 价格($P$) | 供给量($Q$) | 对应关系 |
|---|---|---|---|
| 1 | 2.0 | 500 | 2.0～500 |
| 2 | 2.5 | 1000 | 2.5～1000 |
| 3 | 3.0 | 1500 | 3.0～1500 |
| 4 | 3.5 | 2000 | 3.5～2000 |
| 5 | 4.0 | 2500 | 4.0～2500 |

根据玉米饼供给表，采用描点作图法可以作出玉米饼供给曲线图。如图2-5所示。

**供给曲线**是其他条件不变时，反映商品的供给量和价格之间一一对应关系的曲线。供给曲线(S)通常以价格为纵轴，以供给量为横轴。

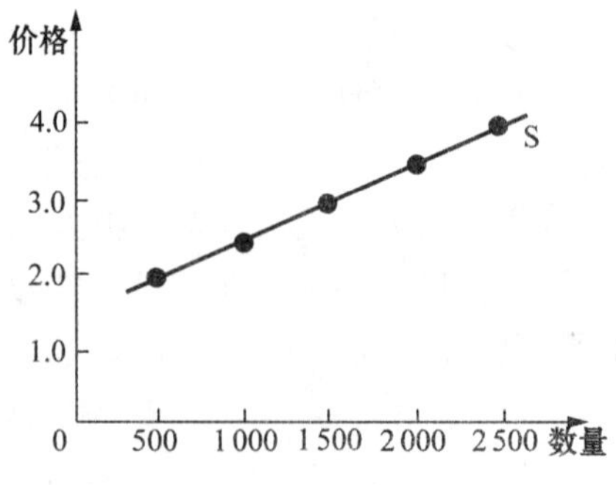


图2-5 玉米饼供给曲线

有少部分商品的供给量和价格之间并不是正比关系，比如已故名人的字画，无论价格如何上涨，供给量都不会变化。

供给的定义、供给表和供给曲线分别用“各自的方式”反映了供给量和价格之间的一一对应关系，揭示了玉米饼的价格与供给量之间的同向运动特征。

其他条件不变时，类似玉米饼价格与供给量之间的这种同方向运动特征，在绝大多数商品中普遍存在，是一种客观经济规律，可以用供给定理来描述这一

规律。

**供给定理**是指在其他条件不变时，如果某种商品的市场价格上升，则该商品供给量逐步增加；如果某种商品的市场价格下降，则该商品供给量逐步减少。

供给定理的前提是“其他条件不变”。所谓其他因素不变，是指除本身价格的变动外，其他影响某商品供给的条件都不变。比如在本任务的卷饼例子中，其他因素不变是指玉米饼的原料没有涨价、做玉米饼的技术没有变化，还是手工作坊式等。只有如此，玉米饼的价格才与供给量成正比。

供给曲线可以形象地说明玉米饼“供给量的变动”。

**供给量的变动**是指假定影响某商品供给的其他因素不变时，由该商品本身价格变动所引起的企业供应量的变动。

本任务的卷饼中，当玉米饼的价格由 2 元上升到 4 元时，供给量由 500 份增加到 2 500 份；当玉米饼的价格由 4 元下降到 2 元时，供给量由 2 500 份减少到 500 份。在图 2-6 中，供给量的变动表现为同一条供给曲线上的点的来回移动，如图 2-6 所示：

为了教学的需要，我们需要区分“供给量的变动”和“供给的变动”。

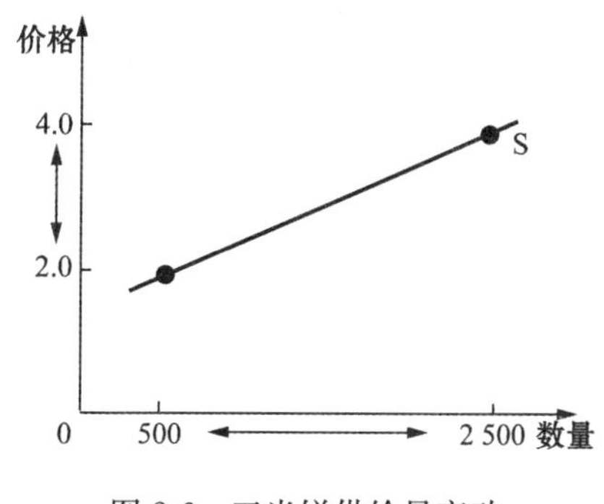


图 2-6　玉米饼供给量变动

想一想，在图 2-6 中，供给量所对应的点从左下方向右上方移动，表示供给量增加还是减少？

## 四、其他条件变化导致供给变动

其他条件不变时，某商品本身价格变动所引起的购买量变动称为“供给量的变动”。反过来，如果某商品的价格不变，而其他条件发生变化时，情形又如何呢？

假定某种商品的价格不变，而其他条件发生变化，则该商品将发生“供给的变动”。

**供给的变动**是指假定某商品本身的价格不变，由任何一种本身价格以外因素改变所引起的企业供应量的变动。在供给曲线图中，供给的变动表现为同一条供给曲线的左右平行移动。

假设玉米饼的价格不变，此时，如果玉米饼的原料玉米粉突然价格暴涨，致使原本最赚钱的玉米饼利润大大降低，老板都嚷嚷坚决不做玉米饼，玉米饼的供给自然就减少了。假设玉米粉涨价后，玉米饼的具体供应数据如表 2-4 所示：

表 2-4 玉米饼供给表(正常、原料涨价)

| | 价格/元 | 正常供给量/份 | 玉米粉突然涨价后供给量/份 |
|---|---|---|---|
| 1 | 2.0 | 500 | 0 |
| 2 | 2.5 | 1000 | 500 |
| 3 | 3.0 | 1500 | 1000 |
| 4 | 3.5 | 2000 | 1500 |
| 5 | 4.0 | 2500 | 2000 |

想一想,在图 2-7 中,供给曲线向左方移动,表示供给增加还是减少?

根据玉米粉涨价时玉米饼提供量的变化,可以得到玉米粉涨价时的供给曲线S,设玉米粉涨价时供给曲线为 S1,如图 2-7 所示:

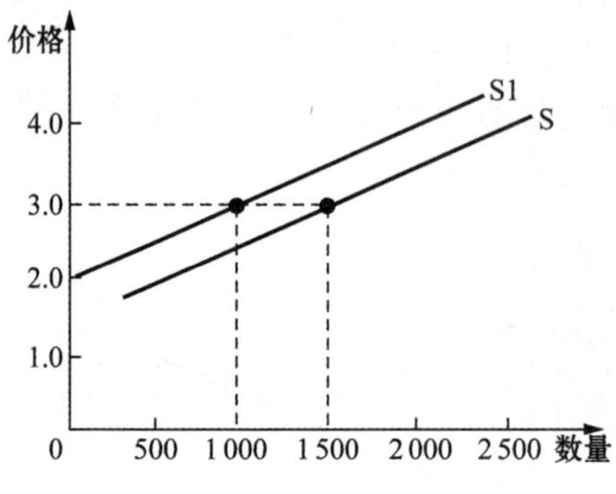


图 2-7 玉米饼供给的变动

## 五、其他条件变化概述

影响商品供给的"其他条件"是多种多样的,也是不可列举的。此处列举几种具有代表性的情形:生产技术的改进;生产要素价格的波动;相关政策的变化;企业对所生产产品市场前景的预期。

这些因素对商品供给的影响可以用图 2-8 来说明:

为了加深对图 2-8 的理解,此处列举出下列实例:

(1) 对于企业来说,生产技术的改进,将会导致单位产品成本下降,单位产品利润增加,企业会努力扩大规模;反过来,企业扩大规模后,就更有能力进一步改进生产技术,技术进步和规模扩大之间形成良性循环。上述特征在汽车、家电、电脑等行业表现尤为明显。

(2) 由于饲料成本不断上涨,每头猪的生产成本已经突破每斤 7.5 元,养猪大户张老板面临亏损,他决定暂时缩减饲养规模。

(3) 2009 年 3 月 9 日,财政部进一步延长了原料奶收购贷款中央财政贴息政策期限,将原定的贴息期限由 3 个月延长到 6 个月,以帮助三聚氰胺事件冲击下的乳业企业和奶农渡过难关。

(4) 2012 年二季度,某房产公司认为房地产形势逐步回暖,开始参与土地市场竞拍,筹资 3000 万元拿下了郊区一块土地。

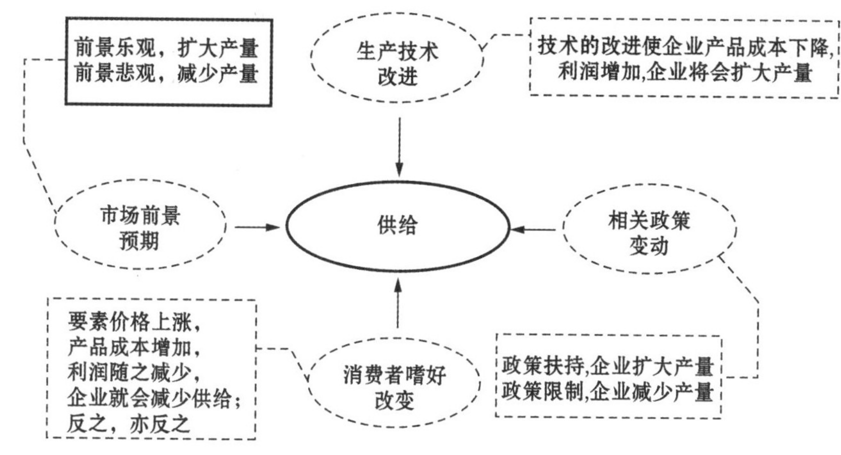


图 2-8 影响商品供给因素示意图

## 驱动案例解析

### 上市量剧增,菜价一天跌三成

我们可以用“供给的变动”来解释高温和外地菜输入对申城蔬菜供给的具体影响。

正常的高温天气对蔬菜的生长有很大的好处,夏季是一年中蔬菜生长最快的一个季节。高温因素是非价格因素,所以,夏季高温使申城蔬菜供给增加,在供给曲线图上,表现为供给曲线右移。

外地蔬菜是申城蔬菜市场供应的“大头”,外地蔬菜大量入沪,可以使申城蔬菜供应量快速增加,平抑菜价波动。外地蔬菜入沪是非价格因素,所以,外地蔬菜输入使申城蔬菜供给增加,在供给曲线图上,表现为供给曲线右移。

## 经典案例赏析

### 三种不同类型的供给变化

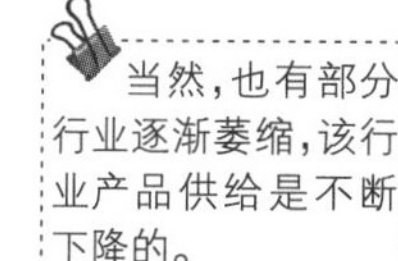


市场经济中,各行业生产的产品千差万别,各种产品供给的变化也呈现出三种不同的特点,具体来说,主要有供给迅速增加、供给周期性波动、供给增长缓慢三种类型。

第一,产品供给迅速增加。

以手机为例,20 多年来,由于移动通信技术的飞速进步,我国手机供给持续增加,这可以从我国移动电话的快速发展侧面显现出来。

1987 年,广东率先建设了 900MHz 模拟移动电话;截至 1995 年 4 月,中国移动在全国 15 个省市相继建网;截至 1997 年 7 月 17 日,中国移动第 1 000 万个客户在江苏产生;截至 2001 年 3 月,中国移动电话用户数突破 1 亿户;截至 2006 年 10 月,中国移动电话用户数突破 4.49 亿户;截至 2008 年 12 月,中国移动电话用户数为6.41亿户；截至2012年2月，全国移动电话用户突破10亿户大关，其中，3G用户达到1.43919亿户。

改革开放后，产品供给迅速增加的例子还包括冰箱、洗衣机、彩电、空调、家用电脑、手机、私家车等。这些产品有以下共同特点：产品市场需求量巨大、技术进步使产品成本下降、技术进步和规模扩大形成良性循环、生产产品所需要的资源供应充足。

第二，产品供给周期性波动。

以大蒜为例，大蒜的种植时间是每年9月，收获时间是来年5月。

如果某年大蒜价格处于高点，受此影响，随后的一两年内全国种植面积将随之增加。比如，2006年，我国大蒜价格达到一个阶段性高点，受此影响，2007年全国各地共计种植大蒜1010万亩。

如果某年大蒜价格处于低点，受此影响，随后的一两年内全国种植面积将随之减少。比如，2007年和2008年的大蒜价格不断走低，2008年3月甚至跌破每斤1毛钱，受此影响，2008年我国大蒜种植面积急剧减少，2009年比2008年继续减少。

多年来，大蒜价格起起落落，大蒜的种植规模也随之周期性变动。

产品供给周期性波动的例子包括大蒜、大葱、白菜、红枣、番茄等农产品，这些产品有以下共同特点：产品市场需求巨大而且平稳、产品当期价格决定下期产量、市场价格剧烈导致各期产量随之剧烈波动。

第三，产品供给增长缓慢，无法充分满足市场需求。

市场经济条件下，少数产品供给增长缓慢的原因主要有以下两种情况：生产工艺条件限制，如茅台酒；生产产品所需要的资源限制，如别墅的建造量受制于土地供给。

## 思考与练习

姓名________ 班级________ 学号________

**1. 名词解释**

供给

供给量的变动

供给的变动

供给定理

**2. 选择题**

(1) 关于供给和供给量,下列描述错误的是(  )。

A. 供给量是指企业针对某个具体的价格,愿意提供并且有能力提供的某商品的数量

B. 供给是指企业针对不同的价格,愿意提供并且有能力提供的某商品的数量

C. 在图形上,供给量是诸多供给的集合

D. 在图形上,供给是诸多供给量的集合

(2) 一般情况下,供给曲线是一条(  )。

A. 与横轴相互垂直的线  B. 与纵轴相互垂直的线

C. 由左下方向右上方倾斜的线  D. 由左上方向右下方倾斜的线

(3) 玉米饼的供给曲线由左下方向右上方倾斜,表示当价格上升时,它的供给量(  )。

A. 增加  B. 减少  C. 不变  D. 不确定

(4) 在其他条件不变的情况下,如果养殖某水产品的饲料价格上升,一般会导致(  )。

A. 该水产品供给曲线向左移动  B. 该水产品供给曲线向右移动

C. 该水产品供给量增加  D. 该水产品供给量减少

(5) 在其他条件不变的情况下,个人电脑生产技术的进步一般会导致(  )。

A. 个人电脑供给曲线向左移动  B. 个人电脑供给曲线向右移动

C. 个人电脑供给量增加  D. 个人电脑供给量减少

**3. 作图题**

A 公司是某知名品牌巧克力无锡地区总代理,标重为 110g 的某款比利时进口巧克力是其旗下主打产品。当该款巧克力价格为 18 元每盒时,公司市场投放量是 600 盒;当价格为 19 元

每盒时，公司市场投放量是 700 盒；当价格为 20 元每盒时，公司市场投放量是 800 盒；当价格为 21 元每盒时，公司市场投放量是 900 盒；当价格为 22 元每盒时，公司市场投放量是1 000盒。

要求：请根据上述资料，作出该款进口巧克力的供给曲线。

**4. 案例分析题**

2012 年 5 月 22 日，国土资源部发布命令，对闲置土地的处置作出了具体的处理意见。

……

第二条　本办法所称闲置土地，是指国有建设用地使用权人超过国有建设用地使用权有偿使用合同或者划拨决定书约定、规定的动工开发日期满一年未动工开发的国有建设用地。

……

第十四条　除本办法第八条规定情形外，闲置土地按照下列方式处理：

(一)未动工开发满一年的，由市、县国土资源主管部门报经本级人民政府批准后，向国有建设用地使用权人……按照土地出让或者划拨价款的百分之二十征缴土地闲置费。

(二)未动工开发满两年的，由市、县国土资源主管部门……向国有建设用地使用权人下达《收回国有建设用地使用权决定书》，无偿收回国有建设用地使用权。

(资料来源：中华人民共和国国土资源部第 53 号令.闲置土地处置办法)

要求：结合图形分析该办法对相关房地产企业供给的影响。

# 任务3　供求理论应用

**本项目内容结构图**

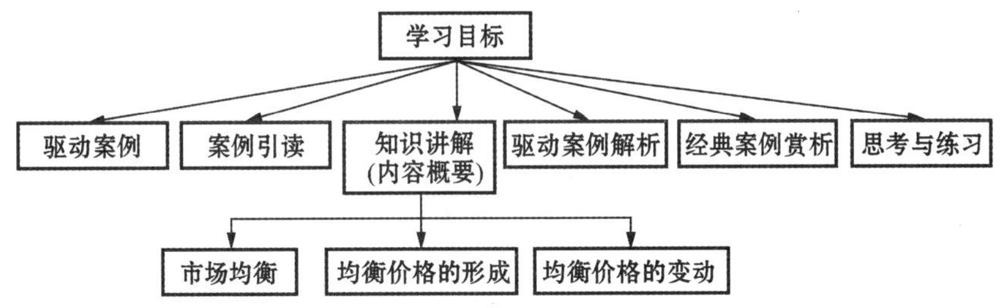


##  学习目标

- **知识目标**

(1) 掌握市场均衡、均衡价格、均衡数量的定义。

(2) 深刻理解供求定理的含义。

- **能力目标**

能够运用供求定理预测某种商品一定时期内价格变动的趋势。

##  驱动案例

### 巴菲特慈善午餐拍卖

近几年来，巴菲特慈善午餐价格不断攀升，从2005年到2010年，该午餐会竞拍价格分别是36.1万美元、63万美元、66万美元、211万美元、168万美元、262.6万美元。

**【资料】** 巴菲特慈善午餐拍卖

一年一度的巴菲特慈善午餐拍卖10日晚间落槌，按照eBay网上的所列标的，此次拍卖最后价格是戏剧性的2 345 678美元。

然而，尽管买家已经拍得这一“午餐”，但还意犹未尽，最后竟然在已经夺标的情况下，自愿多付出几十万美元，将今年巴菲特慈善午餐的价格提高到了2 626 411美元，这个价格比去年2 626 311美元高出100美元，从而刷新了巴菲特午餐拍卖价格新纪录。

(资料来源：钟新.股神午餐262.64万美元　比去年多100美元.海南特区报.2011-06-12)

**要求：**运用供求理论分析近年来巴菲特慈善午餐拍卖价格持续走高的原因。

小阅读

**“均衡”的意义**

经济学中，由某商品供给与需求共同形成的价格叫做均衡价格。“均衡”一词来自于物理学，下面的童话故事可以形象地说明“均衡”的意义。

青蛙奇奇每天都出去卖气球。一开始，奇奇每次出门只拿10个气球，卖完再回家拿。

> 青蛙奇奇的身子受到两股力量的作用，一是气球的升力，一是重力。奇奇拿10个气球时，两股力量的大小相等，彼此之间形成了“均衡”，青蛙奇奇的身子不会离开地面。

后来，奇奇一次拿了20个气球出门。谁知一出家门，奇奇身子就被气球带着忽忽悠悠飞了起来，慢慢地飞过了屋顶，悬在空中，奇奇吓得哇哇大叫。幸好这时妈妈回来了，妈妈对着奇奇大喊：“快放掉一个气球！”奇奇按照妈妈的话放掉一个气球后，妈妈接着再喊：“再放掉一个！”奇奇依言再放掉一个。随着手中的气球越来越少，奇奇的身子一点点往下降，直到手里只剩下8个气球时，奇奇的身子稳稳地落在地上。

这下，青蛙奇奇明白每次只能拿10个气球出门的原因了。

这个童话故事有助于我们理解“均衡”的意义。所谓“均衡”，是指两股力量之间势均力敌，形成的暂时稳定态势。

## 知识讲解

### 一、需求和供给的变动经常发生

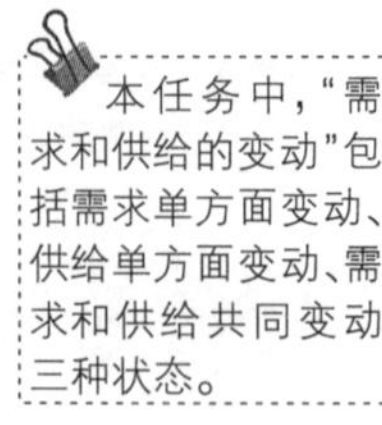

> 本任务中，“需求和供给的变动”包括需求单方面变动、供给单方面变动、需求和供给共同变动三种状态。

我们生活的这个世界，每天都有大量的事件发生。这些事件从经济学的角度看，构成了需求理论和供给理论中描述的“其他条件变化”，它们或者影响市场上各种商品的需求，或者影响各种商品的供给，导致市场上各种商品的需求和供给不断发生变化。

具体到某种商品来说，影响该商品的需求和供给的事件是不定期发生的。

以9月份美食一条街的玉米饼的例子来说：如果9月15日食堂停电，则玉米饼的需求将会增加。如果9月28日中秋节放假，则玉米饼的需求将会减少。9月份其余时间没有发生其他事件，玉米饼的需求和供给暂时不变。

### 二、需求和供给暂时不变时均衡价格的形成

当某种商品的需求和供给暂时不变，需求和供给之间就形成一个“暂时组合”。在这个暂时组合内，买卖双方就会竞争出一个特定的价格，在这个价格水平上，买卖双方“势均力敌”，这个特定的价格就是“均衡价格”。

可以用美食一条街的玉米饼供求来说明均衡价格。

根据本模块的两个“卷饼”案例中的数据作出玉米饼的供求表，如表2-5所示：

表 2-5　玉米供求表

| | 价格/元 | 需求量/份 | 供给量/份 |
|---|---|---|---|
| 1 | 2.0 | 2 500 | 500 |
| 2 | 2.5 | 2 000 | 1 000 |
| 3 | 3.0 | 1 500 | 1 500 |
| 4 | 3.5 | 1 000 | 2 000 |
| 5 | 4.0 | 500 | 2 500 |

根据表 2-5，可以作出玉米饼的供求曲线图，如图 2-9 所示：

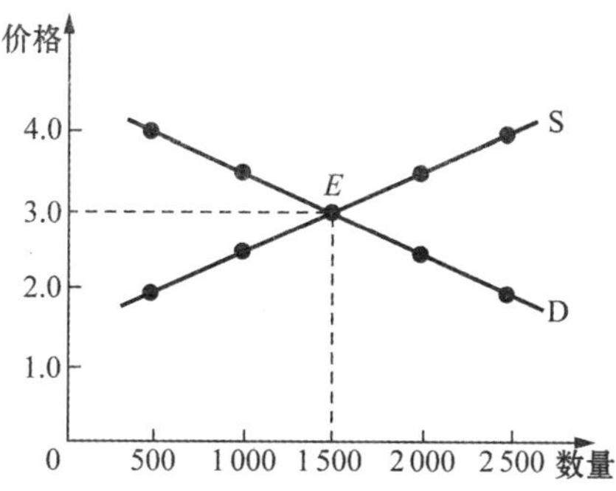


图 2-9　玉米饼供求曲线

在玉米饼供求曲线图中，需求曲线 D 和供给曲线 S 相交于 *E* 点，需求和供给之间就形成一个“暂时组合”。在 *E* 点，买卖双方势均力敌，美食一条街几家摊位玉米饼的出售量与师生的购买量相等(1 500 份)，我们就可以说：*E* 点实现了市场均衡，*E* 点的纵坐标即表示均衡价格，均衡价格为 3.0 元；*E* 点的横坐标即表示均衡数量，均衡数量为 1 500 份。

那么，什么是市场均衡、均衡价格、均衡数量？

**市场均衡**是假定影响供给和需求的其他因素不变时，某商品的买卖双方形成的一种力量相等态势。市场均衡一旦形成，该商品的供给量与需求量相等，供给价格与需求价格相等。

**均衡价格**是指市场均衡形成时某商品的市场交易价格。

**均衡数量**是指市场均衡形成时某商品的市场交易数量。

要想比较充分地理解玉米饼的市场均衡、均衡价格、均衡数量，应注意以下两点。

(1) 均衡价格是买卖双方共同“竞争”出来的。如果玉米饼价格大于 3 元，玉米饼的供给量大于需求量，玉米饼价格就会下跌；反之，如果玉米饼价格小于 3 元，玉米饼的供给量小于需求量，玉米饼价格就会上升。只有当玉米饼价格等于 3 元时，玉米饼的供给量等于需求量，市场价格不再变动，均衡就此形成。

(2) 市场均衡的前提是玉米饼的供给和需求暂时没有发生变动。如果玉米饼的供给和需求变动了，供给和需求的“暂时组合”被拆散，那么已经形成的市场均衡将被打破，既有的均衡价格和均衡数量也就不复存在。

因为供给和需求经常变动，所以市场均衡是非常脆弱的。

某商品形成市场均衡后，一旦需求和供给发生变动，暂时的市场均衡就被打破，新的均衡随之形成。

## 三、需求和供给变动时均衡价格的变动

理论上讲,需求和供给发生变动可以细分为下列 7 种情形：

(1) 供给不变,需求增加；

(2) 供给不变,需求减少；

(3) 需求不变,供给增加；

(4) 需求不变,供给减少；

(5) 需求和供给共同增加；

(6) 需求和供给共同减少；

(7) 需求和供给一增一减。

本书重点分析前 4 种情形。掌握前面 4 种情形后,后面几种复杂的情形就不难理解了。

我们用图 2-10～图 2-13 说明均衡被打破后均衡价格的变动规律：

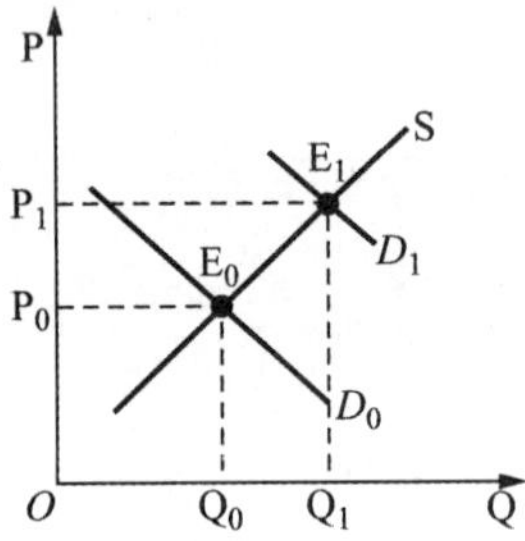


供给不变,需求增加
需求曲线$D_0 \rightarrow D_1$
均衡点$E_0 \rightarrow E_1$
纵坐标$P_0 \rightarrow P_1$,说明均衡价格上升
横坐标$Q_0 \rightarrow Q_1$,说明均衡数量增加

图 2-10　均衡价格的变动(1)

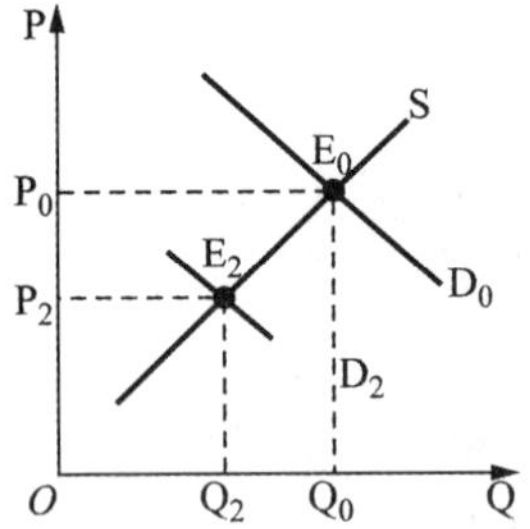


供给不变,需求减少
需求曲线$D_0 \rightarrow D_2$
均衡点$E_0 \rightarrow E_2$
纵坐标$P_0 \rightarrow P_2$,说明均衡价格下跌
横坐标$Q_0 \rightarrow Q_2$,说明均衡数量减少

图 2-11　均衡价格的变动(2)

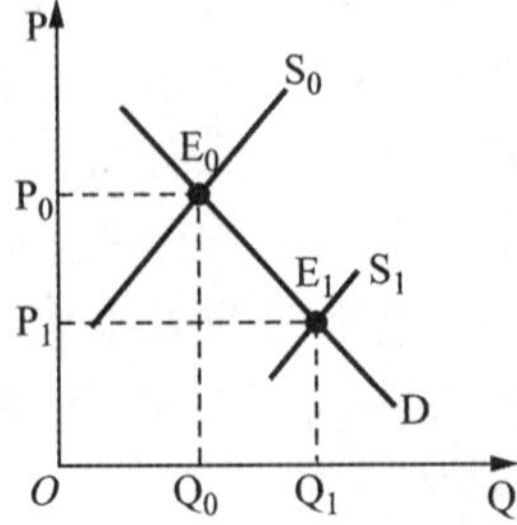


需求不变,供给增加
供给曲线$S_0 \rightarrow S_1$
均衡点$E_0 \rightarrow E_1$
纵坐标$P_0 \rightarrow P_1$,说明均衡价格下跌
横坐标$Q_0 \rightarrow Q_1$,说明均衡数量增加

图 2-12　均衡价格的变动(3)

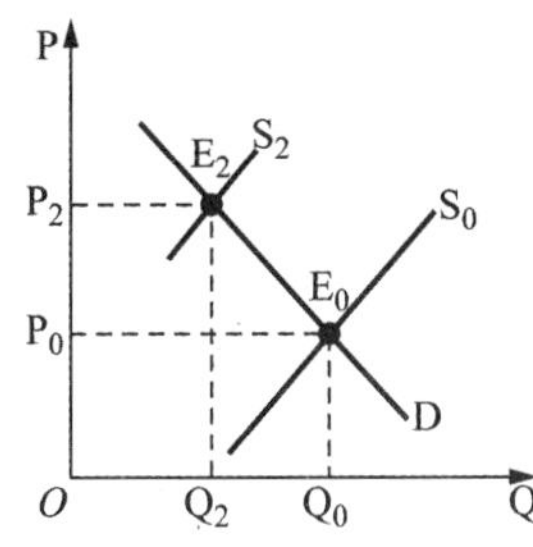


图 2-13　均衡价格的变动(4)

上述 4 种情形总结起来就是供求定理。**供求定理**的基本内容表述如下:当供给不变时,需求变动引起均衡价格同方向变动,均衡数量同方向变动;当需求不变时,供给变动引起均衡价格反方向变动,均衡数量同方向变动。

## 四、均衡价格的变化轨迹

假设 2012 年 4 月,A 商品的需求和供给发生了 5 次变化:

4 月 1 日,A 商品月初的需求和供给组成“初始暂时组合”,对应均衡价格 $P_0$;

4 月 6 日,发生事件(1),导致 A 商品需求增加,“初始暂时组合”被拆散,“暂时组合(1)”形成,均衡价格由 $P_0$ 上升为 $P_1$;

4 月 12 日,发生事件(2),导致 A 商品供给增加,“暂时组合(1)”被拆散,“暂时组合(2)”形成,均衡价格有 $P_1$ 下跌为 $P_2$;

……

则 A 商品均衡的变迁如图 2-14 所示:

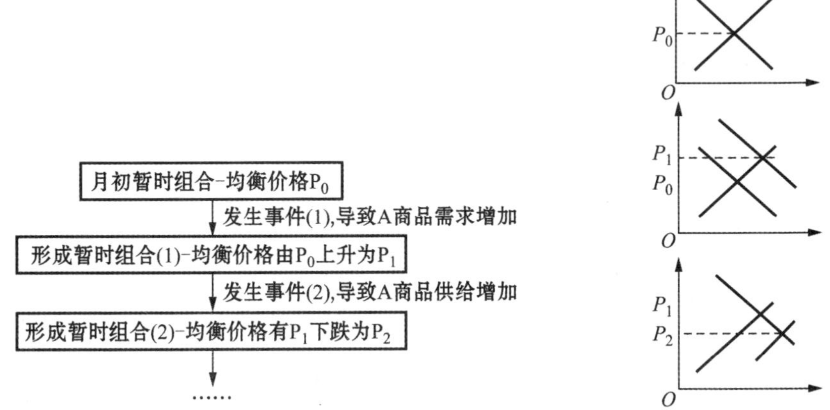


图 2-14　A 商品均衡的变迁

图 2-14 解释了 A 商品均衡价格的变化轨迹,说明了表面上扑朔迷离的 A 商品市场价格波动,实际上是有规律可循的。正是 A 商品背后的需求和供给的一次次的变化,导致了 A 商品市场价格的起起落落。

这个道理也适合于市场经济中的其他物品。

## 驱动案例解析

### 巴菲特慈善午餐拍卖

巴菲特慈善午餐拍卖价格持续走高是由供求关系决定的。

首先看需求：巴菲特先生是闻名全球的股神，成功穿越了多个经济周期。在全球经济形势良好的情况下，竞拍者愿意出巨资与股神接触；在经济前景不明朗时，竞拍者的愿望更为强烈。从经济学角度看，近年来巴菲特慈善午餐会的需求是不断增加的。

其次看供给：巴菲特是一名世所罕见的投资大师，迄今为止，巴菲特只能模仿，无法复制。从经济学角度看，巴菲特慈善午餐会的供给是独一无二的。

供给唯一而需求不断增加，巴菲特慈善午餐拍卖价格持续走高也就可以理解了。

## 经典案例赏析

### 三种不同类型的价格变动

市场经济中，在某一个较长的时期内，商品价格的运动方向大致可以分为三种：价格持续上涨、价格上下波动、价格持续下跌。

第一，价格持续上涨。

以茅台为例，由于旺盛的市场需求，十年来茅台酒涨价近7倍，其中53°飞天茅台更是接近10倍。2011年7月，飞天茅台再度提价，从1680元涨到1980元，涨幅为17.9%。除了茅台酒外，近十年，我国涨价比较猛烈的商品还有商品房、玉石、红木家具等，这些商品的共同特点是需求持续上涨、供给增长非常有限，因此价格持续走高。

第二，价格上下波动。

以大蒜为例，由于供给的大起大落，大蒜的价格一直难以走出暴涨暴跌的怪圈。2006年，我国大蒜价格达到一个阶段性高点；2007年和2008年的大蒜价格不断走低，2008年3月甚至跌破每斤1毛钱；2010年，大蒜价格又再度飙升，人称“蒜你狠”。除了大蒜外，大葱、白菜、红枣、番茄等农产品也容易陷入暴涨暴跌的陷阱，这些产品有以下共同特点：都是居民必需的农产品，市场需求巨大，相对供给来说平稳，而种植规模却呈现周期性变动，价格上下波动在所难免。

第三，价格持续下跌。

手机、家用电脑、私家车等商品的价格长期呈现出下降趋势。这些产品有以下共同特点：需求不断增加，但是与需求相比，供给的增加更加迅猛，供给快速增加的原因是技术进步使产品成本快速下降，企业规模不断扩大，生产要素供应充足。

## 思考与练习

姓名________ 班级________ 学号________

**1. 名词解释**

市场均衡

均衡价格

均衡数量

**2. 选择题**

(1) 关于均衡价格的说法,下列说法正确的是(　　)。

A. 市场均衡形成以后,均衡价格仅仅等于需求价格

B. 市场均衡形成以后,均衡价格仅仅等于供给价格

C. 市场均衡形成以后,均衡价格不仅等于供给价格,还等于需求价格

D. 市场均衡形成以后,均衡价格既不等于供给价格,也不等于需求价格

(2) 关于均衡数量的说法,下列说法正确的是(　　)。

A. 市场均衡形成以后,均衡数量仅仅等于需求量

B. 市场均衡形成以后,均衡数量仅仅等于供给量

C. 市场均衡形成以后,均衡数量不仅等于需求量,还等于供给量

D. 市场均衡形成以后,均衡数量既不等于需求量,也不等于供给量

(3) 根据供求定理,下列说法错误的是(　　)。

A. 如果某商品供给不变,需求增加,该商品均衡价格将会上升

B. 如果某商品供给不变,需求增加,该商品均衡数量将会增加

C. 如果某商品需求不变,供给增加,该商品均衡价格将会上升

D. 如果某商品需求不变,供给增加,该商品均衡数量将会增加

(4) 根据供求定理,下列说法正确的是(　　)。

A. 如果某商品需求增加,供给增加,该商品均衡价格将会上升

B. 如果某商品需求增加,供给增加,该商品均衡价格将会下跌

C. 如果某商品需求增加,供给增加,该商品均衡价格难以确定

D. 如果某商品需求增加,供给减少,该商品均衡价格将会上升

E. 如果某商品供给增加,需求减少,该商品均衡价格将会下跌

**3. 案例分析题**

(1) 据悉,今年订单品种夏粮为圆粒型早籼谷,秋粮为晚粳谷和翻秋早籼谷。订单粮食用作市级储备粮轮换补库粮源。订单内粮食凡市场价低于国家最低收购保护价时,按国家最低收购保护价收购;市场价高于最低收购保护价时,按市场价收购。

早稻每亩订单数量不超过 450 公斤。圆粒型早籼谷订单最低收购保护价为每 50 公斤 102 元(中等质量标准)……对订单交售早籼谷的种粮农民给予每 50 公斤 25 元的奖励,奖励资金在收购结束后兑现。……与去年相比,今年订单早稻最低收购保护价加上订单奖励达到每 50 公斤 127 元。

(资料来源:秦德胜,马可远.市区粮食订单收购政策出台.绍兴日报.2011-03-29)

要求:联系供求理论分析 2011 年绍兴粮食订单收购政策的利与弊。

(2) 梅雨过后,申城出现了连续高温天气,"憋"在大棚里的蔬菜迅速"拔高"。

特别是入梅后,本市紧急抢种的近 10 万亩蔬菜近日已陆续上市,加上外地补充入沪客菜的增加,目前上海蔬菜市场的日均供应量达到了 1.4 万~1.5 万吨左右,蔬菜价格也趋于回落,并基本恢复平稳。

"一天工夫,好多蔬菜价格就降了三成,到处都能买到 2 元/500 克以下的菜,有的甚至只卖 1 元,"昨天,西乡路农贸市场的蔬菜摊主顾女士说,"菜价一便宜,卖得也快了,尤其是'掉价'最快的鸡毛菜、黄瓜、丝瓜、生菜、青椒、尖椒,日均销量比降价前多了一倍!"

(资料来源:皇甫萍,袁亚祥.上市量剧增,菜价一天跌三成.新民晚报.2008-07-14)

要求:运用供求理论分析梅雨过后申城菜价下跌的原因。

# 任务4　价格弹性理论应用

**本项目内容结构图**

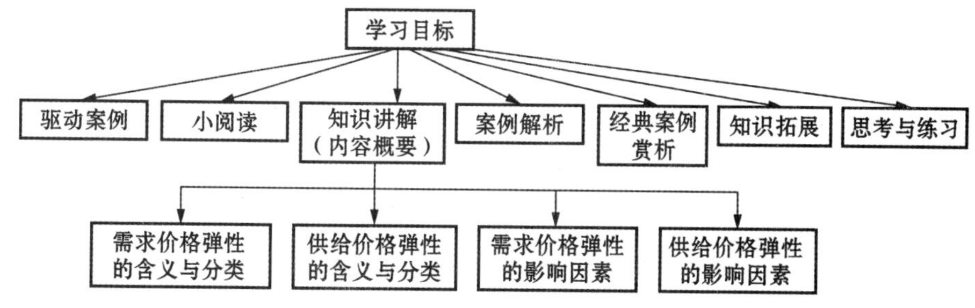


## 学习目标

• **知识目标**

(1) 掌握需求价格弹性的含义与分类。

(2) 掌握供给价格弹性的含义与分类。

(3) 熟悉需求价格弹性的影响因素。

(4) 熟悉供给价格弹性的影响因素。

• **能力目标**

能够运用弹性理论分析相关经济现象。

## 驱动案例

### 武广高铁逼得东航机票打折

武广高铁开通后，武汉到广州只需3个多小时。……东航1月份推出武汉到广州单程特价机票180元，加上燃油费和机场建设费，武汉飞往广州不到300元钱。武汉到深圳，更是有单程190元钱的特价票；武汉到北京、上海机票价格也在200元钱左右。……

（资料来源：庞赟，杜立．武广高铁逼得东航机票打折．南鄂晚报．2010-01-11）

**要求**：运用弹性理论分析东航机票为何在1月份打折？

## 小阅读

### 教师批评学生

一天，张老师和李老师聊天，张老师说："做了老师，难免批评学生，我发现，不同的学生对老师的批评，反应是不同的，有的学生反应比较小，哈哈一笑就过去李老师的这个比方有助于我们理解“弹性”的含义。

了，而有的学生反应很大，有时甚至大发雷霆，看来这批评还真是要当心。”

李老师说：“你的话让我想起了经济学中的弹性，什么叫弹性？一种事物对另一种事物的反应程度。有的学生排斥心理强，就是说他对批评的弹性很大；有的学生排斥心理小，就是说他对批评的弹性较小啊。”

## 知识讲解

用力压一块木头，一放手，木头反弹量极微；用力压一根弹簧，一放手，弹簧反弹量很大。木头和弹簧哪个弹性足？

弹性原本是一个物理学名词，指某一种物体对外力的反应程度。经济学中，借用弹性一词反映某种因素对商品需求量和供给量的影响程度。经济学中的弹性具体分为下列几种情况，如图 2-15 所示。

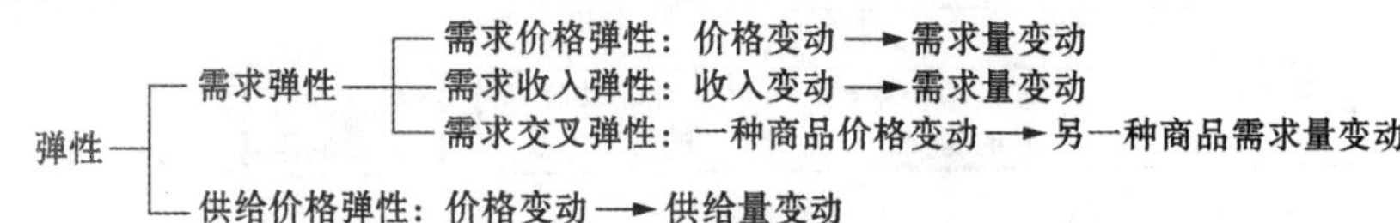


图 2-15　弹性的具体情况

本书重点分析需求价格弹性和供给价格弹性。

### 一、需求价格弹性和供给价格弹性的定义

1. 需求价格弹性

需求价格弹性的计算用中点法更为精确，本书简便起见，没有采用。

需求价格弹性是指价格变动对需求量变动的影响程度，用公式表示就是：

$$需求价格弹性=\frac{需求量变动的百分比}{价格变动的百分比}$$

**【例 2.1】** 某款服饰的价格从 200 元降价到 150 元，需求量从 400 件增加到 600 件，那么该款服饰的需求价格弹性是多少？

通常情况下，由于需求量与价格呈反方向变动，所以需求价格弹性一般是负的。

**解：**以 $E_d$ 表示需求价格弹性，$\Delta P$ 表示价格的变动，$\Delta Q$ 表示需求量的变动，$P_1$ 和 $Q_1$ 为变动前的价格和需求量，$P_2$ 和 $Q_2$ 为变动后的价格和需求量，则需求价格弹性为：

$$E_d=\frac{\Delta Q/Q}{\Delta P/P}=\frac{(Q_2-Q_1)/Q_1}{(P_2-P_1)/P_1}=\frac{(600-400)/400}{(150-200)/200}=-2$$

**【例 2.2】** 某种蔬菜的价格从 2 元/斤降价到 1.6 元/斤，需求量从 100 斤增加到 110 斤，那么该种蔬菜的需求价格弹性是多少？

**解：**以 $E_d$ 表示需求价格弹性，$\Delta P$ 表示价格的变动，$\Delta Q$ 表示需求量的变动，$P_1$ 和 $Q_1$ 为变动前的价格和需求量，$P_2$ 和 $Q_2$ 为变动后的价格和需求量，则需求价格弹性为：

$$E_d=\frac{\Delta Q/Q}{\Delta P/P}=\frac{(Q_2-Q_1)/Q_1}{(P_2-P_1)/P_1}=\frac{(110-100)/100}{(1.6-2)/2}=-0.5$$

通常情况下，由于供给量与价格呈正方向变动，所以供给价格弹性一般是正的。

2. 供给价格弹性

供给价格弹性是指价格变动对供给量变动的影响程度，用公式表示就是：

供给价格弹性=供给量变动的百分比/价格变动的百分比

**【例 2.3】** 某款护眼灯的价格上涨 20%，生产企业的市场投放量增加 50%，那么该款护眼灯的供给价格弹性是多少？

以 $E_s$表示需求价格弹性，则供给价格弹性为：

$$E_s = \frac{\text{供给量变动的百分比}}{\text{价格变动的百分比}} = \frac{50\%}{20\%} = 2.5$$

## 二、需求价格弹性和供给价格弹性的分类

1. 需求无弹性和供给无弹性（弹性为 0）

需求无弹性是指无论商品价格如何波动，需求量始终不变；供给无弹性是指无论商品价格如何波动，供给量始终不变。如图 2-16 所示：

需求无弹性的典型例子有心脏支架，无论支架如何涨价，需求量不会减少。

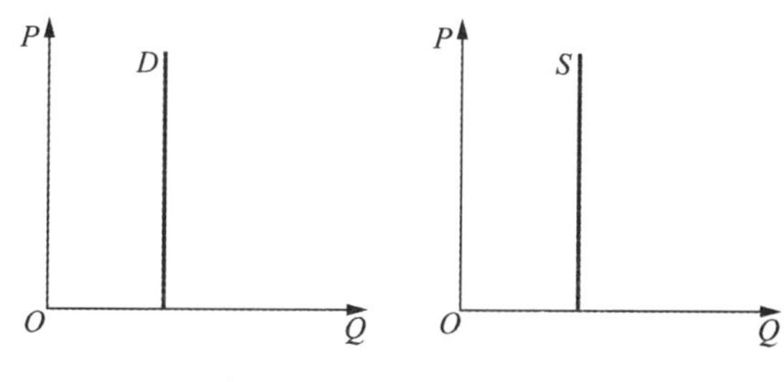


图 2-16　无弹性（弹性为 0）

供给无弹性的典型例子有巴菲特午餐会，无论拍卖价多少，年度午餐会一年一次。

2. 单位需求弹性和单位供给弹性（弹性为 1）

需求单位弹性是指价格变动引起同等程度的需求量变动；供给单位弹性是指价格变动引起同等程度的供给量变动。如图 2-17 所示：

实际生活中，单位需求弹性和单位供给弹性的例子非常少。

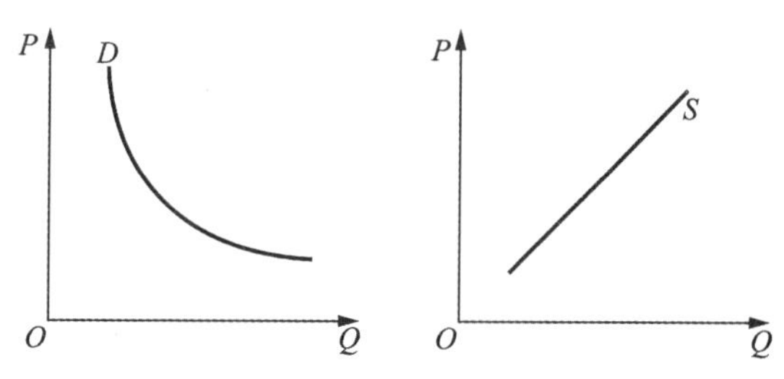


图 2-17　单位弹性

3. 需求无限弹性和供给无限弹性（弹性为∞）

需求无限弹性是指价格没有任何变动，需求量近乎无限的增加，$E_d$趋向于∞；供给无限弹性是指价格没有任何变动，供给量近乎无限的增加，$E_s$趋向于∞。如图 2-18 所示：

4. 需求缺乏弹性和供给缺乏弹性（弹性大于 0 并小于 1）

需求缺乏弹性是指价格变动对需求量变动的影响程度较弱；供给缺乏弹性是指价格变动对供给量变动的影响程度较弱。如图 2-19 所示：

图 2-18 无限弹性(弹性为∞)

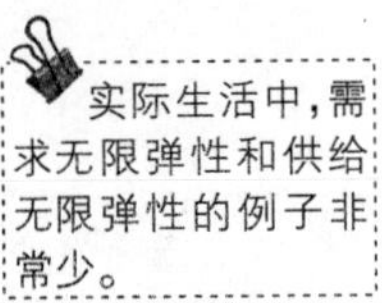
实际生活中,需求无限弹性和供给无限弹性的例子非常少。

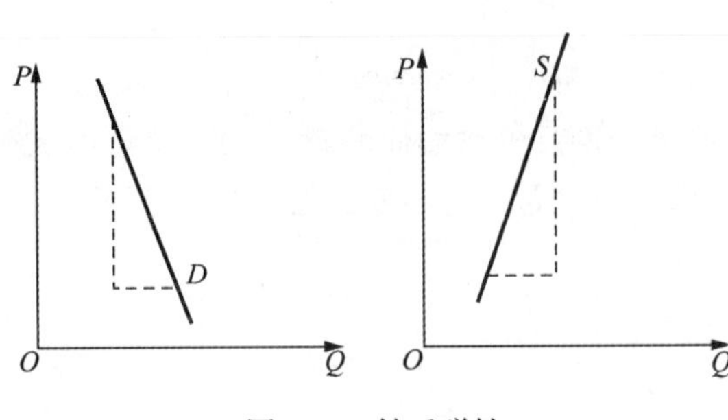


图 2-19 缺乏弹性

竖的虚线较长,表示价格变动较大。横的虚线较短,表示数量变动较少。

5. 需求富有弹性和供给富有弹性(弹性大于 1)

需求富有弹性是指价格变动对需求量变动的影响程度较强;供给富有弹性是指价格变动对供给量变动的影响程度较强。如图 2-20 所示:

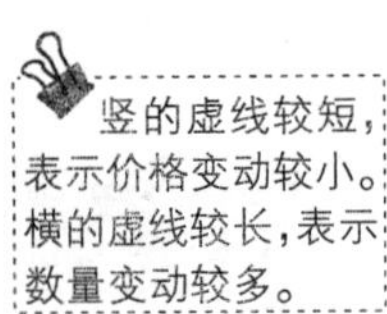
竖的虚线较短,表示价格变动较小。横的虚线较长,表示数量变动较多。

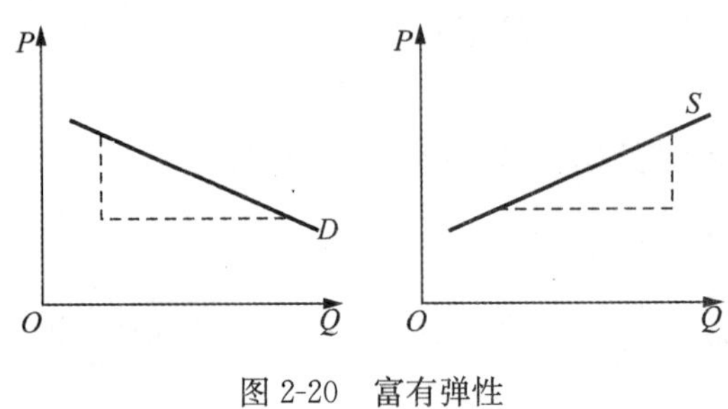


图 2-20 富有弹性

## 三、需求价格弹性的实质

生活中,大多数商品或者需求富有弹性,或者需求缺乏弹性。需求价格弹性揭示的是这样一种实质:消费者对企业产品价格变动的敏感程度。

如果某种商品 $E_d<1$,则缺乏弹性,说明该商品的消费者购买时对价格的变动反应迟钝。即使价格大幅上涨,需求量仅仅少量减少;即使价格大幅下跌,需求量仅仅少量增加。如图 2-21(a)所示。

如果某种商品 $E_d>1$,则富有弹性,说明该商品的消费者购买时对价格的变动反应敏感。只要价格小幅上涨,需求量就大量减少;只要价格小幅下跌,需求量就大量增加。如图 2-21(b)所示:

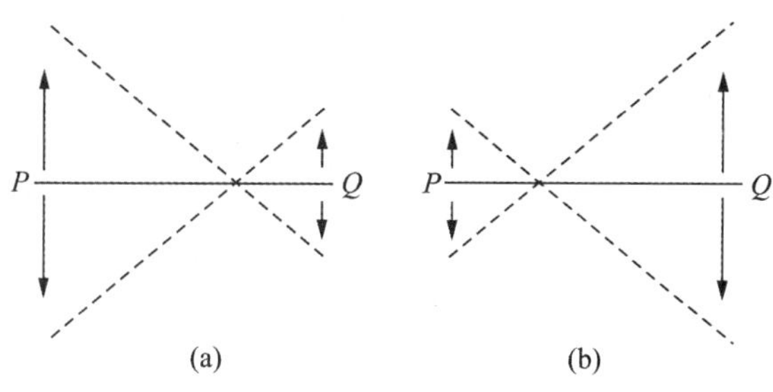


图 2-21　需求价格弹性

(a) 迟钝的反映　(b) 灵敏的反映

## 四、影响商品需求价格弹性的因素

需求价格弹性反映的是消费者对价格变动的敏感程度。为什么消费者对有的商品价格变动比较反应敏感,而对有的商品价格变动比较反应迟钝?影响因素是多方面的。

如图 2-22(a)所示,一般来说,某种商品只要满足下列条件之一,该商品就倾向于需求缺乏弹性:第一,必须购买的程度很高;第二,消费者难以在市场上找到理性的替代品;第三,购买该商品所需的金额很小;第四,该商品马上就要使用。如果消费者购买某种商品符合上面两项以上的条件,则该商品的需求价格弹性就更小。

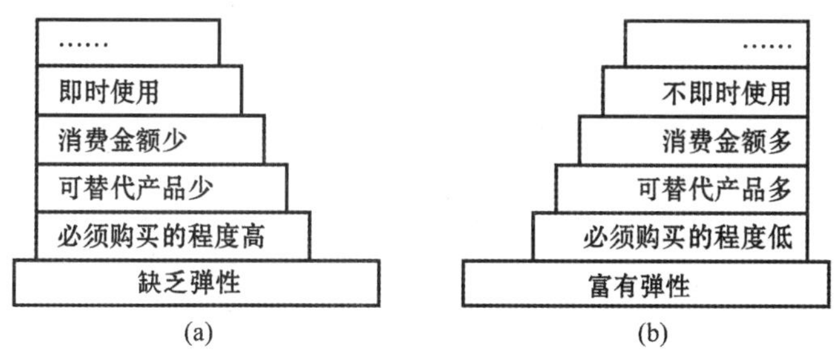


图 2-22　需求价格弹性的影响因素

(a) 缺乏弹性的因素　(b) 富有弹性的因素

例如,粮食的需求价格弹性很小,因为任何人要想生存,就必须吃饭,这个世界上恐怕很难找到比粮食更必需的商品。又如,食盐的需求价格弹性很小,因为人们必须吃盐而且难以替代,价格便宜。再如,茅台酒的需求价格弹性很小,因为对于茅台酒的购买者来说,作为社交工具的白酒是不可或缺的,并难以找到替代品。

如图 2-22(b)所示,一般来说,某种商品只要满足下列条件之一,该商品就倾向于需求富有弹性:第一,不是必须购买的商品;第二,在市场上存在理想的替代品;第三,购买该商品所需的金额较大,在消费者的开支中占比较高;第四,该商品不急于使用。如果消费者购买某种商品符合上面两项以上的条件,则该商品的需求价格弹性就更大。

例如,家用轿车的需求较富有弹性,因为以下三点:第一,对于一般的工薪阶层而言,轿车不是生活必需品;第二,公交车、电动自行车可以在一定程度上替代家用轿车;第三,购买家用轿车金额较大,消费者出手肯定会谨慎。

## 五、影响商品供给价格弹性的因素

市场经济中,大多数商品或者供给富有弹性,或者供给缺乏弹性。供给价格弹性揭示的是这样一种实质:生产该商品的企业应对价格变化,灵活调整供应量的能力的强弱。

如果某种商品供给缺乏弹性,即使商品价格大幅上涨,企业供应量不能快速跟上;反过来说,即使商品价格大幅下跌,企业供应量也不能快速削减。如果某种商品供给富有弹性,当商品价格上涨时,企业供应量能够快速跟上;反过来说,当商品价格大幅下跌时,企业供应量能够快速削减。

影响某种商品供给价格弹性的因素是多种多样的,以下列举几个主要方面。

(1) 企业调整生产规模的难易程度。一般来说,劳动密集型企业需要的设备较少,扩张或缩减生产规模比较容易,供给富有弹性;而资本技术密集型企业投入的设备较多,较高端,扩张生产规模需要经历一个较长的时期,而缩减生产规模乃至退出某一行业同样需要一个较长的时期,供给缺乏弹性。

(2) 时间的长短。无论是劳动密集型企业还是资本技术密集型企业,时间越长,企业越能够调整生产规模和产量,因此,相对于短期来说,每种商品中长期中供给更加富有弹性。

(3) 生产产品的技术条件限制。某些产品受工艺条件限制,较长时期内无法大量扩产,也就较长时期内供给缺乏弹性。比如茅台酒,尽管价格一路上涨,但是在短期内无法大量生产出来。

(4) 生产要素的供应限制。某些产品受生产要素供应限制,不能扩大产量,供给始终缺乏弹性。比如,尽管近年来别墅的价格不断上涨,但是受制于土地政策的限制,供应量一直无法满足市场的需求。

(5) 农产品的自然属性。农产品受其自然属性影响,单个生长周期内供给必然缺乏弹性。例如,在生猪涨价时,存栏的猪不能马上上市;而当猪生长期满上市时,生猪的价格往往又开始下跌,面对价格的下跌,养猪户却不能把上市的生猪囤积起来,以减少市场供应量。

## 驱动案例解析

### 武广高铁逼得东航机票打折

东航机票打折,是因为在1月份需求价格弹性很大,打折可以增加销售量。此外,东航航空服务在一月份的需求价格弹性很大,主要是因为客运市场竞争激烈,出现了高铁这样的优质“可替代产品”。武广高铁通车后,乘飞机出行已经没有多少时间优势,如果不打折,消费者自然不会买账。

## 经典案例赏析

### 弹性理论的运用

弹性理论在市场经济中有很强的指导意义，无论是企业还是消费者都可以从中获得有益的启发，下面列举几项有代表性的弹性理论应用。

**一、需求富有弹性与薄利多销**

**长春车展上演价格优惠战**

本次长春车展，记者发现价格大战已提前打响。在中国一汽展厅，一汽旗下的奔腾、欧朗品牌全系车型盛装亮相。一汽奔腾经销商将优惠举措释放到极致，打出购奔腾B70最高可享受3万元现金优惠的杀手锏。同时，购奔腾全系皆送万元导航礼包。7月15日至22日，每天还将在购车客户中举行抽奖活动，奖品为一台IPAD2。

（资料来源：徐微. 长春车展上演价格优惠战. 长春晚报. 2012-07-15. 节选）

**分析：**车展已经成为参展商和消费者的"狂欢节"，消费者期待着在汽博会上捞一个便宜，参展商则期待着大发一笔，所有这一切都是因为汽车的需求价格弹性使然。家用轿车是需求富有弹性的产品，富有弹性的产品价格变动对需求量变动的影响程度较强，因此企业往往采用降价的方式来扩大销售。假设车展期间某款车原价15万，直降3万后效果明显，销售量由50台猛增到100台。如图2-23所示：

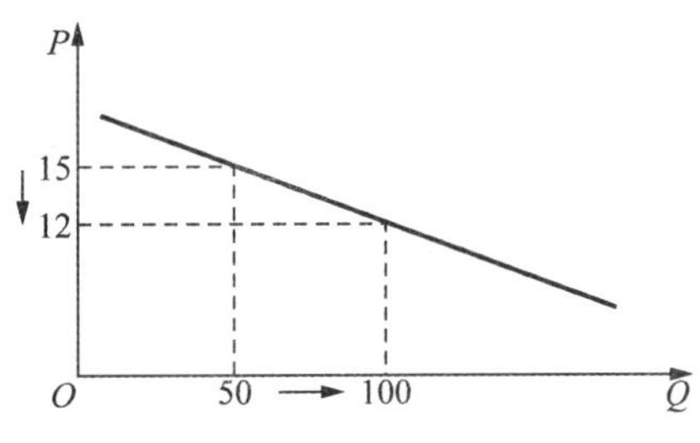


图2-23　薄利多销

根据弹性计算公式，该款汽车的需求价格弹性为：

$$E_d=\frac{\Delta Q/Q}{\Delta P/P}=\frac{(Q_2-Q_1)/Q_1}{(P_2-P_1)/P_1}=\frac{(100-50)/50}{(12-15)/15}=-5$$

以 $TR$ 代表总收益，则不降价的总收益是：

$$TR_1=P_1\times Q_1=15\times 50=750\text{ 万元}$$

降价后销量增加，总收益扩大，降价后总收益是：

$$TR_2=P_2\times Q_2=12\times 100=1\,200\text{ 万元}$$

总收益指销售产品所得到的货币收入，是产品价格与销售量的乘积。

$TR_2>TR_1$，说明富有弹性的家用轿车降价后，总收益是增加的。

家用轿车降价后，总收益不减反增，是因为家用轿车富有弹性，降价后销售量大增，并且销售量增加的幅度大于降价的幅度。市场经济中，类似家用轿车的这种促销很普遍，像冰箱、洗衣机、彩电、空调、家用电脑、手机等商品都存在类似现象，经济学上把需求富有弹性的商品降价后总收益增加这种现象叫做“薄利多销”。

## 二、需求缺乏弹性与菜贱伤农

### 大白菜6分钱一斤无人问津

2012年11月14日，记者在大兴区魏善庄镇、安定镇多个村庄走访发现，虽然正值大白菜上市的高峰，但是田间地头却人烟稀少，仔细打听才知道，原来是因为大白菜价格太便宜了，农民干脆放弃收菜外出打工挣钱。

“要吃白菜就去我家地里摘吧。”礼贤镇菜农赵女士告诉记者，今年白菜价格实在太便宜了，卖了也是赔钱，他们干脆也不从地里摘了。

“肯定赔钱啊！大白菜8分钱一斤，一车白菜也就卖一百多块钱。”开着一辆摩的的52岁菜农老孙告诉本报记者，他今年一共种了两亩白菜，他算了算账，种子、肥料、浇水、农药等方面的投入就超过了1 300元，这还未将卖菜和人工等支出计算在内。而几个月的辛苦劳作下来，他这两亩地的白菜最后可能只能卖1 600元左右。

（资料来源：福蒙蒙 李继远. 菜农弃收 大白菜6分钱一斤无人问津. 华夏时报. 2012年11月17日）

分析：从经济学的角度看，丰收年景白菜价格大跌是因为白菜“需求缺乏弹性”，如图2-24所示：

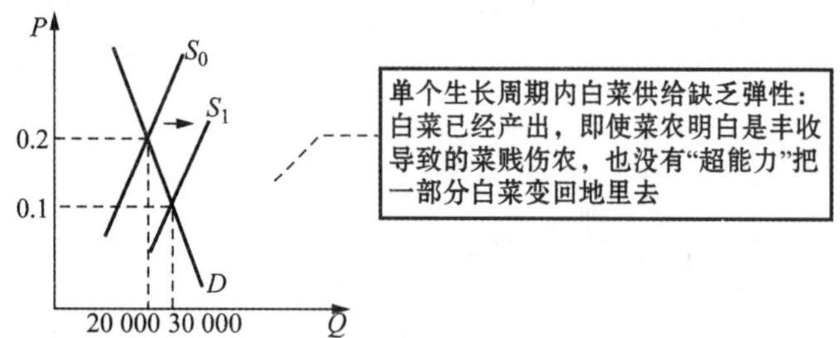


图2-24 菜贱伤农

白菜是生活必需品，其需求弹性很小，需求曲线非常陡峭，2012年白菜丰收，市场供给增加，供给曲线从$S_0$移动到$S_1$，使得白菜价格快速下跌。

假设某位菜农2011年收获了20 000斤白菜，市价0.2元/斤，2012年丰收，收获了30 000斤白菜，0.1元/斤。

以$TR$代表总收益，则2011年的总收益是：

$$TR_1 = P_1 \times Q_1 = 20\,000 \times 0.2 = 4\,000 \text{ 元}$$

2012年的总收益是：

$$TR_2 = P_2 \times Q_2 = 30\,000 \times 0.1 = 3\,000 \text{ 元}$$

$TR_1 > TR_2$，说明总收益下降了。

因为缺乏弹性，虽然丰收后白菜产量有所增加，但是价格却下跌了，并且价格下跌的幅度大于白菜产量增加的幅度，故而总收益反而减少。农副产品普遍存在上述现象，典型例子是粮食，粮食丰收后价格大幅下跌导致农民减收叫做“谷贱伤农”。“谷贱伤农”是一句古语，出自东汉班固著《汉书·食货志上》，“籴甚贵伤民，甚贱伤农”，意思为米价太高了，买米的老百姓受到伤害，米价太低了，种粮的农民受到伤害。

### 三、供给减少、供给缺乏弹性与农产品价格短期暴涨

#### “蒜你狠”重出江湖

在市区的一些超市和农贸市场，记者注意到，大蒜的零售价格普遍上涨到每斤6至7元。赤坎某大型超市的工作人员告诉记者，在上个月超市大白蒜的零售价格还在每斤3元左右，一个月的时间内涨了一倍有余。对此，不少市民认为，现在的大蒜价格明显上涨，“蒜你狠”已重出江湖。……海田市场一位长期从事大蒜批发的商户告诉记者，近期大蒜价格的上涨，主要还是受外围的影响。比如今年山东大蒜就大幅减产，预计比去年减少20%～25%。

（资料来源：陈立华.“蒜你狠”重出江湖.湛江日报.2012-7-11）

**分析：**大蒜价格暴涨既有短期内供给减少、供不应求的原因，也有短期内大蒜供给缺乏弹性的原因。如图2-25所示：

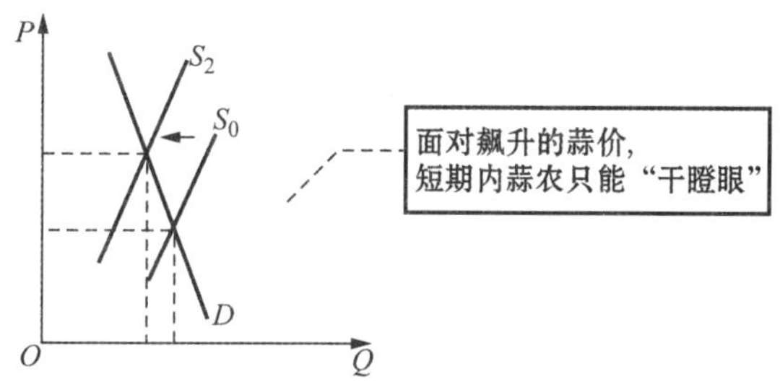


图2-25 蒜价暴涨

具体分析湛江大蒜价格暴涨的两个原因。

(1) 市场供给减少，供不应求，价格上升。湛江本地的大蒜很少，绝大部分需要从外面进货，受外围的影响，大蒜供给减少，供给曲线从$S_0$移动到$S_2$，使得蒜价上升。大蒜是生活必需品，其需求弹性也很小，需求曲线非常陡峭，使得蒜价快速上升。

(2) 短期内大蒜供给缺乏弹性。大蒜是农产品，有一定的种植时间和生长周期。尽管价格暴涨，但是蒜农们不可能立即大面积种植，已经种植的也不能马上采摘，晒干上市，面对飙升的蒜价短期内只能“干瞪眼”。

在新一批大蒜上市前，市场供不应求的矛盾始终存在，这段时间就为大蒜经销商们囤积大蒜、坐地起价提供了“良好”机遇，也极容易吸引游资参与炒作。近年来，大蒜价格的数次暴涨，都是上述几方面因素共同作用的结果。

### 四、供给长期缺乏弹性与商品价格长期上涨

近年来，红木家具的价格一路上扬，人们购买红木家具，不仅是一种消费活动，也是一种财富保值增值行为。

#### 红木家具收藏潜力大

据刘先生告诉记者，原本去年他在年年红金典看到一套大叶紫檀的沙发(11

件套)是40万元左右,原本想再等等,结果今年差不多款式的一套大叶紫檀的沙发(11件套)已经涨到75万元左右。看得出,刘先生现在十分懊恼去年没有及时买下。

(资料来源:刘蓓.红木家具收藏潜力大.半岛都市报.2012-7-13)

**分析**:多年来,红木家具市场不断升温,需要从两个方面考虑:第一,需求持续增加;第二,供给长期缺乏弹性,如图2-26所示:

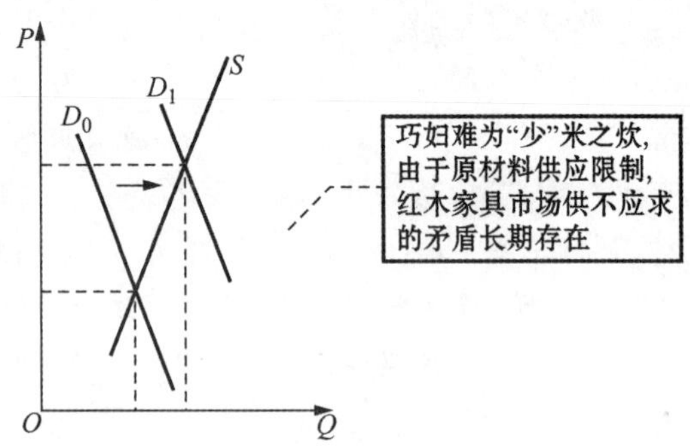


图2-26　红木家具涨价

具体分析上述两个方面。

(1) 红木家具需求持续增加。首先,人们使用红木家具,为的是欣赏和传承中国传统文化;其次,红木家具保值增值潜力巨大,购买红木家具既是高端消费,也是一种理想的投资;再次,购买红木家具,体现了主人的消费能力和社会地位。这些因素结合起来,导致了红木家具需求持续增加。在图形上,需求曲线从$D_0$移动到$D_1$,使得红木家具价格上升。

(2) 供给长期缺乏弹性。

生产红木家具所需要的稀有硬木资源是很有限的,从长期来说,尽管价格持续上涨,受原材料供应限制,红木家具企业仍不能快速增加产量,以满足市场旺盛的需求。

由于供不应求的矛盾长期存在,导致业内人士囤积红木家具,也极容易吸引游资参与炒作。近年来,红木家具价格波动剧烈,游资的兴风作浪难脱干系。但是,只要长期供求关系不变,红木家具价格长期上涨的趋势是不会改变的。

## 相关知识链接

### 需求收入弹性

#### 一、需求收入弹性的定义

需求收入弹性是指收入变动对需求量变动的影响程度,用公式表示就是:

$$需求收入弹性=\frac{需求量变动的百分比}{收入变动的百分比}$$

**【例2.4】** 假设某地区的平均收入水平增加了10%,某品牌首饰的需求量从1000单位增加到1300单位,那么该品牌首饰的需求收入弹性是多少?

以$E_m$表示需求收入弹性:

$$E_m = \frac{需求量变动的百分比}{收入变动的百分比} = \frac{(1\,300-1\,000)/1\,000}{10\%} = 3$$

## 二、需求收入弹性的分类

需求理论告诉我们，一般来说，某个家庭收入增加后，这个家庭的购买力就会增加，相应地会增加对各种商品的需求。同样道理，一个地区收入增加后，这个地区的购买力就会增加，相应地会增加对各种商品的需求。

但是，具体到不同的商品，收入增加对其需求的"拉动"是不同的，有的商品需求受收入的"拉动"作用明显，有的商品需求受收入的"拉动"作用很小。需求收入弹性就是研究这个问题的，这里介绍三种收入弹性。

1. 收入缺乏弹性(弹性大于 0 并小于 1)

收入缺乏弹性是指收入变动对需求量变动的影响程度较弱。一般来说，生活必需品受收入变动影响小，收入大幅增加，需求量增加十分有限；收入大幅减少，需求量减少也十分有限。

2. 收入富有弹性(弹性大于 1)

收入富有弹性是指价格变动对需求量变动的影响程度较强。一般来说，收入增加后，人们"压抑"已久的对奢侈品的购买愿望就会释放出来，收入增加对奢侈品需求的"拉动"是十分"给力"的。

3. 收入负弹性(弹性小于 0)

收入负弹性是指收入变动方向与需求量变动的变动方向相反，即收入增加时，某商品需求量下降；收入减少时，某商品需求量增加。一般来说，低档价品符合这个特征，如肥肉。

需要强调的是，某个家庭收入增加后，对奢侈品需求的"拉动"是符合家庭开支变化规律的，可以用表 2-6 说明这一点。

**表 2-6　张先生家庭收入安排表**

| | 年收入 | 必需品开支 | 必需品开支占比 | 奢侈品 | 奢侈品开支占比 |
|---|---|---|---|---|---|
| 2007 年 | 3 万 | 2.4 万 | 80% | 0.6 万 | 20% |
| 2008 年 | 4 万 | 2.8 万 | 70% | 1.2 万 | 30% |
| 2009 年 | 5 万 | 3.25 万 | 65% | 1.75 万 | 35% |
| 2010 年 | 6 万 | 3.6 万 | 60% | 2.4 万 | 40% |
| 2011 年 | 7 万 | 3.85 万 | 55% | 3.15 万 | 45% |
| 2012 年 | 8 万 | 4 万 | 50% | 4 万 | 50% |

为讨论方便，假设张先生家庭没有储蓄。

通过观察这 3 组数据可以得出：

2007 年张先生家庭年收入 3 万，2012 年家庭年收入 8 万，后者是前者 2.66 倍；2007 年张先生家庭必需品开支 2.4 万，2012 年家庭必需品开支 4 万，后者是前者 1.66 倍；2007 年张先生家庭奢侈品开支 0.6 万，2012 年家庭奢侈品开支 4 万，后者是前者 6.66 倍。

上述数据说明：随着家庭收入的增长，张先生家庭用于必需品的开支是逐年增长的，但是占家庭收入的比重不断下降；用于奢侈品的开支也是逐年增长的，并且占家庭收入的比重不断上升。一方面是年家庭收入的不断上升，一方面是奢侈品开支占家庭年收入比重的不断上升，因此，张先生家庭奢侈品开支（绝对金额）的增长速度是非常快的。

### 三、需求收入弹性的应用

1. 恩格尔定律

如前所述，生活必需品收入缺乏弹性。食物是最重要的生活必需品，受收入变动影响小，收入大幅增加，食物需求量增加十分有限；收入大幅减少，食物需求量减少也十分有限。

专门有学者研究过家庭食物支出。19 世纪，德国统计学家恩格尔长期跟踪研究消费结构的变化后得出一个结论：一个家庭收入越少，家庭收入中食物购买支出占全部支出的比例就越大，随着家庭收入的增加，用来购买食物的支出比例则会逐步下降。这个结论就是著名的**恩格尔定律**。

恩格尔系数是根据恩格尔定律得出的，计算公式为：

$$\text{恩格尔系数}=\frac{\text{食物支出金额}}{\text{消费支出金额}}\times 100\%。$$

恩格尔系数可以用来反映一个家庭或者一个国家的生活水平。根据联合国粮农组织的划分标准，恩格尔系数在 60%以上为贫困，50%～59%为温饱，40%～49%为小康，30%～39%为富裕，30%以下为最富裕。

2. 奢侈品收入富有弹性对厂商的意义

21 世纪以来，随着中国经济的快速增长，中国居民财富积累速度加快，中国消费者购买奢侈品的能力快速提升，这一状况给生产和经营奢侈品的企业带来了良好的发展机遇。

奢侈品需求收入弹性大于 1，说明奢侈品需求变动对收入增长很敏感：居民收入增加，奢侈品的需求量随之增加，并且其增长速度高于居民收入增加的速度，部分奢侈品的需求量增加速度甚至远高于居民收入增加的速度。

近年来，中国消费者对奢侈品强劲的购买已经使众多国际奢侈品牌对中国市场兴趣大增，纷纷登陆中国，加快扩张速度，拓展二三线城市市场，抢占市场份额。

以珠宝为例，珠宝首饰属于典型的"奢侈品"。2005 年下半年，比利时珠宝品牌 TESIRO 花巨资收购了国内品牌通灵翠钻，并以"TESIRO 通灵"为品牌名，开始了在中国市场的"跑马圈地"。2011 年 12 月 24 号 TESIRO 通灵高调落户福州，2012 年 1 月 13 号又高调落户郑州，这也是社会经济发展，居民收入增加的产物。

## 思考与练习

姓名________ 班级________ 学号________

**1. 名词解释**

需求价格弹性

供给价格弹性

需求收入弹性

**2. 选择题**

(1) 下列关于需求价格弹性的描述,正确的是(　　)。

A. 需求价格弹性是指某种商品价格变动对需求量变动的影响程度

B. 需求价格弹性是指某种商品需求量变动对价格变动的影响程度

C. 需求价格弹性一般是负的

D. 价格是自变量,需求量是因变量

E. 需求量是自变量,价格是因变量

(2) 关于需求价格弹性与需求曲线走向的关系,下面描述正确的是 (　　)。

A. 需求无弹性时,在图形上需求曲线垂直于横轴

B. 需求无弹性时,在图形上需求曲线垂直于纵轴

C. 需求无限弹性时,在图形上需求曲线垂直于横轴

D. 需求富有弹性时,在图形上需求曲线走势平缓

E. 需求缺乏弹性时,在图形上需求曲线走势陡峭

(3) 如果某种商品的供给富有弹性,那么该种商品的价格上升10%时(　　)。

A. 供给量增加幅度大于10%

B. 供给量增加幅度等于10%

C. 供给量增加幅度小于10%

D. 供给量减少幅度大于10%

E. 供给量减少幅度小于10%

**3. 讨论与思考**

(1) 某种商品的需求价格弹性会随着社会经济发展而发生变化吗?

（2）必需品必然缺乏需求价格弹性吗？奢侈品必然富有需求价格弹性吗？

**4. 计算题**

（1）某款家电价格从3000元下降到2700元，销售量从200台增加到300台，该款家电的需求价格弹性如何？降价后总收益有何变化？

（2）中秋期间，某款月饼的价格上涨10%，生产企业的市场投放量从500份增加到600份，那么该款月饼的供给价格弹性是多少？

**5. 案例分析题**

时隔半年多，"茅台出售啤酒业务"的传闻终于有了确切消息。昨日，华润雪花啤酒对外宣布，已经与贵州茅台酒厂有限责任公司达成战略合作，茅台集团啤酒有限责任公司以其实体投入，雪花则注资2.7亿元人民币，双方共同成立华润雪花啤酒（遵义）有限公司，雪花获得70%股权，掌舵茅台啤酒。

（资料来源：李冰. 茅台啤酒变身华润雪花子公司. 北京商报. 2011-08-19）

要求：运用弹性理论分析茅台啤酒转手的原因。

# 任务5　市场失灵

**本项目内容结构图**

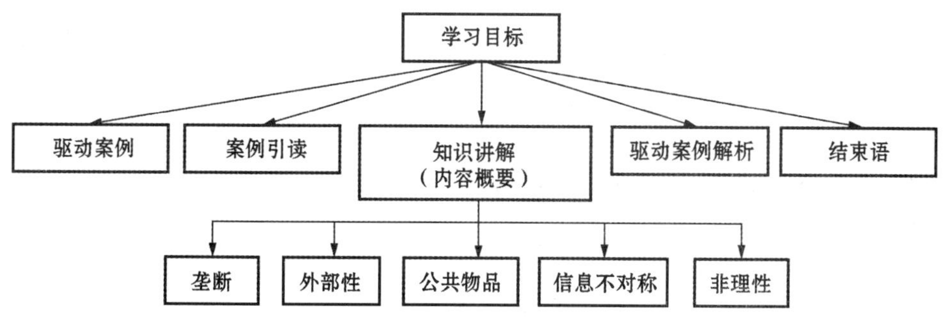


## 学习目标

- **知识目标**

(1) 掌握市场失灵的含义。

(2) 初步理解常见的几种市场失灵。

- **能力目标**

(1) 能够识别和分析常见的公共物品。

(2) 能够识别和分析经济活动中常见的外部性。

(3) 能够识别和分析经济活动中的逆向选择。

(4) 能够观察经济活动中企业和个人的“非理性”表现。

## 驱动案例

**关于电费的疑问**

H先生有个儿子，今年10岁，刚好是爱问问题的年龄。有一次，H先生带他去银行，小孩子就问他：“爸爸，您为什么要把钱交给银行?”H先生回答：“我这是交电费，我们把钱交给银行，由银行转给电力公司。”小孩子接着问：“为什么要给电力公司钱呢?”H先生接着回答：“因为电力公司给我家供电了，所以得给他们钱。同样道理，我们买牛奶得给钱，在街上买冰糖葫芦得给钱，去肯德基吃汉堡也得给钱。”小孩子明白点了，又接着问：“是不是吃的、穿的、用的，只要是我们买东西，我们就得付钱?”听着孩子的归纳，H先生很高兴，接着强调：“对，这个叫做消费，不出钱就不能消费。”

晚上，H先生一家外出散步。走着走着，天黑了，小区里的路灯亮了起来，H

先生的儿子想起了白天的问题，接着问："爸爸，这路灯的电费由谁交的？"H先生回答："路灯的电费不归我们小区住户管。"小孩子接着问："我们小区没有交钱，那电力公司怎么能给供电呢？不是说不出钱就不能消费吗？"H先生一时为之语塞。

**要求**：运用公共物品理论分析路灯的电费问题。

### 关于服饰商场的定位

H先生像大多数男士一样，买衣服直奔目标而去。当然他偶尔也陪夫人逛街，时间长了，他发现商场分为三类：第一类是高档商场，里面的衣服动不动就数千元，上万元也毫不稀奇；第二类是中档商场，里面的衣服价格在数百到数千元不等；第三类是低档商场，跟小商品市场差不多。H先生有一次跟一个做服装的朋友谈起这个话题，朋友说："你说的其实就是商场的定位，合理的定位是商场经营成功的前提条件。"

见H先生还不明白，朋友就启发他："要是你跑到高档商场，想买一件价值2万元的大衣，可是发现专柜的两边，却在卖一堆标价200元的衣服，你有什么感想？"朋友接着又说："要是哪天你到小商品市场去，发现那边有一件标价3 000元的名牌，你敢买吗？"

**要求**：运用信息不对称理论分析服饰商场的定位。

### 外快是个好东西

Z公园里有个游乐场，H先生的儿子最喜欢玩碰碰车、打气枪、钓金鱼。H先生跟孩子有个约定，每次只能玩2项。

这天，H先生又带孩子来玩了。令孩子奇怪的是，这一次，他的爸爸不仅让自己玩了碰碰车、打气枪、钓金鱼这3个常规项目，还主动增加了空中自行车。空中自行车这个项目是孩子一直很向往的，以前，H先生总觉得花30元钱溜达那么一圈太贵了。最后，H先生又带儿子吃了顿肯德基。

H先生的儿子有点奇怪，今天自己的爸爸为何突然大方起来了？H先生告诉他，今天得到一笔外快。于是孩子知道了，外快是个好东西。

**要求**：运用心理账户理论分析H先生的行为。

## 案例引读

### 只拿5分硬币的美国前总统

美国前总统威廉·哈里逊，小时候家里很穷。由于他一向沉默寡言，外表木讷，人们甚至认为他很傻。有一次，一个不怀好意的人拿出1枚5美分的硬币和1枚1美元的硬币，放在他面前，告诉他只能拿其中的一枚。结果，哈里逊拿了五分的。这件事情传开后，许多人做了同样的试验，每次，哈里逊都只拿五分的。

最后有一个好心人问他："孩子，你难道真的不知道哪个更值钱吗？"哈里逊回答说："我当然知道，可要是我拿了一枚1元的硬币，他们便不会再好奇，就再不会把硬币摆在我面前，那么，我就连5分也拿不到了。"

**启示**：人类心理活动是高度复杂的，美国前总统威廉·哈里逊正是利用了人们的好奇心理，玩了一把“白拿钱”的游戏。

## 知识讲解

价格理论描述的是市场运行的完美状态：市场经济中，需求、供给和价格互相影响，市场存在一只“看不见的手”，引导着千千万万个企业和消费者作出正确的决策，使整个社会的资源配置达到最优化。这种完美的运行需要三个条件：充分的竞争、完全理性的市场参与者、足够的信息。

市场经济活动中，上述三个条件并不充分具备，市场运行的状态并非完美无缺，“看不见的手”并不是在任何时候都能够发挥作用的，某些时候，市场存在失灵现象。所谓市场失灵是指在少数情况下，价格失去调节作用，仅仅依靠价格调节不能实现资源的合理配置。

### 一、几种常见的市场失灵

1. 垄断的存在

市场经济中，在买卖双方充分竞争的情况下，价格调节能够实现供求完全平衡。

当存在卖方控制时，虽然价格上升，某产品的市场供给量却不能充分增加（卖方垄断），导致消费者的利益受损，“看不见的手”就失去作用了。反之，当存在买方控制，虽然价格下跌，某产品的市场需求量却不能充分增加（买方垄断），导致企业的利益受损，“看不见的手”也就失去作用了。

引起垄断的原因是多种多样的，本书在模块 5 将会详细论述。

2. 人们缺乏足够的理性

经济学有个理性人假设，理性人是指希望以最小经济代价去获得最大经济利益的各类从事日常经济活动的主体。

市场经济中，人们实际上并不是“时时刻刻”都能够足够理性的。例如，经过十几年市场经济的洗礼，我国公众的投资意识被充分激发。近年来，由于升值潜力较大，房产、古董、字画、邮票、红木家具、紫砂壶乃至玉石等先后被市场相中，成为优质的投资对象。市场经济中，投资乃至适度的投机，是一种十分正常的现象，对优化资源配置是十分有利的。但是，当适度投机被异化成“非理性投机”时，对经济的危害就非常大了。

> 由于人类性格中贪婪的根深蒂固，经济活动中的这种“非理性投机”永远不会消失。

2009 年来，我国房产价格重新步入上升通道，吸引了大量资金参与到炒房活动中去。2011 年，随着房价的大幅攀升，房产泡沫不断累积，炒房的风险已经非常大，但是在市场狂热气氛的影响下，仍然有相当多的“乐观”人士不断加入到炒房队伍中去，他们坚信房价还会上涨，自己不会接最后一棒。

然而事与愿违，2011 年下半年，随着调控力度的不断加大，房价开始回调，许多贷款炒房的人士面临着房价下跌、资产大幅缩水、债务到期的困境，部分人员还被牵涉到债务诉讼中去，给自己和家人带来巨大的痛苦。

著名的博傻理论这样描述人们的非理性投机：人们冒着傻劲买下某个投资品，尽管这个东西的价格已经高得离谱。人们之所以愿意充当这个傻子，是因为他们认为还有一个"更傻的人"，这个"更傻的人"会花更高的价格从他们那儿把东西买走。可是，有这种想法的人却经常接最后一棒！

3. 买卖双方信息不对称

价格理论假设企业和消费者参与市场经济活动时，能够得到所需要的全部信息。

实际经济活动中，买卖双方所掌握的信息经常处于不对称状态。**信息不对称**就是买卖双方拥有信息的程度不一致。

多数情况下，卖方掌握更多的信息：去商场买服装，服装是否是正牌商品？商场知道，消费者不知道；去菜场买青菜，青菜有没有喷洒过多的农药？菜农知道，消费者不知道；去家具城买家具，家具是否是实木产品？经销商知道，消费者不知道；去药店买药材，药材是否是地道药材？药店知道，消费者不知道；去医院看病，病人的病情是轻是重？医生知道，病人不知道……

少数情况下，买方掌握更多的信息：客户投保时，客户的健康情况是好还是坏？客户知道，保险公司不知道；企业向银行申请贷款，企业的财务状况是好还是坏？企业知道，银行不知道……

信息不对称的危害是逆向选择。**逆向选择**就是缺乏信息的一方，面对不利的局面采取的自我保护行为。比如，某个消费者去一家商品良莠不齐的商场买服装，如果他不能确认哪款衣服是正牌、哪款衣服是冒牌时，他会把所有服装都当做冒牌对待，避免自己上当受骗。

这种做法在消费者中非常普遍，结果就是正牌的服装在这家商场无法立足，市场无法形成优质优价、劣质劣价的竞争结果，存在明显的市场失灵。

4. 公共物品

公共物品与私人物品是相对应的一组概念。

**私人物品**是指个人购买、个人消费的物品。**公共物品**是指个人无需购买、可以直接消费的物品。

私人物品具有排他性和竞争性。**排他性**是消费者购买某产品后，能够独占该物品的使用权，其他消费者被排除在外。**竞争性**是指某人消费某商品后，其他人的消费量必然减少。比如，张三购买了一块面包，排他性使得面包只能由张三享用，李四、王五没有资格吃，而张三购买后，竞争性使得商店里的可售面包就减少一块。

公共物品具有非排他性和非竞争性。**非排他性**是指无法确定某个物品该由谁消费。**非竞争性**是指许多人可以共同消费某个物品，某个人的消费不会减少其他人的消费。例如，小区的中心花园建成后，非排他性使得小区的每个人都能去休息，非竞争性使得小区的许多人可以一起休息。

显然，公共物品没有人“买单”，一般情况下，企业也不愿意提供公共物品，因此，公共物品领域市场失灵。

5. 外部性

**外部性**是个人和企业的经济活动带给不相关的其他市场主体的影响。如果个人和企业的经济活动带给不相关的其他市场主体的影响是有利的，就称为正外部性；如果个人和企业的经济活动带给不相关的其他市场主体的影响是有害的，就称为负外部性。

正外部性的例子较多，试举两例。某废弃地改造成公园后，每天晚上和周末，方圆几公里内的居民纷纷到那儿游玩。旺盛的人气使得众小贩闻风而至，卖玩具的、卖饮料的、卖茶叶蛋的一字排开，市政府改造公园就给众小贩带来了正外部性。国庆节，某饭店晚上放焰火，周围的居民足足欣赏了半个小时，饭店放焰火带给周围居民正外部性。

负外部性的例子也较多，试举两例。皮革厂、造纸厂、化工厂容易造成环境污染，对厂区周边的居民带来伤害，皮革厂、造纸厂、化工厂的生产活动就存在负外部性。某小区对面的营业房用来开了一家歌舞厅，半夜三更依然歌舞不休，周围居民不胜其扰，歌舞厅的经营活动就存在明显的负外部性。

正外部性的实质就是个人和企业的经济活动带给了他人利益，但是对方没有任何回报；负外部性的实质就是个人和企业的经济活动带给了他人伤害，但是没有给对方任何补偿。

这种“做了好事却没有好处”、“做了坏事却不用受罚”的结果是不符合市场经济的激励原则的。前者会导致“做好事方挖空心思阻止好处外溢”，后者会导致“做坏事的个人和企业越来越多”。

## 二、市场失灵的应对方法

1. 应对垄断带来的市场失灵

市场经济中，卖方垄断的受害者是广大的社会公众，一般来说，卖方垄断更为引人注目，人们对此探讨的更多。应对卖方垄断的方法主要是打破企业的垄断，引入竞争或者直接对企业实施价格管制。

2. 正确对待人们的“非理性”

对于经济学来说，“理性人”假设是必不可少的，如果没有这一假设，经济学上的许多研究将无法进行。但是人们也越来越认识到，人类的心理活动复杂多变，由此导致人们的经济活动常常表现出来诸多“非理性”。因此，人们认为有必要对“非理性”加以系统研究，行为经济学就是研究人们经济活动中的“非理性”现象的一门学科。

行为经济学用实验的方法来研究人们经济活动中的“非理性”，以验证、修改和完善经济学的基本假设。行为经济学根据实验的结果，提出了许多新的观点，进一步丰富了经济学理论大厦，使经济学对人们经济活动的指导**更加符合实际**。

关于行为经济学的这种作用，此处尝试举两个例子。

(1) 心理账户对消费的影响。

心理账户是人们对自己的各种收支分门别类并实施不同管理的心理活动过程。心理账户是行为经济学中的一个重要概念，由于消费者心理账户的存在，个体在做决策时往往"貌似"理性，却做出许多不合理的举动。

## 相关案例链接

**选择哪家水上活动中心？**

炎炎夏日，城区同时开了2家水上活动中心。A中心零卖60元/次，要是办卡，可以选择200元/4次或者320元/8次；B中心办卡750元/30次，不零售。假设A、B两中心档次类似，消费者应该选择哪家？

分析此案例，现实中，相当多比例的消费者会选择B中心，原因很简单：A中心最少也要40元/次，而B中心只要25元/次，明显便宜多了。但是细细琢磨，消费者支付750元，选择了B中心后划算与否并不能一概而论：如果消费者玩了10次，折合75元/次，极大的不划算！如果消费者玩了15次，折合50元/次，不划算！如果消费者玩了20次，折合37.5元/次，比较划算了！如果消费者玩了25次，折合30元/次，相当划算了！如果消费者玩了30次，折合25元/次，大大划算了！

实际上，不管是游泳卡，还是美容卡、健身卡等，消费者在规定期限内没有用完的情况相当普遍，从而使得貌似划算的办卡变得非常不划算。为什么人们会普遍犯这种错误呢？因为消费者的心理账户起了作用。消费者支付750元办了卡后，就生成了一个单独的心理账户。一开始，消费者对这个账户的750元成本是较为敏感的，所以去的频率较高，几周或者几个月后，消费者对750元成本的感受就逐步迟钝了，去的频率也就越来越低……

明白了这个道理后，我们办卡时，一定要想一想，能用完这么多次吗？

(2) 为"公平"放弃利益。

行为经济学中，有个著名的"最后通牒"实验，按照这个实验的思想，我们设计一个类似的虚拟游戏。

找50名学生，每2人组成一个实验小组，每组内有2个成员A和B，规则如下：

游戏的组织者给每小组100元。成员A有分配权，他可以决定给成员B的金额为1元，或2元，或3元……或99元。成员B有否定权，如果他不认可成员A的分配方案，成员A和B都得不到钱。

游戏的结果会怎样呢？根据"最后通牒"实验的结论，如果成员A提供比较"公平"的分配方案，即从50:50到60:40之间的方案时，成员B最容易认可。如果成员A的心比较"黑"，搞个90:10，成员B往往也不买账，结果是两败俱伤。实际上，如果成员B绝对"理性"，那么即使是99:1的分配方案他依然应该接受，毕竟得到1元钱的结果优于两败俱伤，但是绝大多数的成员B在情绪上无法接受这种“不公平”的分配方案。

这个游戏再次告诉我们，人类心理活动具有高度复杂性，企求人们“完全理性”永远是可望而不可即的。

现在，团队这个概念很流行，团队中的成员贡献有大有小，在“论功行赏”时很容易闹矛盾。行为经济学告诉我们，人们“酷爱”公平，一个团队在进行利益分配时，不能完全按照贡献来，而要适当公平，否则很可能影响团队的稳定性。

3. 克服信息不对称的方法

信息不对称产生逆向选择。但是，正所谓“活人不能被尿憋死”，市场买卖双方出于对自身利益的追求，会努力寻找克服信息不对称的方法。

（1）信息优势方主动发送信息。

整体上讲，消费者处于劣势，所以，各国普遍重视消费者权益保护，我国也制定了相应的法律法规。

市场上有千万种商品，有些商品消费者能够凭借感官和经验判断质量好坏，如菜场上买菜、超市里购买一些简单的生活用品等。但多数时候，消费者是无法判断某商品材料优劣、质量好坏和品牌真假的。于是，为了自身利益，优质企业会主动向消费者“宣示自己”。

实践中，企业的点子层出不穷：例如家具城的经销商会在家具不起眼的地方打个眼，以显示实木材质；修理电动自行车的老板为市民换电池时，会保修一年，以打消消费者的疑虑；某钟表商为了在澳大利亚打开市场，采用了在广场空投手表，谁捡到归谁的妙招……

不过，最普遍、最行之有效的信息发送方法是品牌建设。一个被消费者所广泛接受的品牌，具有极大的影响力，能够最大限度地减少消费者的逆向选择。

（2）双向激励。双向激励就是信息弱势方建立某项制度，把买卖双方的利益适度捆绑。如果信息优势方增加对方的利益，也能增加自己的利益；相反，如果信息优势方损害对方的利益，也同时损害自己的利益。

我国交强险费率的上下浮动机制就是典型的双向激励。

## 相关知识链接

### 交强险费率的上下浮动

2007年6月27日，中国保监会发布《机动车交通事故责任强制保险费率浮动暂行办法》，按照这一草案，从2007年7月1日开始，交强险费率将与每位车主的交通事故和交通违章记录挂钩，实行上、下最高30%的浮动，具体来说：

上一个年度未发生有责任道路交通事故，下浮10%；

上两个年度未发生有责任道路交通事故，下浮20%；

上三个及以上年度未发生有责任道路交通事故，下浮30%；

上一个年度发生一次有责任不涉及死亡的道路交通事故，0%；

上一个年度发生两次及两次以上有责任道路交通事故，上浮10%；

上一个年度发生有责任道路交通死亡事故，上浮30%。

(3) 委托第三方搜集信息。

委托第三方搜集信息的典型例子是二手车市场的车辆质量检验委托。

信息弱势方经济活动中，为了得到信息优势方的私人信息，可以委托第三方(中介机构)负责搜集对方的信息，为此，信息弱势方必须向第三方(中介机构)支付一定的费用。

4. 公共物品的提供

公共物品没有人"买单"，企业也不愿意提供公共物品，但公共物品又是必须提供的。因此，可以用"集体买单"方式处理公共物品的提供，即个人向政府纳税，政府用税收来提供公共物品。典型的公共物品包括国防、社会治安、免费公园、义务制教育、普通道路等。

5. 外部性

解决正外部性的关键是"做了好事就给他好处"，从而激励相关企业和个人"将好事进行到底"。例如，公园的改造给众小贩带来了生意，但是公园却没有受益，公园必然要驱赶小贩，解决的方法就是把小贩"招安"：公园专门开辟一块商业区，向小贩们出租，这样，公园获得租金，小贩继续经营，皆大欢喜。

解决负外部性的关键是"做了坏事就让他受罚"，从而激励相关企业和个人"尽量少做坏事"，防止其他企业和个人竞相效尤，具体方法有谈判、罚款和征税等。

## 驱动案例解析

### 关于电费的疑问

路灯是典型的公共物品，具有非排他性和非竞争性。

路灯的非排他性是指没有办法确定路灯该由谁使用，任何经过路灯下的人都有资格得到路灯的照明，路灯的非竞争性是指许多人可以共同使用路灯，路灯照亮了张三回家的路，并不会减少李四使用路灯的机会。

那么路灯的费用该由谁支付呢？

住宅小区路灯属于城市道路照明设施，应由城市相关部门(通常是市政)统一管理，并承担日常电费和维护。

### 关于服饰商场的定位

服饰尤其是高档服饰市场存在明显的信息不对称，对于一般的消费者，是没有能力区分高档服饰真伪的。若某位普通消费者来到商场，发现那儿既有标价2万元的衣服，也有标价2000元的衣服，甚至还有标价200元的衣服，他(她)只会感觉头晕。

这个案例说明，企业家的创造力是无穷的，"实践"经常走到"理论"的前面。

实践中，服饰商场早已发现上述问题，并探索出了很好的解决方法。商场会根据自身的情况选择合适的定位：第一种是高端路线，该类商场装潢考究，设施豪华，维护成本高，服饰以高档为主，进场成本很高，价格在数千到数万不等；第二种是中端路线，商场装潢尚可，进场的服饰以中档为主，价格在数百到数千不等；第三种是低端路线，商场装潢极为简单，摊位设置拥挤，为节约成本，有些商场甚至不使用自动扶梯和中央空调，进场的服饰价格低廉。

由于有了商场的不同定位，消费者就不必再为判断中高档服饰的真伪而伤脑筋了。

**外快是个好东西**

H先生突然“大方”起来的原因是心理账户的作用。H先生得到那笔外快后，在内心生成一个单独的“外快账户”，这个账户的钱属于意外所得，不需要为养家糊口负责，可以小小地奢侈一下，用起来没有“罪恶感”。

由于稀缺性的存在，普通人的钱一般都是不够花的，平时经常需要克制花钱的冲动，有机会偶尔“奢侈”一下情有可原，毕竟，企求人们永远理性是不可能的。

## 结束语

《西游记》里有这样一个情节：唐僧师徒取得真经，回归途中经历了第八十一难，师徒四人跌入河中，经书被打湿，晾干后收起来时被撕坏了一点，唐僧很痛心，悟空却很豁达：天地本无全，这经书也当不全之理！

悟空的话说明：世界不是十全十美的！同样，市场经济也不是完美的！

市场经济是人类应对稀缺性的较好选择，市场经济中，价格的作用至关重要。但是，市场经济中价格发挥作用是需要假设条件的，有些条件不具备的时候，价格失去了调节作用，市场也就出现了失灵现象。

市场失灵理论并不是要否定价格的作用，而是对价格理论的进一步补充和完善。认识市场失灵的几种情况，能够进一步丰富学生的经济学理论储备，使经济学对他们经济活动的指导更加符合实际。

# 模块三　消费者行为理论

**基本任务**

1. 边际效用递减规律应用
2. 消费者均衡理论应用

**【模块简介】**

现代社会中,多数人并不满足于简单的生存,还想消耗更多的物品。

衣柜里已经有了很多衣服,但女性永远觉得自己的衣服还少一件;家里有了一辆车,还想购买第二辆车,因为夫妻各一辆车的感觉更好;有了一套房,还想置下更大的房子,这就是所谓的改善型需求;国内的景点都游遍了,又想着该去塞班岛观光……

可是,每个家庭的收入是有限的,有限的收入不可能满足所有的购买欲望。

对于多数消费者来说,咬牙买了 iphone 手机,就别想再买佳能 EOS 数码单反相机;夏天去了昆明大理丽江,冬天就别想再去黑龙江亚布力滑雪场;买了私家车,就没钱买第二套房了……总之,挣的钱太少了。

所以,在不同的商品之间做出选择,是每个消费者必做的功课。消费者行为理论模块告诉我们,理性的消费原则就是两点:①把全部消费资金用完。②每一元钱都要花在刃口上,即每一元钱用在不同商品上的边际效用相等,不花钱购买效用非常低甚至没有什么效用的商品。

消费者行为理论是需求理论的进一步说明。

# 任务1　边际效用递减规律应用

**本项目内容结构图**

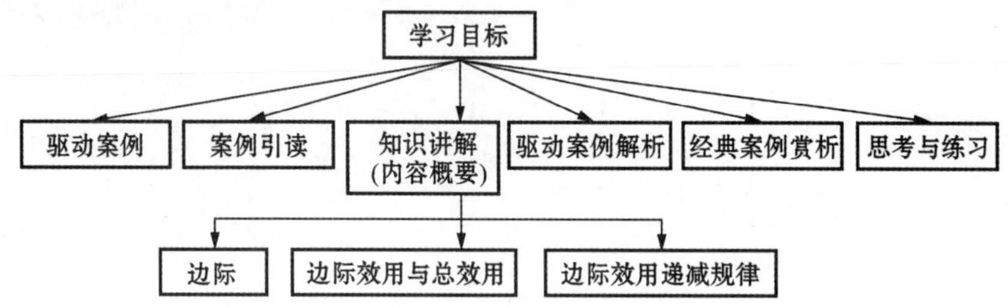


## 学习目标

• **知识目标**

(1) 掌握边际的含义。

(2) 掌握边际效用和总效用的定义。

• **能力目标**

能够运用边际效用递减规律分析某个消费者的消费活动。

## 驱动案例

**花样百出的产品创新**

去超市走一走,发现超市里的东西真是种类繁多啊!

牛奶是市场上最常见的日用消费品。目前,乳业企业开发了各种不同的牛奶品种供消费者选择:按档次讲,有针对高消费者的高端奶、针对大众的普通奶、低端的乳酸饮料;从成分讲,有强化维生素D的高钙奶,添加谷物、果粒、维生素或者核桃粉的各种谷物奶、早餐奶和养生奶等。儿童是牛奶的重点消费人群,乳业企业针对儿童的特点,开发了促进儿童生长的成长奶、满足儿童多种口味的果汁酸奶、儿童乳饮品,产品有桶装、盒装、袋装等,外包装图案精美,对儿童有强烈的吸引力。

此外,女性服饰、珠宝首饰、化妆品、手机、儿童食品等产品也是不断花样翻新的。

**要求:**运用效用理论分析企业进行产品创新的原因。

## 案例引读

**七张大饼的故事**

古时候,有一个人干了半天活,饥肠辘辘,于是他就到店里买大饼吃。这个人力气很大,食量也很大,他一口气吃下去3张大饼,觉得垫了个底,于是喝了一碗汤,又张大嘴巴接着吃,一直吃完第7张大饼,这才打了个饱嗝,觉得完全吃饱了。这个人付账的时候,忽然想起来:早知道这第7张大饼能吃饱,我为什么要吃前面6张呢?单吃这第七张饼不就行了!

显然,这人的想法不对,他的想法错在哪里呢?

## 知识讲解

### 一、消费的目的:满足欲望

有句俗话说"没什么别没钱"。现代社会中,有了钱就可以买华丽的衣服、精美的食物、高档的房子,人们通过消费这些物品以满足自己的欲望。由于人的欲望是会不断膨胀的,旧的欲望满足了,新的欲望又随之产生,所以人们想买更多更华丽的衣服、更贵更精美的食物、更大更高档的房子。

经济学家用效用来表示消费者个人欲望的满足。**效用**是指消费者消费物品获得的主观满足。如果某消费者对其所消费物品的主观感受很满足,称为正效用;如果没有感受到满足,称为零效用;如果不仅没有感受到满足,反而觉得很痛苦,称为负效用。

作为一种消费者的主观感受,效用具有下列特点:

(1) 效用具有主观性。不同的消费者对同一物品的主观感受是不同的。例如,无锡小笼包鲜美可口,苏南地区的消费者都很喜爱,可是北方的人多数受不了其中的甜味;绿豆汤清热解毒、润喉止渴,许多人用它来消暑,可是脾胃虚寒的人喝了却会肚子痛。民间俗语"萝卜青菜,各有所爱"正是效用具有主观性的最好阐释。

(2) 效用具有社会性。消费者都是社会人,每个消费者的消费活动必然会受到社会流行的影响:大家都说塞班岛风光秀丽,是旅游的好地方,某消费者出国游肯定会重点关注塞班岛,去塞班岛旅游会让其主观感受很美好;小朋友们买书包大多会选择奥特曼、喜羊羊、托马斯小火车,某小朋友肯定也会缠着父母买这些,因为背一个奥特曼书包会让他很有归属感。

(3) 效用具有重复性。某三轮车夫辛勤了半天,回家后连吃了三碗饭,吃饱后满足地看电视休息;一个星期后,他送完最后一个客人,回到家,依然是连吃了三碗饭,吃饱后满足地看电视休息。炎炎夏日,气温高达38°,市民们在水上乐园享受戏水的清凉;半个月后,高温再次袭击,市民依然可以来到此处,再次享受池水的清凉。

## 二、消费活动中的边际现象

边际是经济学中的重要概念。**边际**指的是在现有基础上的新增部分。

在案例引读中，主人公共吃了 7 张大饼。相对于他吃的第 1 张大饼而言，第 2 张大饼是边际；相对于他吃的前面 2 张大饼而言，第 3 张大饼是边际；相对于他吃的前面 3 张大饼而言，第 4 张大饼是边际……相对于他吃的前面 6 张大饼而言，第 7 张大饼是边际。如图 3-1 所示：

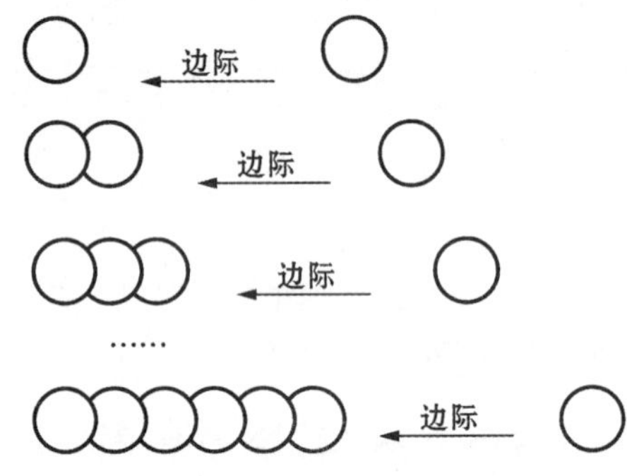


图 3-1　吃大饼的边际

消费活动中，类似的边际现象是普遍的，下面再举两个例子。

张先生到饭店品尝小笼包，连吃 4 个才吃饱。相对于第 1 个而言，第 2 个是边际；相对于前面 2 个而言，第 3 个是边际；相对于前面 3 个而言，第 4 个是边际。

李女士家里有五口人，装修时在阳台上放了一台洗衣机。平时，这台洗衣机基本够用，但是，一到夏季，家里人衣服换得勤，一台洗衣机就不够用了，有时洗衣机得工作到夜里 11 点，严重影响家里人休息。李女士跟先生商量后，又添了台洗衣机，放在卫生间放。相对于第 1 台洗衣机而言，第 2 台就是边际。

## 三、边际效用和总效用

**边际效用**是指消费者在现有基础上，追加一单位的某商品消费量所新增的主观满足。**总效用**是指消费者在某商品的全部消费量中获得的主观总满足。

在案例引读中，假设主人公吃 7 张大饼的总效用和边际效用如表 3-1 所示：

**表 3-1　大饼的效用表**

| | 边际效用(MU) | 总效用(TU) |
|---|---|---|
| 1 | 7 | 7 |
| 2 | 6 | 7+6=13 |
| 3 | 5 | 7+6+5=18 |
| 4 | 4 | 7+6+5+4=22 |

（续表）

| | 边际效用(MU) | 总效用(TU) |
|---|---|---|
| 5 | 3 | 7+6+5+4+3=25 |
| 6 | 2 | 7+6+5+4+3+2=27 |
| 7 | 1 | 7+6+5+4+3+2+1=28 |
| 8 | 0 | 7+6+5+4+3+2+1+0=28 |

根据表 3-1，作出图 3-2。

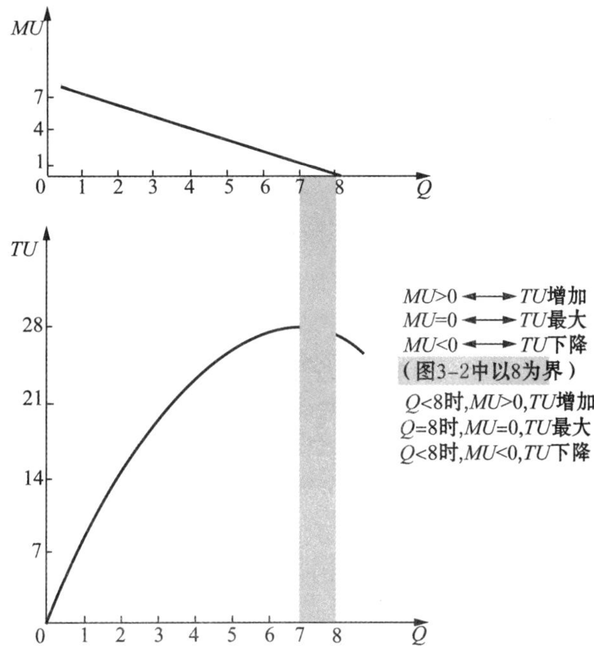


图 3-2　吃大饼的边际效用和总效用

由图表数据得出，主人公吃前面 7 张大饼时，边际效用 $MU>0$，每一张大饼都起到充饥的作用，总效用 $TU$ 不断增加，肚子越来越饱，表现在图 3-2 上就是总效用曲线不断上升；主人公吃第 8 张大饼时，边际效用 $MU=0$，说明第 8 张大饼已经起不到充饥的作用，此时总效用 $TU$ 最大，肚子已经完全吃饱，表现在图 3-2 上就是总效用曲线上升到顶点；主人公如果再吃下去，边际效用 $MU<0$，说明第 9 张以后的大饼将使他腹胀难受，总效用 $TU$ 不增反减，表现在图 3-2 上就是总效用曲线不断下降。

七张大饼故事中的主人公错在：混淆了边际效用和总效用。

这个例子虽然是个故事，但所反映的边际效用和总效用的关系也适合一般商品。边际效用和总效用的关系也可以反过来解读：

如果某商品总效用不断增加，总效用曲线不断上升，说明此时边际效用 $MU>0$。如果某商品总效用 $TU$ 处于最大，总效用曲线上升到顶点，说明此时边际效用 $MU=0$。如果某商品总效用 $TU$ 逐步减少，总效用曲线不断下降，说明此时边际效用 $MU<0$。

## 四、边际效用递减规律

案例引读中，随着主人公每多吃一张大饼，每张大饼的充饥作用越来越小，他所得到的边际效用逐步下降，最后甚至出现负满足，这种现象普遍适合于绝大多数商品，经济学家用边际效用递减规律来概括这种现象。

**边际效用递减规律**是指在一定时间内，当消费者不断追加某商品的消费量时，他从每单位追加量中所获得的边际效用是逐步减少的。

需要说明的是，边际效用递减规律成立是需要前提的，必须是消费者连续增加某商品的消费时，才会发生边际效用递减的现象。案例引读中，主人公连吃了7张大饼，这7张大饼的边际效用是递减的。如果过段时间他再来吃7张饼，那么，考察这7张大饼的边际效用时，必须把上次的结果清零，不能从第一次的7张大饼连续计数。

同样道理，李女士家里一台洗衣机不够用，添置了第二台洗衣机，第二台的作用肯定不如第一台。第一台洗衣机直接把李女士从枯燥费力的洗衣服中解脱出来，作用非常大；而第二台的作用无非是使洗衣服结束得早一点而已，也就是说第二台边际效用递减。但如果李女士不是在第一台洗衣机基础上添了一台，而是直接淘汰第一台，换了一台新的洗衣机，这种情况就不能称为"连续增加洗衣机的消费"，也就不适用边际效用递减规律了。

## 驱动案例解析

### 花样百出的产品创新

这个案例再次告诉我们："企业生产何种产品"不是企业家的主观臆断，而是企业家根据消费者需求的变化决定的。

企业挖空心思进行产品创新，根源在于边际效用递减规律。

假设某地市场上有A、B、C、D四家乳业企业，都生产普通口味牛奶。

有一天，D企业向市场推出了酸牛奶，不仅口味不同于普通牛奶，而且有助于消化。无疑，消费者购买酸牛奶，可以获得一种新的满足，自然会有许多消费者积极购买，而D企业可以乘机提高酸牛奶的价格，其他企业也会争相仿效，推出自己的酸奶产品。当市场上酸牛奶很普遍的时候，D企业如果率先向市场推出加果粒的酸牛奶，又可以抢先一步。

同样道理，女性服饰、珠宝首饰、化妆品等产品不断花样翻新，也是企业应对消费者在消费某产品时边际效用递减而采取的主动行为。

## 经典案例赏析

### 罗斯福请记者四吃三明治

民间流传着关于富兰克林·罗斯福总统的一则故事：

1945年，富兰克林·罗斯福第四次连任美国总统，有位记者采访他，希望这位连任四次总统的幸运儿能谈点自己独特的感想。

罗斯福总统是位睿智而又幽默的人，在搞明白对方的来意后，他没有直接回答对方的问题，而是很客气地连请这位记者吃四块“三明治”。第一块三明治，记者先生非常荣幸地吃下去了；第二块三明治，记者先生又愉快地吃下去了，吃第三块时，记者先生已经难以下咽，非常勉强；面对罗斯福总统递上来的第四块三明治，记者先生只能苦笑了。

于是睿智的罗斯福微笑着说：“现在，你不需要再问我对于这四次连任的感想了吧，因为你自己已经感觉到了。”

罗斯福总统的类比非常巧妙，可以说是神来之笔。

那位记者先生吃第三块三明治时，已经有点负边际效用了，第四块则已经无法下咽，边际效用“负”得更多了。按照罗斯福总统的类比，第四次当选总统在外人看来是荣耀无比的，但是只有亲身经历者才知道个中滋味究竟如何。

以前，我国某位著名女演员说了这样的话：做人难，做女人更难，做名女人难上加难。可见，权力、名声、财富这些在大众眼里令人羡慕的东西，也有明显的“边际效用”递减：一开始是风光无限，时间长了，个中滋味能与谁说？

## 思考与练习

姓名________ 班级________ 学号________

**1. 名词解释**

效用

边际

边际效用

总效用

**2. 选择题**

(1) 刘先生吃了6个小笼包，他从前面5个小笼包得到了55个单位效用，总共得到了60个单位效用，那么第6个小笼包的边际效用是(　　)。

A. 5　　B. 55

C. 60　　D. 0

(2) 以下关于效用的说法，错误的是(　　)。

A. 王先生去打保龄球，前3局球获得的总效用是36个单位，第4局球获得的效用是6个单位，说明第4局球的边际效用是6个单位

B. 李先生家里原来有1台电脑，他觉得不够用，又增加了1台，第2台电脑的边际效用肯定小于第1台

C. 李小姐连续吃了4个橘子，觉得很不舒服，说明第4个橘子的边际效用肯定是负的

D. 张先生家的空调制冷效果不佳，于是淘汰了旧空调，新买了一台海尔空调，使用效果很好，说明第2台空调的边际效用递增

(3) 下列关于边际效用和总效用的关系，正确的是(　　)。

A. 边际效用大于0，总效用肯定增加

B. 边际效用大于0，总效用不一定增加

C. 边际效用等于0，总效用肯定最大

D. 边际效用小于0，总效用开始下降

E. 总效用开始下降，说明此时边际效用肯定小于0

**3. 讨论与思考**

(1) 幼儿园老师经常用贴纸来奖励表现好的孩子。贴纸很便宜,一块钱能买到好多个,但是孩子得到贴纸奖励后格外高兴。

幼儿园老师奖励贴纸,有两个特点:第一,从时间上说,一般是某段时期(比如开学初)老师会频繁奖励贴纸,发了两三个星期后,就基本不发了。第二,从发放对象来说,老师尽可能发给每个孩子。表现好的孩子肯定得的多,但是一个孩子表现再好,连续奖励几天后,老师肯定要停一停。

要求:假设孩子得到贴纸的满足感可以用效用来衡量,请用边际效用递减规律来解释幼儿园老师的做法。

(2) 洗发水是消费者常用产品,仔细看一眼货架上的产品说明,可以发现,各种洗发水的述求重点各不相同,有去头屑的、有焗油的、有防脱发的、有柔顺营养的、有防止分叉的、有去痒的,有的产品同时含有几种功效,消费者各取所需。

要求:查找洗发水的资料,并运用效用理论解释这种现象。

**4. 作图题**

刘先生吃了6个小笼包,每个小笼包的边际效用分别是12、9、6、3、0、−3。

要求:作出刘先生吃小笼包的效用表,并根据效用表作出刘先生吃小笼包的边际效用曲线和总效用曲线。

# 任务2　消费者均衡理论应用

**本项目内容结构图**

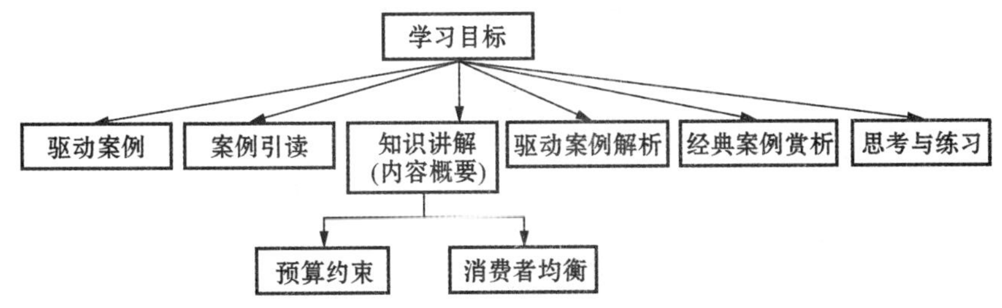


## 学习目标

- **知识目标**

(1) 掌握消费者均衡的条件。

(2) 理解消费者的预算约束。

- **能力目标**

能够运用消费者均衡原理分析某个消费者的日常消费行为。

## 驱动案例

### 三口之家的工薪阶层买大户型对吗?

所谓大户型,是指住房建筑面积在150平方米以上的商品房,此类户型一般设计成3室2厅,起居室的面积一般在40平方米以上,各个卧室的面积基本也在20平方米以上。

大户型的优势是空间较大、采光好、气派、居住舒适。但是,大户型总面积较大,总的房价相应就高出中小户型许多,工薪阶层贷款买房后供房压力很大,同时,大户型的使用成本也高,供暖费、电费、物业费都比中小户型高出许多。

那么,三口之家的工薪阶层买房子,应该买中小户型,还是“一步到位”地追求大户型?

## 案例引读

### 60元钱游黄山,怎么开支?

某一天,张三带着60元钱游玩黄山,到达山顶后,他渴极了,饿极了,决定买面包和矿泉水。在黄山顶上他发现,面包20元钱一个,矿泉水10元一瓶。

**问题:**假设张三口袋里有60元,他将如何开支?

## 知识讲解

### 一、消费者的预算约束

生活中，大多数消费者的收入是有限的，有限的收入要购买众多的物品，所以消费者觉得钱不够花也就是"常态"了，下面的例子是个典型。

相关案例链接

**年轻人变成月光族"拿铁因子"让人年入8万没钱花**

近日，长沙某知名论坛里，一位在长沙就职的85后网友"冰丝绕指柔"在论坛里晒出了自己的月花销。有意思的是，这位年入8万元，月花销4000元的职场新人，仍喊钱不够花。我们不妨看看"冰丝绕指柔"的收支账。

"拿铁"是拿铁咖啡的意大利文译音，所谓"拿铁因子"，指的是非必要的开销。

月收入：税后工资3150元（扣除五险一金后）、交通补贴50元，合计3200元。

平时福利和年终奖30000元。

其他收入：1万元左右。

年收入：80000元左右。

月支出：

衣：服饰、护肤品平摊1200元/月。

食：工作日午饭400元/月，生活支出估算（吃饭、零食、水果等）600元/月。

住：房租600元/月，水电费估算150元/月。

行：车险分期320元/月、油费500元/月、洗车费和罚款平摊150元/月。

其他：人情开支400元/月、电话费280元/月。

合计：4600元

（资料来源：李素平. 年轻人变成月光族　拿铁因子让人年入8万没钱花. 长沙晚报. 2012-08-10。节选）

"冰丝绕指柔"的收入较高，所以尽管开支比较大，还能玩得转。一般的消费者如果收入不高，在收不抵支的情况下，就必须适度约束自己的消费了。

如果用$M$表示消费者购买物品的收入，$P_1$表示消费者购买第1种商品的价格，$Q_1$表示消费者购买第1种商品的数量，$P_2$表示第2种商品的价格，$Q_2$表示第2种商品的数量……$P_n$表示第$n$种商品的价格，$Q_n$表示第$n$种商品的数量，则可以得到消费者的预算约束公式：

$$P_1Q_1 + P_2Q_2 + P_3Q_3 \cdots\cdots P_nQ_n = M$$

### 二、预算约束下消费物品的此消彼长

在消费者实施消费金额总量控制的前提下，消费者花在各种物品上的钱就呈现出"此消彼长"的特点来，用于一种物品的开支多了，用于其他物品方面的开支

就必须紧缩。

为了探讨方便，我们假设消费者只消费两种物品，则预算约束公式简化为：

$$P_1Q_1 + P_2Q_2 = M$$

我们用简化了的预算约束公式来说明案例引读：

用 $M$ 表示张三购买物品的货币，$P_1$ 表示面包的价格，$Q_1$ 表示面包的数量，$P_2$ 表示矿泉水的价格，$Q_2$ 表示矿泉水的数量，则有：

$$P_1Q_1 + P_2Q_2 = 60$$

张三购买面包和矿泉水的数量“此消彼长”的情况如下：

组合一：3 个面包，0 瓶矿泉水，支付货币 3×20=60 元

组合二：2 个面包，2 瓶矿泉水，支付货币 2×20+2×10=60 元

组合三：1 个面包，4 瓶矿泉水，支付货币 1×20+4×10=60 元

组合四：0 个面包，6 瓶矿泉水，支付货币 6×10=60 元

用于一种物品的开支多了，用于其他物品方面的开支就必须紧缩。简而言之，这就是“稀缺性”。

## 三、预算约束下的消费者均衡

**消费者均衡**是指在消费预算约束下，消费者获得最大的总效用。生活中，消费者要消费各种不同的商品，以满足自己的各种欲望。消费预算约束是客观存在的，消费者只能通过调节各种商品的不同组合来追求最大的总效用。

消费者得到最大的总效用，即消费者均衡的条件是：

$$MU_1/P_1 = MU_2/P_2 \cdots\cdots = MU_n/P_n$$

注意：不是总效用与价格之比相等，而是边际效用与价格之比相等。

为了探讨方便，我们假设消费者只消费两种物品，简化的消费者均衡条件：

$$MU_1/P_1 = MU_2/P_2$$

我们用简化了的消费者均衡条件来说明案例引读：假设张三单独消费面包和单独消费水的效用如下表 3-2 所示：

**表 3-2　面包和水的效用**

| $Q$ | $MU_1$(面包) | $TU_1$(面包) | $MU_2$(矿泉水) | $TU_2$(矿泉水) |
|---|---|---|---|---|
| 1 | 24 | 24 | 12 | 12 |
| 2 | 16 | 24+16=40 | 8 | 12+8=20 |
| 3 | 8 | 24+16+8=48 | 4 | 12+8+4=24 |
| 4 | | | 0 | 12+8+4+0=24 |
| 5 | | | −4 | 12+8+4+0−4=20 |
| 6 | | | −8 | 12+8+4+0−4−8=12 |

实际上，张三实际上消费面包和水两种物品，相应地有四种组合可供选择，如表 3-3～表 3-6 所示。

表 3-3 组合一:3 个面包,0 瓶矿泉水

| Q | $MU_1$ | $MU_2$ |
|---|---|---|
| 1 | 24 | 12 |
| 2 | 16 | 8 |
| 3 | 8 | 4 |
| 4 | | 0 |
| 5 | | −4 |
| 6 | | −8 |

面包总效用:
24+16+8=48

组合一:
吃3个面包,吃饱;
不喝水,极渴
面包的总效用48,
满足程度尚可

表 3-4 组合二:2 个面包,2 瓶矿泉水

| Q | $MU_1$ | $MU_2$ |
|---|---|---|
| 1 | 24 | 12 |
| 2 | 16 | 8 |
| 3 | 8 | 4 |
| 4 | | 0 |
| 5 | | −4 |
| 6 | | −8 |

面包总效用:
24+16=40

矿泉水总效用:
12+8=20

组合二:
吃2个面包,基本吃饱;
喝2瓶水,基本解渴
面包和水的总效用60,
满足程度很高

表 3-5 组合三:1 个面包,4 瓶矿泉水

| Q | $MU_1$ | $MU_2$ |
|---|---|---|
| 1 | 24 | 12 |
| 2 | 16 | 8 |
| 3 | 8 | 4 |
| 4 | | 0 |
| 5 | | −4 |
| 6 | | −8 |

面包总效用:
24

矿泉水总效用:
12+8+4+0=24

组合三:
吃1个面包,吃饱一半;
喝4瓶水,完全解渴
面包和水的总效用48,
满足程度尚可

表 3-6 组合四:0 个面包,6 瓶矿泉水

| Q | $MU_1$ | $MU_2$ |
|---|---|---|
| 1 | 24 | 12 |
| 2 | 16 | 8 |
| 3 | 8 | 4 |
| 4 | | 0 |
| 5 | | −4 |
| 6 | | −8 |

矿泉水总效用:
12+8+4+0−4−8=12

组合四:
不吃面包,极饿;
喝6瓶水,解渴但是腹胀
水的总效用12,满足程度很低

根据表 3-3～表 3-6,张三选择组合二时,获得的总效用最大。

张三购买 2 块面包,第 2 块面包的边际效用 $MU_1=16$,第 2 块面包的单价 $P_1=20$:

$$\frac{MU_1}{P_1}=\frac{16}{20}=0.8$$

张三购买 2 瓶水,第 2 瓶水的边际效用 $MU_2=8$,第 2 瓶水的单价 $P_1=10$:

$$\frac{MU_2}{P_2}=\frac{8}{10}=0.8$$

即 $MU_1/P_1=MU_2/P_2=0.8$,符合上述简化的消费者均衡条件。

## 四、简化的消费者均衡条件的证明

为什么在案例引读中，$MU_1/P_1=MU_2/P_2$时总效用一定最大呢？我们可以通过比较表 3-4 组合的总效用和表 3-5 组合的总效用来说明，如表 3-7 所示。

表 3-7　组合二：2 个面包，2 瓶矿泉水

| $Q$ | $MU_1$ | $MU_2$ |
| --- | --- | --- |
| 1 | 24 | 12 |
| 2 | 16 | 8 |
| 3 | 8 | 4 |
| 4 | | 0 |
| 5 | | -4 |
| 6 | | -8 |

①20元钱买16个效用，每元钱0.8个效用
②10元钱买8个效用，每元钱0.8个效用
③10元钱买4个效用，每元钱0.4个效用
④10元钱买0个效用，每元钱0个效用

表 3-7 中，①表明用 20 元购买第 2 块面包获得的边际效用是 16，每元钱获得 0.8 个边际效用；②表明用 10 元购买第 2 瓶水得到的边际效用是 8，每元钱获得 0.8 个边际效用。因为边际效用递减规律，③、④时用 10 元购买第 3、第 4 瓶水获得的边际效用肯定小于 8，每元钱获得的边际效用肯定小于 0.8。从表 3-4 组合调整到表 3-5 组合，实质就是张三放弃①而添加③、④，添加③、④将获得效用 4+0=4，放弃①的代价是损失效用 16，所以调整后总效用肯定下降。同样，从表 3-4 组合调整到表 3-3 组合，调整后总效用也肯定下降。

如果从每元钱购买的边际效用看：①=②，③、④小于②，所以③、④也小于①。

所以，在案例引读中，$MU_1/P_1=MU_2/P_2$时总效用一定最大。

## 驱动案例解析

### 三口之家的工薪阶层买大户型对吗？

从边际效用递减的角度看，三口之家的工薪阶层买大户型是不理智的。

假定某三口之家的工薪阶层购买了 60 平方米的房子，尽管 60 平方米的房子是比较局促的，厨房、卫生间很小，缺乏单独的书房，阳台也很小，但是获得了稳定的居所，因而最初的 60 平方米边际效用极大。

假定该户人家购买了 90 平方米的房子，则住房条件实质性改善：厨房、卫生间相对扩大，能设置两个独立的房间，规划单独的书房兼会客厅，阳台也有所扩大，住房的基本功能都已实现。与 60 平方米相比，新增的 30 平方米边际效用仍然较大。

假定该户人家购买了 120 平方米的房子，住房条件的继续改善体现在两个方面：能设置独立的客厅、双阳台，与 90 平方米相比，新增的 30 平方米边际效用已经不怎么大了。

假定该户人家购买了 150 平方米的房子，住房条件的改善基本体现在心理层面：客厅更大更气派，阳台更大，房间更大。与 120 平方米相比，新增的 30 平方米边际效用已经很小了。

可见,住房的消费也满足边际效用递减规律,三口之家的工薪阶层购房以 90 平方米左右为宜。与 90 平方米之内相比,从 90 平方米到 150 平方米这一段,所带来的满足是十分有限的。与其从牙缝里抠下三四十万元来购买这华而不实的满足,不如将这些钱用到下一代的教育或者改善生活品质上去。

## 经典案例赏析

### 日常生活中的消费误区

消费者在消费多种物品时,怎样追求消费者均衡呢?消费者均衡的条件是:

$$P_1Q_1 + P_2Q_2 + P_3Q_3 \cdots\cdots P_nQ_n = M$$

$$MU_1/P_1 = MU_2/P_2 \cdots\cdots = MU_n/P_n$$

上述公式告诉我们:第一,把全部消费资金用完;第二、每一元钱都要花在刃口上,即每一元钱用在不同商品上的边际效用相等,不花钱购买效用非常低甚至没有什么效用的商品。生活中,由于各种原因,消费者并不能总是遵守上述两条,消费中存在着明显误区。

误区一:攀比消费。

**【资料】** 暑假过半,孩子追求"高消费",家长钱包吃不消

暑假过半,不少家长的钱包却在"变扁"。

吴女士说,从孩子上幼儿园起,每年暑假都会带她出去旅游。可是孩子却对她说:"妈妈,现在不参加出国夏令营,你就 out(过时)了。开学以后,人家问起来,他们都出国,就我没有,多没面子。"经不住孩子的软磨硬泡,吴女士咬咬牙,让孩子参加了个两万元的美国名校游夏令营。

不少家长反映,暑假里,孩子的聚会特别多,聚餐、K 歌、周边游等消费也得让他们"掏钱包","孩子之间是轮流做东,轮到自己孩子请,又不能不支持,否则显得太寒酸。"有的孩子劝父母"舍得掏钱,才能交得到朋友",让人哭笑不得。

(资料来源:彭薇. 暑假过半,孩子追求"高消费",家长钱包吃不消. 解放日报. 2012-08-11.)

攀比消费并不只在儿童和青少年中存在,在成人中更加明显。比如工薪阶层购买大户型房子、巨额婚宴开销、农村盖房中的你追我赶、珠宝首饰的购置等。攀比消费中人们不顾自身实际,为了满足虚荣心而盲目加大开支,所带来的效用增加十分有限,但是危害却十分严重,轻则影响日常生活,重则陷入沉重的债务之中。

误区二:冲动购买打折品。

**【资料】** 商场名牌服饰卖出"白菜价"

8 月进入清仓换季打折期,各大商场的品牌折扣海报纷纷出街,不少细心的市民在比较后发现,在商场强力打折的作用下,有些服饰的价格比网购还便宜。

"上周日我在水游城一家知名品牌专卖店里,买了一双打折的羊皮单鞋,原价 499 元,打完折才 99 元;还买了一条长裤,也是今年流行的款式和颜色,原价 199 元,打完折才 39 元,真是太便宜了!"白领徐女士表示,她在网上搜索类似商品后

发现，一双普通羊皮单鞋的价格也要200元左右，而39元在网上也不容易买到质量很好的裤子。

（资料来源：许佳. 商场名牌服饰卖出"白菜价". 城市快报. 2012-08-02）

理性的消费需要做到两点：第一搞清自己真正需要的东西；第二以较低的价格买入。

像资料中描述的一样，每逢换季，商家都会大力度打折扣，从而刺激消费者的购买欲。消费者购买打折品划算与否，关键要看所买的东西是否真正用得上。如果买的东西正是自己所需要的，边际效用很高，又是以一个很低的折扣买入，这种情况就非常划算；反之，如果买的东西家里已经有许多了，买回家后基本用不上，边际效用机会几乎接近于零，仅是因为打折而买下，这种情况就很不划算了。

## 相关知识链接

### 无差异曲线分析法

部分经济学家认为，计量某商品的边际效用和总效用是很困难的，于是提出了一种新的效用研究方法，即无差异曲线分析法。

1. 无差异曲线

**无差异曲线**是指某个特定的消费者，从不同消费组合中获得同等程度满足的一条曲线。我们用图3-3来说明无差异曲线：

假设李四每天的早餐是馒头和橙汁，在无差异曲线 $L_1$ 上，李四可以多吃馒头、少喝橙汁，也可以少吃馒头、多喝橙汁，不管他如何调节消费组合，得到的满足程度相同，所以叫做无差异曲线。当然，在无差异曲线 $L_2$ 和 $L_3$ 上同样如此。

在图3-3中，共有3条无差异曲线 $L_1$、$L_2$、$L_3$，其中，$L_3$ 的满足程度大于 $L_2$，$L_2$ 的满足程度大于 $L_1$。实际上，李四可以有无数条无差异曲线，离开原点越远，代表的满足程度越高。

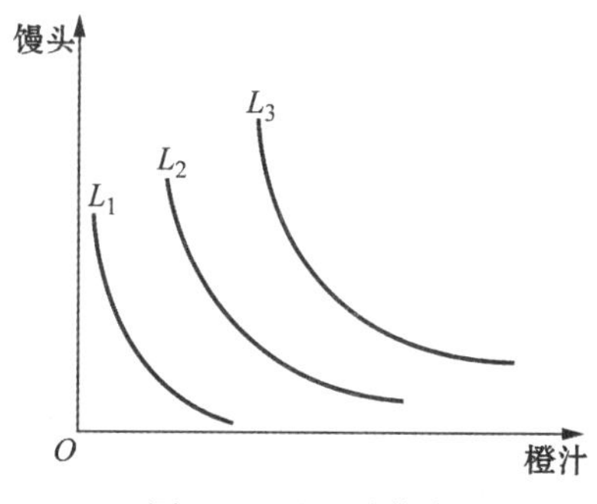


图3-3　无差异曲线

2. 消费可能线

**消费可能线**是消费者在使用全部消费资金时，可以选择的不同消费组合的线。

假设李四每天用于早餐的钱是6元，馒头的价格是1元/个，橙汁的价格是2元/杯，则李四可以选择的不同消费组合如图3-4所示：

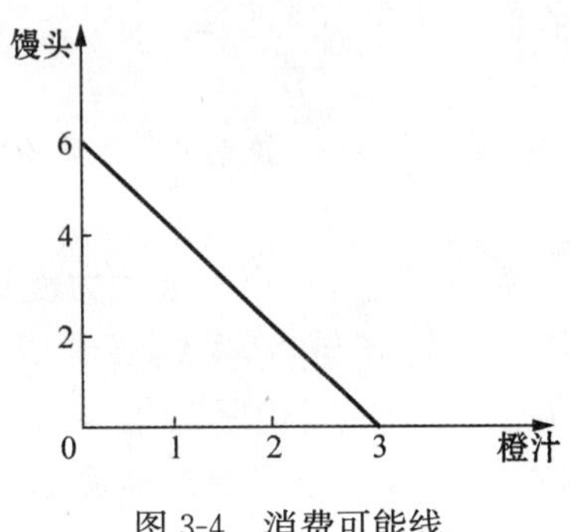


图 3-4 消费可能线

李四可以选择 4 种消费组合:(6,0)、(4,1)、(2,2)、(0,3),这 4 种组合所代表的点都在消费可能线上。如果李四的早餐预算增加到 12 元,则消费可能线会向右上方移动。

3. 无差异曲线分析法

把无差异曲线和消费可能线结合起来,可以得到消费者均衡。

在图 3-5 中,无差异曲线与消费可能线的切点处的消费组合代表的总效用最大。无差异曲线分析法实际上是从另一个角度探讨了消费者均衡:在消费资金存在预算约束的前提下,消费者选择最佳的两种商品分配比例(切点处),以达到总效用最大。

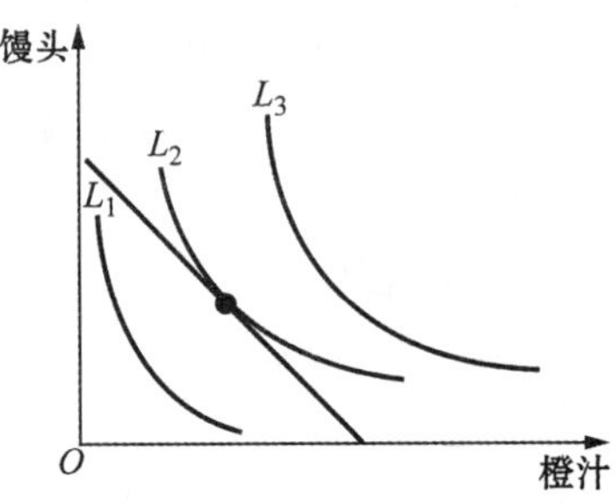


图 3-5 消费者均衡

## 思考与练习

姓名________　班级________　学号________

**1. 名词解释**

消费者均衡

无差异曲线

消费可能线

**2. 选择题**

(1) 消费者均衡的条件说明　(　　)。

A. 只有每种商品的边际效用与价格之比相等时，消费者才能实现效用最大化

B. 每种商品的边际效用与价格之比不相等时，消费者也能实现效用最大化

C. 只有每种商品的总效用与价格之比相等时，消费者才能实现效用最大化

D. 每种商品的总效用与价格之比不相等时，消费者也能实现效用最大化

(2) 假设张先生消费 A、B 两种物品时没有实现效用最大化，他必须(　　)。

A. 增加 A 物品的消费量并减少 B 物品的消费量

B. 增加 B 物品的消费量并减少 A 物品的消费量

C. 调整 A、B 两种物品的消费量，直到每种商品的边际效用与价格之比相等

D. 调整 A、B 两种物品的消费量，直到每种商品的总效用与价格之比相等

(3) 假设某消费者只消费 A、B 二种物品，根据预算约束公式，下列说法正确的是(　　)。

A. 在全部资金用完的前提下，增加 A 物品的消费量就必须减少 B 物品的消费量

B. 在全部资金用完的前提下，增加 A 物品的消费量不一定需要减少 B 物品的消费量

C. 在全部资金没有用完的前提下，可以同时增加 A、B 二种物品的消费量

D. 在全部资金没有用完的前提下，可以单方面增加 A 物品的消费量

E. 在全部资金没有用完的前提下，可以单方面增加 B 物品的消费量

**3. 讨论与思考**

月光族是一个网络名词，“月光”是“月月光”的意思，就是说每个月挣的钱全部花光。

月光族有以下几个特征：

(1) 善于挣钱：月光族一般都是白领，属于中等以上收入阶层。

(2) 追求时尚：月光族衣食住行样样都追求方便、舒适、新潮，衣服选购名牌，吃饭常去饭馆，聚会要去咖啡屋，出门常常打的。

(3) 没有储蓄的习惯:月光族信奉“吃光用光,身体健康”的理念,不考虑购房、防病、养老等大额资金需求。

要求:运用消费者均衡理论分析“月光族”的消费习惯。

**4. 作图分析题**

(1) Z公园游乐场的气枪是10元每局,套圈是5元每局,王先生游玩的资金预算是50元,请作出王先生游玩的消费可能线。

(2) 假设王先生打气枪和套圈的边际效用如表3-8所示,请列出王先生游乐场打气枪和套圈的消费组合,并计算各种组合的总效用。

**表3-8 气枪和套圈的效用**

| $Q$ | $MU$(气枪) | $MU$(套圈) |
|---|---|---|
| 1 | 16 | 10 |
| 2 | 12 | 8 |
| 3 | 8 | 6 |
| 4 | 4 | 4 |
| 5 | 0 | 2 |
| 6 | | 0 |
| 7 | | −2 |
| 8 | | −4 |
| 9 | | −6 |
| 10 | | −8 |

# 模块四 产量和成本

## 基本任务

1. 边际产量递减规律
2. 短期成本理论应用
3. 规模经济和长期成本理论运用

**【模块简介】**

企业从事生产的目的是为了追求利润最大化。

企业从三个方面追求更多的利润：第一是产量，第二是成本，第三是价格。产销量、产品成本、产品价格三个因素互相影响，共同决定了某个企业的利润水平。实际上，企业利润的大小既跟产量多少有关，也跟成本和价格的“落差”密切相关。

生产者行为理论揭示了企业生产过程中产量和成本的变化规律。

微观经济学中企业的生产有所谓短期和长期的划分：

所为短期，是指企业来不及调整生产规模的时期，所为长期，是指企业能够根据对市场的判断调整生产规模的时期。在不同的时期，企业生产过程中产量和成本的变化规律是有区别的。

本模块向您介绍短期和长期中企业产量和成本的不同变化规律。

# 任务1　边际产量递减规律应用

**本项目内容结构图**

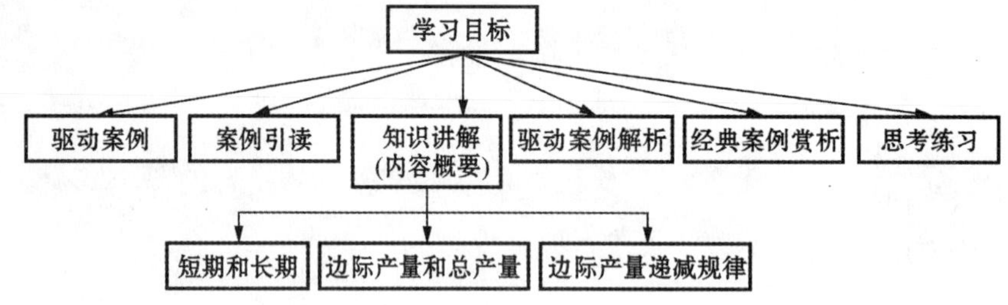


## 学习目标

- **知识目标**

(1) 掌握生产要素的定义。

(2) 掌握短期成本和长期成本的定义。

(3) 掌握边际产量和总产量的定义。

(4) 掌握边际产量递减规律。

- **能力目标**

(1) 能够运用边际产量递减规律分析某个厂商在短期内某种生产要素的最适投入。

(2) 逐步养成运用"边际产量"概念分析各行业边际投入导致的生产力下降现象的习惯。

## 驱动案例

**肯德基在江阴的扩张**

1993年,肯德基进入江阴,新华书店对面的KFC吸引了江阴市民的眼球。由于口味上的不同,加之用餐氛围等的巨大差异,生意出奇的好。

随后,肯德基逐步扩大在江阴的门店数量。目前,在江阴人民路、几家大型超市旁、长途车站、部分乡镇等处已经分布了多家门店。

**要求:**分析肯德基的短期成本和长期成本。

## 案例引读

**三个和尚**

我国民间流传着一个历史悠久的故事,这个故事的名称叫三个和尚,故事大意如下：

从前有一座山，山上有一座庙，庙里没有水源，和尚喝水得到山下去挑。

一开始的时候，庙里只有一个和尚负责担水，于是这个和尚每天在固定时间下山，挑上满满二小桶水，供给庙里的和尚饮用。

后来，庙里又安排了一个和尚担水，两个和尚一合计，找来一个大桶，每天在固定时间下山，抬上满满一大桶水，供给庙里的和尚饮用。上山的时候，装满水的桶很容易往下滑，走在后面的和尚很吃亏。为了公平起见，他俩讲好，这个月甲和尚走在前面，下个月换一下，乙和尚走在前面。

再后来，庙里又安排了一个和尚担水。谁知这下问题出现了：一个和尚负责担水时，他挑起水桶就可以下山，二个和尚负责担水时，抬起水桶就可以下山，第三个和尚加进来后，无论怎样安排，总有一个和尚闲着，大家都想闲着，于是争吵不休。

这个案例说明了劳动力并不是越多越好的。

## 知识讲解

### 一、企业

提起企业，人们更容易想到那些规模庞大、知名度高、有着漂亮厂房和高端机器设备的生产企业或者宽敞营业场所的商业企业和服务性企业。例如一些大家耳熟能详的企业：可口可乐、康师傅、伊利、蒙牛、双汇、雀巢、燕京、茅台、雪花、张裕、金龙鱼、冠生园、波司登；昌河铃木、东风悦达、一汽-大众、长安马自达；万科；工商银行、华泰证券、中国人寿；中国旅行社、春秋旅行社、东方航空；金陵饭店、锦江之星、如家；苏宁、大润发等。

实际上，除了上述大企业外，经济活动中更多的是为数众多的中小型企业以及微型企业。中小型企业以及微型企业在数量上远多于大型企业，这些企业包括：所生产产品市场需求量十分有限，规模不太能做大。例如生产哨子的企业，因为哨子的需求量有限，即使做到全国第一，规模也是有限的。为大企业做配套产品的中小型企业。产品需求个性化特征明显，难以大规模标准化生产的，例如，生产女性服装的服装厂家。产品和服务覆盖地域小，不能远距离运送的，比如小区的便利店、快餐店。

### 二、生产要素

市场上有千千万万的企业，生产出形形色色不同的商品。

从经济学的角度看，无论是“巨无霸”的飞机制造公司，还是街边的小蛋糕店，要想开展生产经营活动，首先必须购买生产要素。

生产要素是指企业进行生产经营活动时所需要的各种资源：

(1) 劳动：企业员工的体力和脑力付出。

(2) 资本：企业生产中使用的厂房、设备以及消耗的原材料、辅料和能源。

(3) 土地:生产过程所依托的场所。

(4) 企业家才能:企业生产中所必需的管理工作。

应该指出,尽管每个企业都使用生产要素,但是不同企业的生产要素是有极大差别的。例如,小区里的大饼店所使用的生产要素非常简单的。一般有一间10平方米左右的小门面,制作大饼所用的炉子、锅、盆、盘子等生产设备,还有面粉、食用油、盐、糖、味精等原材料和辅料,以及煤气、电力等消耗的能源,另外还有面点师(往往是店主)、帮工等两三个工作人员。

而一个中等规模服装厂使用的生产要素要高档一点。至少有上千平方米的生产车间,还有相应的一些生产设备,比如缝纫机、裁布机等,各种生产原料和辅料,如布、线等,还有数量较多的缝纫工、杂工等工人,也要有相应的生产车间管理人员、设计服装的设计师、管理整个企业的管理人员等。

家用轿车厂使用的生产要素则是标准的"高、精、尖"。有几万平方米的标准化生产车间,自动化程度很高的流水线,大量的汽车原材料和零部件,以及相应的组装人员和流水线操作人员,还有各部门的管理人员、高级工程师、企业家等。

## 三、短期与长期

微观经济学中企业的生产有短期和长期的划分:短期是指企业没有调整生产规模的时期。长期是指企业能够根据对市场的判断调整生产规模的时期。

### 相关案例链接

**欣欣快餐的规模扩张**

张媛媛、李晓红、王亮亮三位同学来自浙南。2008 年 9 月,他们从老家来到苏南某地求学时,遇到的第一个困难就是对本地饮食不适应,从那时起,他们就想着自己能开一家浙南口味的餐馆。

第六个学期,他们开始尝试着将这个想法付诸行动。考虑到刚起步、资金少、经验不足及校园人流量大等特点,他决定先从快餐店做起。在快餐店的设计、装饰和定位上,张媛媛等狠下工夫,力求体现特色、突出品位,将其做成浙江籍学子喜爱的快餐店。

准备好了开店,张媛媛等开始投入到完全陌生的注册执照、选地址、搞装修、聘员工、采购炊具等工作中。他们在跑业务的同时还找来了酒店管理、市场营销、人力资源管理等方面的书给自己补课。经过近两个月的紧张准备,2011 年 2 月,他们的"欣欣快餐"终于开业了。在这个过程中,他们也由生疏到熟悉,慢慢地摸出了一些门道,获得了一些宝贵的经验。

毕业的时间到了,三位同学的快餐店大获成功。同时,他们发现,快餐店的生意非常好,可以尝试扩大规模。

说干就干,经过一个暑假的折腾,一切准备就绪。快餐店由一间门面扩充到两间门面,在 2012 年 9 月 1 日以崭新的面貌迎接新老客户的光临。

上述案例说明了企业生产中的短期和长期。

快餐店的短期生产，如图 4-1 所示：

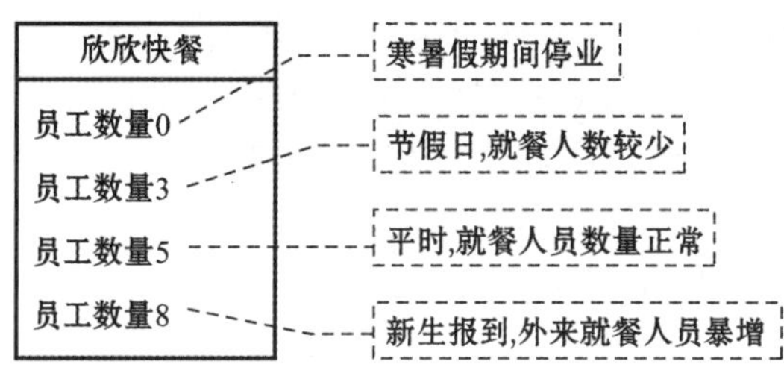


图 4-1　快餐店的短期生产

经济学中的**短期**，是指企业没有调整生产规模。针对学院学生的快餐店，就餐人数与学院的教学活动规律紧密相连。不同的时间段对快餐店用工的影响非常明显。寒暑假期间，由于学生都放假回家了，学校里没人，因此快餐店没有生意，停业休息，这时不需要员工，0 个员工。节假日，一般近点的学生都回家，而家比较远的学生往往留在学校，这时就餐人数减少，不需要太多的员工，3 个员工就能完成工作。平时，学生都正常在校上课，就餐人数与节假日相比增加不少，3 个员工不能满足快餐店的工作需要，这时需要增加一些人手，因而将员工数量增加到 5 个，才能满足正常运营的需要。新生报到，这时不仅仅有学生，还有很多送新生报到的家长，往往一个新生有 2～3 名家长陪同，就餐人数大大增加，而原有的员工远远不能满足快餐店的需要，因此员工人数需要增加到 8 个，才能满足快餐店运营的需要。如果欣欣快餐不扩大规模，三个学生老板就会根据就餐人数的多少来调整用工的数量。当就餐的人数多时，快餐店就会增加劳动力，相应地多采购大米、蔬菜和肉禽、水产等；当就餐的人数少时，快餐店就会减少劳动力，相应地食材采购也会减少。

这种不调整经营规模，只调整用工数量、原材料等生产要素的时期，就是快餐店的“短期”。短期内，快餐店不调整营业规模，是因为三个学生老板没有决定调整规模，或者虽然决定调整规模了，但是还没有来得及付诸实施。

快餐店的长期生产，如图 4-2 所示：

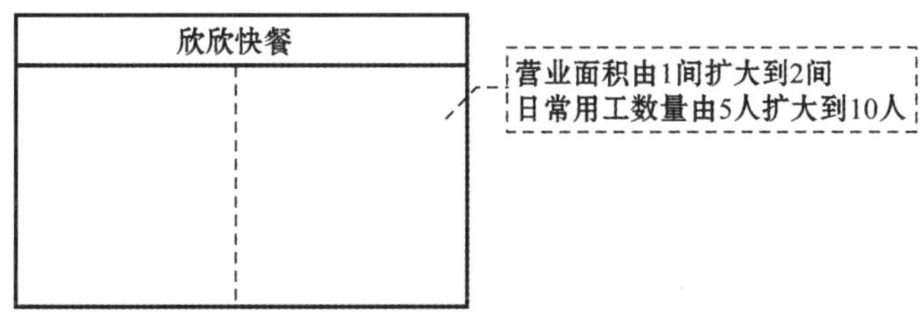


图 4-2　快餐店的长期生产

2012 年 7 月，三个学生老板经过慎重思考，决定扩大经营规模。落实扩大规模也是一件挺烦琐的事情，需要洽谈房租、设计装潢方案、预算资金、筹集资金、装潢、购置和更新一部分设备等，需要耗费一定的时间。出于对未来的乐观预期，欣欣快餐扩大了营业规模。

欣欣快餐一间门面时的经营时期是第一个"短期",两间门面时的经营时期是第二个"短期",而包括第一个"短期"和第二个"短期"的整个时期则称为"长期"。

假如欣欣快餐未来的门面继续扩大为三间、四间,则还有第三个"短期"、第四个"短期",包括这四个"短期"的整个时期则称为"长期"。

显然,"长期"是由一个个"短期"构成的。短期中,经济学研究边际产量递减规律;长期中,经济学研究规模经济。

## 四、边际产量和总产量

**边际产量**是指企业在现有基础上,追加一个单位的某种生产要素所新增的产量。**总产量**是指企业在生产中全部投入的某种生产要素所得到的产量。

可以用欣欣快餐的例子来说明边际产量和总产量。

### 相关案例链接

**欣欣快餐应该请几个帮工?**

假设2012年4月份,欣欣快餐所在的学院被市劳动局确定为某一场职业能力考核的唯一考点。考试那一天,大批校外考生蜂拥而至,因为有上下午两场考试,所以考生们都在学院附近用餐。中午那一顿午餐,欣欣快餐的生意肯定非常好。

三个学生老板对此早有准备,他们要思考的问题是:平常日子,店里用5个人正好,因此,除了三个老板自己外,店里长期雇用2个阿姨。现在,肯定需要临时请几个帮工,应该请几个人呢?

假设2012年4月29日,欣欣快餐在当时的规模下,投入的劳动力与快餐供应份数如表4-1所示:

**表4-1 欣欣快餐的总产量和边际产量**

| 劳动力 | 边际产量/*MP* | 总产量/*TP* |
|---|---|---|
| 1 | 20 | 20 |
| 2 | 30 | 20+30=50 |
| 3 | 60 | 20+30+60=110 |
| 4 | 50 | 20+30+60+50=160 |
| 5 | 40 | 20+30+60+50+40=200 |
| 6 | 30 | 20+30+60+50+40+30=230 |
| 7 | 20 | 20+30+60+50+40+30+20=250 |
| 8 | 10 | 20+30+60+50+40+30+20+10=260 |
| 9 | 0 | 20+30+60+50+40+30+20+10+0=260 |
| 10 | −10 | 20+30+60+50+40+30+20+10+0−10=250 |

根据表 4-1，作出相关图 4-3。

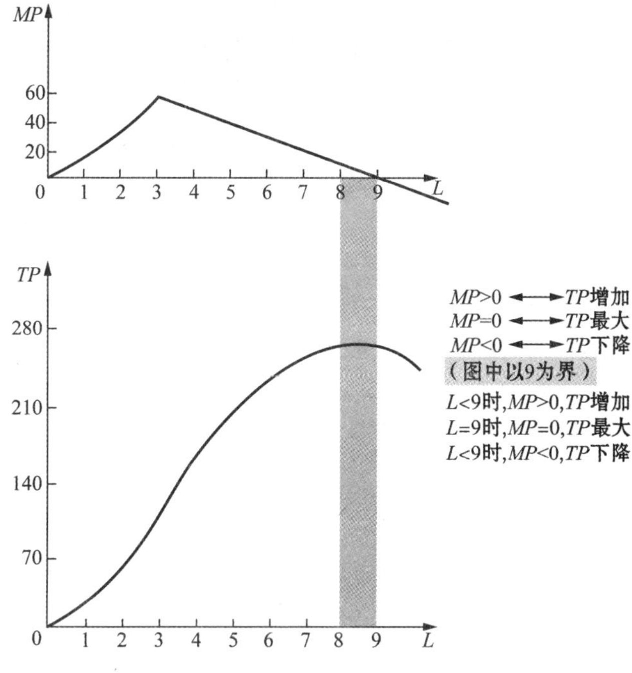


图 4-3　欣欣快餐的总产量和边际产量

欣欣快餐边际产量与总产量的关系是：欣欣快餐使用前面 8 个劳动力时，边际产量 $MP>0$，每个人对快餐制作都有“贡献”。每增加 1 个劳动力，总产量 $TP$ 就相应增加，表现在图上就是总产量曲线不断上升；欣欣快餐使用第 9 个劳动力时，边际产量 $MP=0$，说明第 9 个劳动力已经起不到什么“贡献”，此时总产量 $TP$ 最大，表现在图上就是总产量曲线上升到顶点；欣欣快餐如果再增加人员，边际产量 $MP<0$，说明第 10 个以后的劳动力将“拖后腿”，总产量 $TP$ 不增反减，表现在图上就是总产量曲线不断下降。

边际产量与总产量的关系也可以反过来解读：如果总产量 $TP$ 不断增加，总产量曲线不断上升，说明此时边际产量 MP>0。如果总产量 $TP$ 处于最大，总产量曲线上升到顶点，说明此时边际产量 $MP=0$。如果总产量 $TP$ 逐步减少，总产量曲线不断下降，说明此时边际产量 $MP<0$。

欣欣快餐边际产量曲线 $MP$ 的走向，呈现出以下 3 个特点：

（1）上升阶段。

（2）逐步下降阶段(大于 0)。

（3）逐步下降阶段(小于 0)。

欣欣快餐店边际产量曲线 $MP$ 先升后降的原因在于：在欣欣快餐店的制作过程中，可变要素投入量和不变要素投入量之间存在一个最佳组合区域。在当时的规模下(4 月份)，假设欣欣快餐店的经营条件是：一间门面、一台三眼灶、一个碗柜，一张双通工作台、一个货架、一个双眼水池。制作快餐的过程包括拣菜、清洗、煎炒烹炸等。

(1) 投入的劳动力1～3个阶段。

如果只有1个人在忙碌，那么这套专业的厨房设备的利用率就太低了，并且1个人无法开展必要的分工，能制作出20份快餐已经不易。如果有了2个人在忙碌，情形就会稍微改善，2人可以进行简单的分工，效率有所提高，他们可以制作出50份快餐。投入第2个单位劳动量，边际产量是30。如果有了3个人在忙碌，情形就会大大改善，3人可以进行比较合理的分工，1人拣菜、1人清洗切割、1人掌勺，效率大大提高，他们可以制作出110份快餐。投入第3个单位劳动量，边际产量是60。

显然，在1～3个阶段，每增加1个劳动力，都会形成成员间的合理分工，让设备运转起来，制作效率迅速提高，导致边际产量曲线 *MP* 上升。

(2) 投入的劳动力4～9个阶段。

如果有了4个人在忙碌，情形就会继续改善，上述3人虽然形成了比较合理的分工，但是设备只是利用了一半左右。第4个人加入后，或洗、或切、或掌勺，增加设备利用率，他们可以制作出160份快餐。投入第4个单位劳动量，边际产量是50。加入第5个人以后，情形将会进一步改善，设备利用率进一步提高，他们可以制作出200份快餐，第5个单位劳动量的边际产量是40。加入第6个人以后，设备利用趋于饱和，他们可以制作出230份快餐，第6个单位劳动量的边际产量是30。第7个单位劳动量的边际产量是20，第8个单位劳动量的边际产量是10，说明这时设备已经满负荷运转，新增人员的意义已经不大。第9个单位劳动量的边际产量是0，说明这时再添人纯属多余。

显然，在4～9个阶段，每增加1个劳动力，设备将会逐步趋于饱和，与第3个人的“贡献”相比，第4个人往后的“贡献”是逐步减少的，表现为边际产量曲线 *MP* 逐步下降。在这个阶段，边际产量 $MP>0$，每个人对快餐制作都有“贡献”，所以总产量是不断增加的。

(3) 投入的劳动力大于9个阶段。

如果再投入劳动力，相对于现有设备，员工已经过剩，员工之间将会攀比“谁更舒服”，干活效率反而下降。在这个阶段，边际产量 $MP<0$，每增加1个人对快餐制作都只能“拖后腿”，所以总产量是不断下降的。三个学生老板肯定不会做这样的傻事。

至此，我们可以回答相关案例链接中欣欣快餐应该请几个帮工的问题。平常日子，店里用5个人正好。2012年4月份考试这一天，三个学生老板思考临时请帮工的数量，要考虑以下几点：①请帮工的数量肯定≤3个，因为快餐店从第9个人开始，边际产量≤0。②确定是否要雇用第6个人(或者第7个、第8个)，既要看增加这个人新增的收益，也要看增加这个人新增的成本。③如果新增的收益>新增的成本，则雇用；反之，则放弃。这就是经济学上的**边际原则**。

## 五、边际产量递减规律

欣欣快餐店边际产量曲线 *MP* 先升后降的特点也适用于其他企业的生产。

短期中，企业只根据市场需求的变化调整用工数量、原材料等生产要素，不打算扩大生产或经营面积、添置固定资产，不打算调整生产规模，或者虽然决定调整规模了，但是还没有来得及付诸实施。经济学家认为，当企业不调整厂房、机器设备等生产要素，而仅调整用工数量、原材料等生产要素时，这些要素存在明显的边际产量递减规律。

**边际产量递减规律**是指在一定时间内，当企业不断追加某生产要素的投入量时，从每单位要素追加量中所获得的边际产量是逐步减少的。

## 六、边际产量与平均产量

### 相关案例链接

**边际和平均**

有 A、B、C 三个铁球，质量分别是 4 斤、5 斤、6 斤，这三个球平均质量多少斤？如果增加 D 球，D 球的质量是 3 斤或 5 斤或 7 斤时，这四个铁球平均质量是增加还是减少？

**分析：**A、B、C 三个铁球的平均质量是(4＋5＋6)/3＝5 斤

D 球的质量是 3 斤，四个球平均质量是 4.5 斤，如图 4-4 所示。

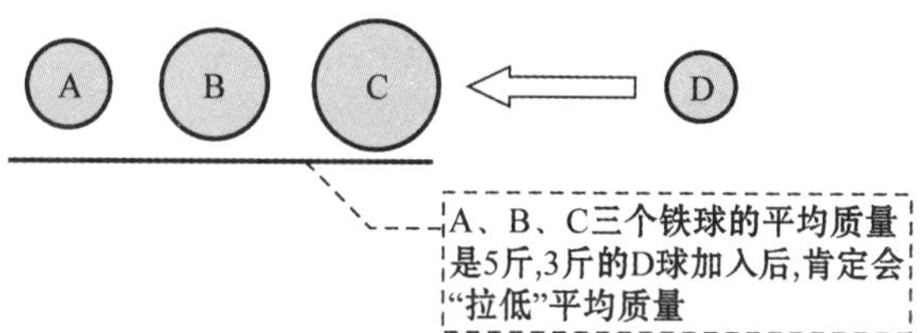


图 4-4　铁球的边际小于平均

D 球的质量是 5 斤，四个球平均质量是 5 斤，如图 4-5 所示。

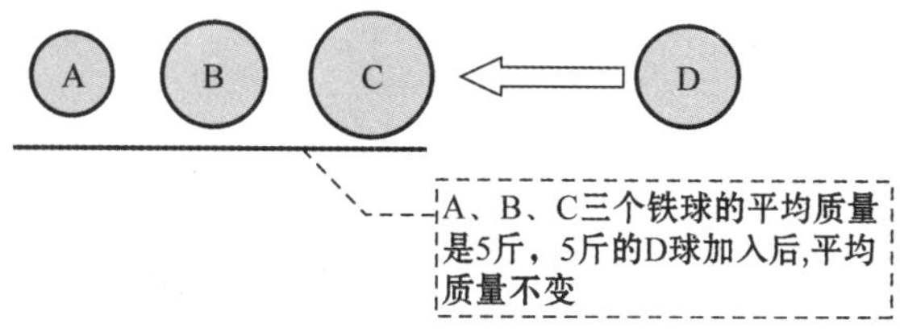


图 4-5　铁球的边际等于平均

D 球的质量是 7 斤，四个球平均质量是 5.5 斤，如图 4-6 所示。

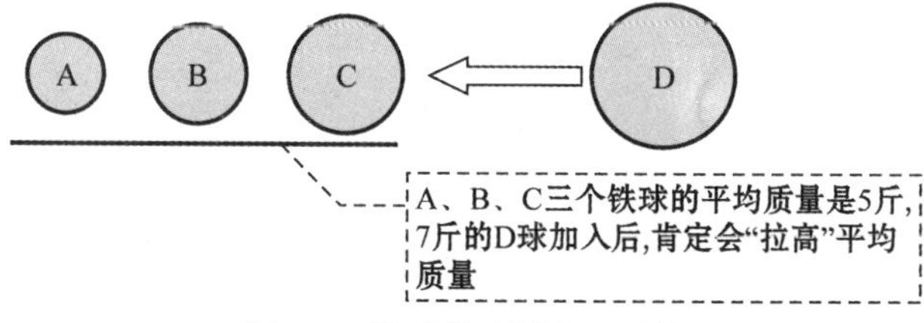


图 4-6　铁球的边际大于平均

上述案例说明了边际和平均的关系：A、B、C 三个铁球平均质量 5 斤，如果加入的 D 球质量小于这个平均质量，四个铁球平均质量肯定会小于 5 斤；如果加入的 D 球质量等于这个平均质量，四个铁球平均质量还是 5 斤；如果加入的 D 球质量大于这个平均质量，四个铁球平均质量肯定会大于 5 斤。

因此，得出如下结论：①边际小于平均，平均减少，即新增的这个"边际"能拉低原先的"平均"。②边际等于平均，平均不变。③边际大于平均，平均增加，即新增的这个"边际"能拉高原先的"平均"。

注意：边际和平均的关系看似简单，但是却非常重要。

根据上述结论我们分析欣欣快餐请帮工案例中的平均产量，见表 4-2。

**表 4-2　欣欣快餐的平均产量和边际产量**

| 劳动力 | 边际产量(*MP*) | 平均产量(*AP*)＝总产量(*TP*)/*L* |
|---|---|---|
| 1 | 20 | 20/1＝20 |
| 2 | 30 | 50/2＝25 |
| 3 | 60 | 110/3＝36.7 |
| 4 | 50 | 160/4＝40 |
| 5 | 40 | 200/5＝40 |
| 6 | 30 | 230/6—38.3 |
| 7 | 20 | 250/7＝35.7 |
| 8 | 10 | 260/8＝32.5 |
| 9 | 0 | 260/9＝28.9 |
| 10 | —10 | 250/10＝25 |

根据表 4-2，作出相关图 4-7。

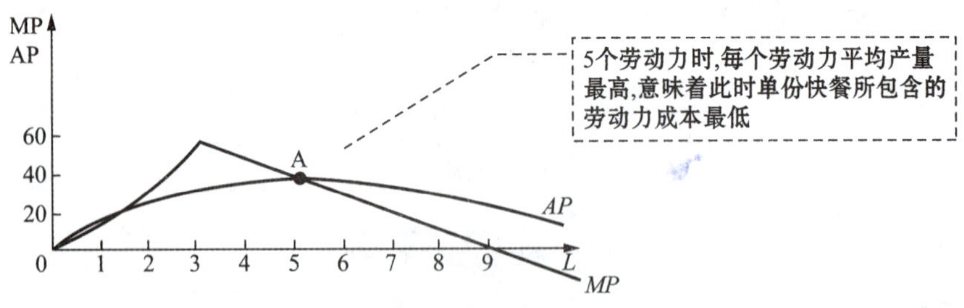


图 4-7　欣欣快餐的边际产量和平均产量

**平均产量**是平均每单位某种生产要素投入所得到的产量。如图 4-7 所示，边际产量曲线与平均产量曲线相交于 A 点；在 A 点左侧，边际产量曲线位于平均产量曲线上方，边际产量大于平均产量，"边际"不断拉高"平均"，平均产量曲线不断上升；在 A 点右侧，边际产量曲线位于平均产量曲线下方，边际产量小于平均产量，"边际"不断拉低"平均"，平均产量曲线不断下降。据此可以推断，边际产量曲线与平均产量曲线的交点 A 是平均产量曲线的最高点。

理解平均产量曲线的走向有助于学习成本理论。

## 驱动案例解析

### 肯德基在江阴的扩张

1993年，江阴第一家肯德基门店在人民路（新华书店对面）开业，生意兴隆，员工加班加点，顾客为了吃一顿肯德基往往需要排队等候（短期，加班加点增加产销量）。为了满足市场需求，肯德基决定扩大规模，在人民路增开了多家门店。目前，肯德基在人民路上有步行街店、第八商场店、华地百货店、万达广场店。另外肯德基在江阴各大超市附近都开了门店，有百润发店、时代超市店、新一城店、农工商店。鉴于江阴各乡镇的发展，肯德基又将触角伸向江阴的部分乡镇，2009年，江阴第一家乡镇肯德基门店华士店落户于华士镇，后又在周庄镇、青阳镇等乡镇开设了肯德基门店（长期，扩大规模增加产销量）。

其实，肯德基新开一家门店也不是说开就开的，是经过了严密的调查和测算后决定的，我们利用经济学中的短期与长期的理论可以对肯德基的扩张进行分析。

## 经典案例赏析

### 关于农田过量施肥

农田过量施肥是个老问题。过量施肥并不像人们想象的那样美好，由于施肥投入的边际收益递减，高投入并不会带来高产出，反而还带来了一系列的问题。

七八年前，中国科学院农村政策研究中心副主任张林秀组织了一场大型调查，目的是调查我国农田过量施肥情况，调查发现的情况很出乎专家们的意外：

(1) 相当一部分农民不会判断自己农田合理的施肥量。

(2) 认为施肥越多、产量越高的农民比例相当高。

(3) 相当一部分农民既施农家肥、又施化肥。

(4) 相当一部分农民不了解自己耕作田地的土壤。

农民朋友学一点经济学，了解边际收益递减规律是很有用的。

说明：下面所引用的资料1是张林秀他们做的一项重要的试验，资料2是中国农业科学院土壤肥料研究所副所长张维理先生的话。

**【资料】** 过量施肥污染环境浪费资源，怎样帮农田“减肥”

在广东、湖北等地，课题组做了一项重要的试验。研究人员让农民自愿选择：是在专家手把手教的情况下减少化肥用量，或经过课堂培训“减肥”，还是观察别人试验效果后再决定如何采取行动。

结果，那些专家手把手教的农户减少了30%的化肥用量，水稻产量并未减少。而经过课堂培训的农户化肥减少了14%。这个试验轰动了当地，大家纷纷要求专家到自己的地里去“上课”。

（资料来源：龙金晶，杨健. 过量施肥污染环境浪费资源，怎样帮农田“减肥”.

人民网,2006-03-16.节选)

【资料】 盲目过量施肥带来三大危害

记者:您的研究结果表明,不合理施肥造成的养分供应失衡会引起一连串不良反应,使农产品质量下降。

张维理:不错。因肥料使用不合理引起的危害体现在三大方面:农田养分非均衡化加剧,使土壤更加“吃肥”,对物质、能源投入量需求加大;长期则造成耕地生产性能大幅度下降。此外,化肥利用率低,畜禽养殖业和农村生活等产生的有机肥源利用不足造成农业和农村的面源污染。我们研究认为,这是我国水污染最重要的成因,对水体氮磷富营养化的影响率超过50%;按低值计算,每年所造成的环境代价大约为730亿元。

(资料来源:朱隽,专访:盲目过量施肥带来三大危害,人民网,2005-01-31)

## 思考与练习

姓名________ 班级________ 学号________

**1. 名词解释**

生产要素

短期

长期

边际产量

总产量

平均产量

边际产量递减规律

**2. 选择题**

(1) 下列关于边际产量的说法,错误的是(  )。

A. 边际产量递增 B. 边际产量先增后减

C. 边际产量先减后增 D. 边际产量会小于0

E. 边际产量不会小于0

(2) 下列关于边际产量和总产量的说法,正确的是(  )。

A. 边际产量大于0,总产量就会不断增加 B. 边际产量等于0,总产量继续增加

C. 边际产量等于0,总产量停止增加 D. 边际产量小于0,总产量停止增加

E. 边际产量小于0,总产量开始下降

(3) 下列关于总产量和边际产量的说法,错误的是(  )。

A. 如果总产量不断增加,说明此时边际产量大于0

B. 如果总产量不断增加,说明此时边际产量等于0

C. 如果总产量停止增加，说明此时边际产量等于 0
D. 如果总产量逐步减少，说明此时边际产量等于 0
E. 如果总产量逐步减少，说明此时边际产量小于 0
(4) 下列关于边际产量曲线和平均产量曲线的说法，错误的是(　　)。
A. 边际产量曲线与平均产量曲线的交点是平均产量曲线的最高点
B. 边际产量曲线与平均产量曲线的交点是平均产量曲线的最低点
C. 边际产量曲线位于平均产量曲线上方时，说明边际产量大于平均产量
D. 在交点左侧，平均产量曲线不断上升
E. 在交点右侧，边际产量曲线不断上升

**3. 作图题**

李某和王某共同投资了一家包子店，包子店平时销量不错，每逢过年，市场需求大增，销量更好。假设过年时，包子店的劳动力投入带来的边际产量如表 4-3 所示：

**表 4-3　包子店的边际产量**

| 劳动力 | 边际产量(*MP*) | 总产量(*TP*) | 平均产量(*AP*) |
|---|---|---|---|
| 1 | 60 | | |
| 2 | 80 | | |
| 3 | 130 | | |
| 4 | 90 | | |
| 5 | 40 | | |
| 6 | 20 | | |
| 7 | 0 | | |
| 8 | −20 | | |

要求：计算总产量、平均产量，并作出边际产量、总产量和平均产量曲线。

# 任务2　短期成本理论应用

**本项目内容结构图**

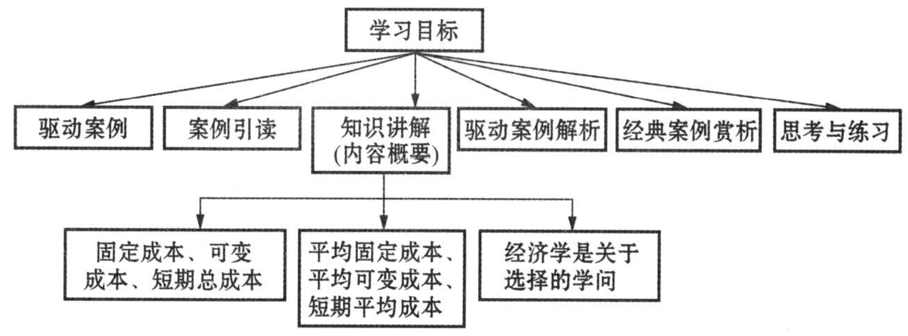


##  学习目标

- **知识目标**

(1) 掌握固定成本、可变成本、短期总成本的定义。

(2) 掌握平均固定成本、平均可变成本、短期平均成本的定义。

(3) 掌握短期边际成本的定义。

(4) 熟悉边际成本和平均成本的关系。

- **能力目标**

能够运用短期成本理论分析某个厂商在短期内的盈亏状况。

##  驱动案例

### A休闲中心打折

Z先生所在的小区附近有1家A休闲中心。

同其他休闲中心一样，一到冬天，A休闲中心的生意"超好"。Z先生晚上散步经过休闲中心门口时，只见门口停满了大大小小的轿车、摩托车、电动自行车，行人都无法通过，只能绕道而行。Z先生的邻居说，他要去A休闲中心洗澡，都是挑傍晚5点到7点之间，那时候浴客多回家吃饭了，很清静，如果去晚了有时恐怕位置都没有。

转眼间，夏天到了，Z先生晚上散步经过休闲中心门口时，发现那儿车子很少。Z先生脑袋里蹦出一句话：门前冷落车马稀。再一看，门口还贴这广告：为感谢广大新老客户的厚爱，从6月18日到8月18日间，本中心推出特价酬宾活动，休闲每次12元，办卡300元/30次。

Z先生办了张卡，每次去休闲的时候，他觉得很划算。可是脑子里有个疑问：A休闲中心里面的装潢很考究，300元/30次，折合下来每次10元，这不摆明了亏损吗？Z先生记得冬天的时候，这儿可是25元的门票呢！

**提问：**亏损了干嘛还要经营呢？不能临时歇业个几天吗？Z先生一直在琢磨这个问题。

## 案例引读

**整点出发的公共汽车**

Z先生到南京办事，一大早到某客运公司买票上车，买了头班车，早上8点出发，车票60元/人。Z先生于7:50检票上车，发现车上连他在内总共只有3个乘客。

这么少的乘客，车票收入只有120元。根据Z先生的经验，到南京的过路费约100元，而汽油费也至少要120元，如果不算固定资产折旧费和驾驶员工资，跑这一趟至少要花220元，车票收入只够补贴油钱。Z先生想，亏损也得发车，要不怎么叫公共汽车呢？

## 知识讲解

企业的短期成本有7种：短期固定成本、短期可变成本、短期总成本、平均固定成本、平均可变成本、短期平均成本和短期边际成本；企业的长期成本有3种：长期总成本、长期平均成本、长期边际成本。为了方便记忆，本书作出归纳。

成本理论中的概念可以用7个字母来概括：S：短期；L：长期；M：边际；A：平均；T：总；F：固定；V：变动。

这些字母可以“搭配”出下列概念：FC：固定成本；VC：可变成本；STC：短期总成本；AFC：平均固定成本；AVC：平均可变成本；SAC：短期平均成本；SMC：短期边际成本；LTC：长期总成本；LAC：长期平均成本；LMC：长期边际成本。

因为“产量”和“成本”是密切相关的两个概念，一个企业的产量和成本相互影响。所以本任务继续使用欣欣快餐的例子来阐述各种成本概念。

### 相关案例链接

**欣欣快餐有没有亏本？**

一天上午，孙老师赶一份材料，工作结束时已经13:00。他来到校门口，发现这里新开了一家“欣欣快餐”，里面已经没有顾客，员工们刚刚吃完饭。孙老师走进去。发现这家快餐店的老板居然是自己的学生张媛媛、李晓红、王亮亮。张媛媛甜甜地说：“孙老师好，您工作到现在，真是太辛苦了，这儿还有最后一份快餐，今天我请客，不要钱了。”孙老师不肯让学生吃亏，坚持要付钱，争执了几分钟，孙老师最后付了4元钱。

**提问：**欣欣快餐有没有亏本？

要知道欣欣快餐有没有亏本，必须知道欣欣快餐的具体成本。

## 一、固定成本与平均固定成本

**固定成本**是指企业为开展生产经营活动而前期投入的各项费用，包括厂房、机器设备、员工的报酬等，它决定了企业短期规模的大小。平均固定成本是平均每单位产品所分摊的固定成本。

### 相关案例链接

#### 欣欣快餐的固定成本

假设欣欣快餐房租金 15 000 元/年，设备折旧 3 000 元/年，管理人员工资 36 000元/年。

欣欣快餐店管理人员是指经理张媛媛，她是大股东，出资 60%，注册执照、选地址、搞装修、聘员工、采购炊具等工作，基本由她拍板，快餐店的日常管理也由她负责，同时，她平时也作为员工参加劳动。根据约定，她作为管理人员领取固定年薪 36 000 元/年，并根据出资比例参与年终分红。

李晓红和王亮亮各出 20%，基本不参与日常管理，平时也只是作为员工参加劳动。根据约定，他俩与其他员工一样领取员工工资，并根据出资比例参与年终分红。

分析：欣欣快餐固定成本由管理人员工资与设备折旧、房子租金相加得到，即

$FC=36\,000+15\,000+3\,000=54\,000$

以一年 360 天计算，折算每天固定成本 150 元。平均固定成本是平均每单位产品所分摊的固定成本，每份快餐的平均固定成本随着营业量的增加而下降，如表 4-4 所示：

**表 4-4　欣欣快餐的固定成本与平均固定成本**

| 产量 | *FC* | *AFC* |
|---|---|---|
| 20 | 150 | 7.5 |
| 50 | 150 | 3 |
| 110 | 150 | 1.36 |
| 160 | 150 | 0.94 |
| 200 | 150 | 0.75 |
| 230 | 150 | 0.65 |
| 250 | 150 | 0.6 |

根据表 4-4，可绘制欣欣快餐的固定成本曲线与平均固定成本曲线，如图 4-8 所示：

欣欣快餐的固定成本是一个常数，所以固定成本曲线是一条水平线；每份快

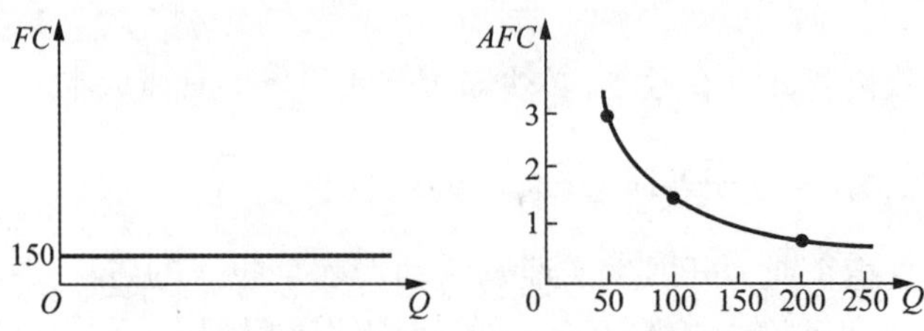


图 4-8 欣欣快餐的固定成本与平均固定成本

餐的平均固定成本随着营业量的增加而下降，所以平均固定成本曲线随产量增加而逐步下降。

## 二、可变成本与平均可变成本

**可变成本**是指企业为具体的生产经营活动而投入的各项费用，包括原材料、燃料和工人的工资，它随企业产量水平的变动而变动。**平均可变成本**是平均每单位产品所分摊的可变成本。

假设欣欣快餐的可变成本如表 4-5 所示：

**表 4-5 欣欣快餐的可变成本与平均可变成本**

| 产量 | VC | AVC |
|---|---|---|
| 20 | 94 | 4.7 |
| 50 | 230 | 4.6 |
| 110 | 484 | 4.4 |
| 160 | 688 | 4.3 |
| 200 | 840 | 4.2 |
| 230 | 989 | 4.3 |
| 250 | 1 100 | 4.4 |

根据表 4-5，可绘制欣欣快餐的可变成本曲线与平均可变成本曲线，如图 4-9 所示：

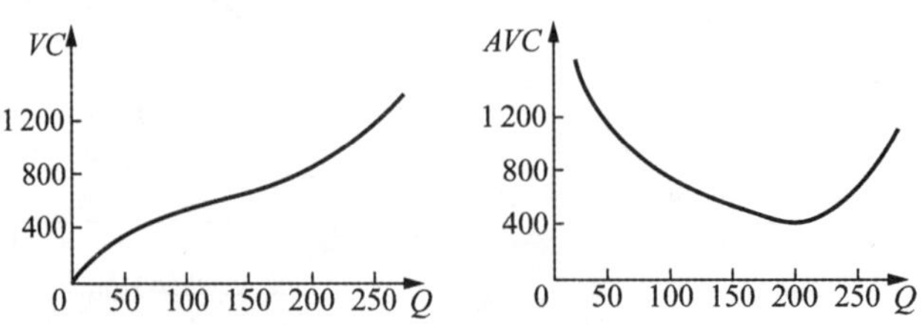


图 4-9 欣欣快餐的可变成本与平均可变成本

欣欣快餐的可变成本曲线从左下方向右上方倾斜，并且经过原点，说明：

(1) 当快餐的供应量是 0 时，可变成本为 0；

(2) 当快餐的供应量增加时，可变成本相应增加。

与此同时，平均可变成本曲线先减后增。欣欣快餐的供应量为 200 份时，平均可变成本最低，这是有原因的。每份快餐的可变成本包括两个方面：原材料、燃料成本和人工成本。前者大致相同，而后者却相差很大，根据表 4-2 以及图 4-5，当欣欣快餐使用 5 个劳动力时，快餐的供应量为 200 份，每个员工的平均产量达到 40 份/人，平均产量最高，意味着此时单份快餐所包含的人工成本最低。

自然，此时每份快餐的可变成本最低。

## 三、短期总成本与短期平均成本

**短期总成本**是企业为开展生产经营活动而投入的全部费用。**短期平均成本**是平均每单位产品所分摊的各项费用。

根据表 4-4、表 4-5 的数据，制作表 4-6。

**表 4-6　欣欣快餐的总成本和短期平均成本**

| 产量 | *FC* | *VC* | *STC* | *AFC* | *AVC* | *SAC* |
|---|---|---|---|---|---|---|
| 20 | 150 | 94 | 244 | 7.5 | 4.7 | 12.2 |
| 50 | 150 | 230 | 380 | 3 | 4.6 | 7.6 |
| 110 | 150 | 484 | 634 | 1.36 | 4.4 | 5.76 |
| 160 | 150 | 688 | 838 | 0.94 | 4.3 | 5.24 |
| 200 | 150 | 840 | 990 | 0.75 | 4.2 | 4.95 |
| 230 | 150 | 989 | 1 139 | 0.65 | 4.3 | 4.95 |
| 250 | 150 | 1 100 | 1 250 | 0.6 | 4.4 | 5.0 |

根据表 4-6，绘制欣欣快餐的短期成本曲线，如图 4-10 所示：

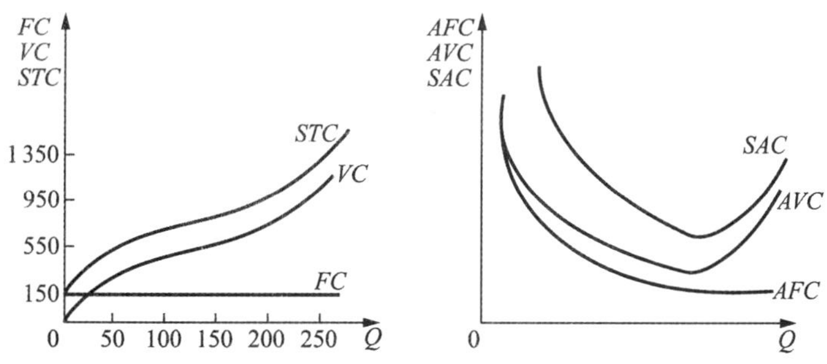


图 4-10　欣欣快餐的短期成本

在图 4-10 中，短期总成本曲线从左下方向右上方倾斜，起点高于原点，说明：

(1) 当快餐的供应量是 0 时，短期总成本为固定成本；

(2) 当快餐的供应量增加时，短期总成本相应增加。

实际上，短期总成本曲线可以看做是把可变成本曲线向上整体“抬升”所得，“抬升”幅度在数量上等于固定成本。短期总成本等于固定成本加上可变成本，用公式表示为：

$$STC = FC + VC \tag{3-1}$$

根据式(3-1)，可得 $STC-VC=FC$，说明在任何一个产量水平下，短期总成本曲线与可变成本曲线之间的垂直距离在数量上始终等于固定成本。在图 4-10 中，短期平均成本曲线先减后增。实际上，短期平均成本曲线是由平均固定成本曲线和平均可变成本曲线“叠加”而来。

在式(3-1)等号两边同时除以 $Q$，即 $STC/Q=FC/Q+VC/Q$，可得

$$SAC = AFC + AVC \tag{3-2}$$

即短期平均成本等于平均固定成本加上平均可变成本。根据式(3-2)，可得 $SAC-AVC=AFC$，说明在任何一个产量水平下，短期平均成本曲线与平均可变成本曲线之间的垂直距离在数量上始终等于平均固定成本。由于平均固定成本是随着产量增加而不断递减的，所以随着产量增加，短期平均成本曲线与平均可变成本曲线越来越接近。

## 四、短期边际成本

**短期边际成本**是企业为追加一单位产量所投入的费用。短期内，企业要增加产量，不需要添置固定资产，只要增加一定数量的原材料和人工。因此，边际成本与固定成本无关，只与可变成本有关。边际成本对于企业来说，就是“一丁点儿”原材料和人工。

短期边际成本曲线先减后增。前文已经讲过，“产量”和“成本”是密切相关的两个概念，短期边际成本曲线先减后增的原因是由于劳动投入的边际产量递减规律。

以欣欣快餐来说，每份盒饭包含的原材料费用是基本不变的，但是随着产量的变动，每份盒饭包含的人工成本却是会发生变化的。一开始，当欣欣快餐使用很少的劳动时，由于设备闲置较多，边际产量是增加的，每投入 1 个劳动，即意味着快餐份数的迅速增加，反过来理解，此时“新增”一份快餐所包含的人工成本迅速下降。但是这个阶段很短，随着投入劳动增加，设备利用程度提高，边际产量逐步下降，这时“新增”一份快餐所包含的人工成本就逐步上升了。

欣欣快餐的短期边际成本曲线如图 4-11 所示：

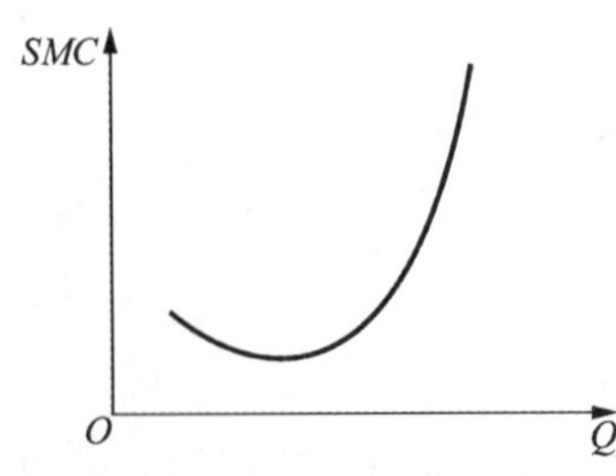


图 4-11 欣欣快餐的边际成本

## 五、边际成本和平均成本

如前所述,边际和平均的关系是:

(1) 边际小于平均,平均减少,即新增的这个“边际”能拉低原先的“平均”。

(2) 边际等于平均,平均不变。

(3) 边际大于平均,平均增加,即新增的这个“边际”能拉高原先的“平均”。

这个结论可以帮助我们理解边际成本和平均成本的关系,如图 4-12 所示:

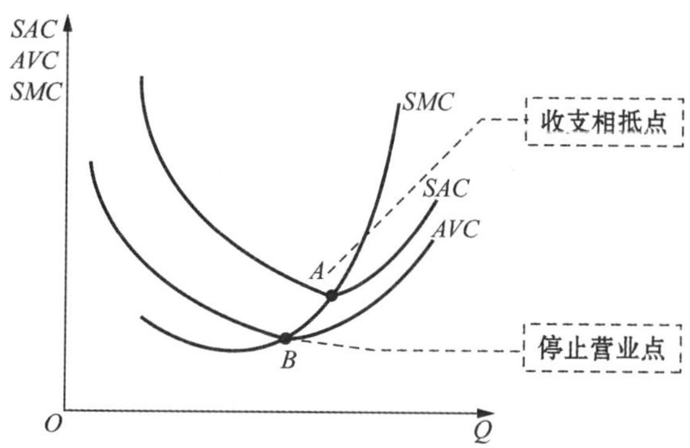


图 4-12　欣欣快餐的边际成本和平均成本

由图 4-12 可知:欣欣快餐的短期边际成本曲线和短期平均成本曲线相交于 A 点;在 A 点左侧,短期边际成本曲线位于短期平均成本曲线下方,边际成本小于短期平均成本。“边际”不断拉低“平均”,短期平均成本曲线不断下降。在 A 点右侧,短期边际成本曲线位于短期平均成本曲线上方,边际成本大于短期平均成本。“边际”不断拉高“平均”,短期平均成本曲线不断上升。显然,A 点为短期平均成本曲线最低点。

欣欣快餐的短期边际成本曲线和平均可变成本曲线相交于 B 点;在 B 点左侧,短期边际成本曲线位于平均可变成本曲线下方,边际成本小于平均可变成本。“边际”不断拉低“平均”,平均可变成本曲线不断下降。在 B 点右侧,短期边际成本曲线位于平均可变成本曲线上方,边际成本大于平均可变成本。“边际”不断拉高“平均”,平均可变成本曲线不断上升。显然,B 点为平均可变成本曲线最低点。

在经济学中,A 点称为收支相抵点,B 点称为停止营业点,其原理将在后文介绍。

至此,可以回答相关案例链接中欣欣快餐有没有亏本的问题。

每份快餐的具体成本跟产量有关,知道了每份快餐的具体成本,就可以判断欣欣快餐是否亏本了,如表 4-7 所示。

**表 4-7　欣欣快餐每份快餐的具体成本**

| 员工 | 产量 | *AFC* | *AVC* | *SAC* |
|---|---|---|---|---|
| 1 | 20 | 7.5 | 4.7 | 12.2 |
| 2 | 50 | 3 | 4.6 | 7.6 |
| 3 | 110 | 1.36 | 4.4 | 5.76 |

（续表）

| 员工 | 产量 | *AFC* | *AVC* | *SAC* |
|---|---|---|---|---|
| 4 | 160 | 0.94 | 4.3 | 5.24 |
| 5 | 200 | 0.75 | 4.2 | 4.95 |
| 6 | 230 | 0.65 | 4.3 | 4.95 |
| 7 | 250 | 0.6 | 4.4 | 5.0 |

一般情况下，欣欣快餐店里维持 5 个员工，此时平均每份快餐的成本是 4.95 元，孙老师最后付了 4 元钱，三个学生老板“小小地”亏损了 0.95 元。

## 驱动案例解析

### A 休闲中心打折

在短期内，A 休闲中心的成本包括固定成本和可变成本。

休闲中心的固定成本包括房屋租金、装潢投入以及各种设施等。由于竞争激烈，休闲中心装潢考究、内部设施豪华，自然得投入大量的资金，使得休闲中心的固定成本很高，分摊到每个浴客身上的平均固定成本相应地也会很高。

休闲中心的可变成本包括服务生的工资、水电费，这两项的开支很有限，分摊到每个浴客身上的平均可变成本相应的也不高。

假设 A 休闲中心的短期平均成本是 16 元，其中平均固定成本 12 元，平均可变成本 4 元。票价分别是 25 元、20 元、18 元、16 元、12 元、10 元、8 元、6 元、4 元、3 元时，其盈亏情况取决于价格和短期平均成本的对比，是否经营取决于价格和平均可变成本的对比，如表 4-8 所示：

**表 4-8　A 休闲中心营业与停业**

<table>
<tr><th>价格</th><th>SAC</th><th>营业盈亏</th><th>停业亏损</th><th>营业、停业方案比较</th><th>是否营业</th></tr>
<tr><td>25</td><td>16</td><td>9</td><td>−12</td><td rowspan="9">营业优于停业</td><td rowspan="9">是</td></tr>
<tr><td>20</td><td>16</td><td>4</td><td>−12</td></tr>
<tr><td>18</td><td>16</td><td>2</td><td>−12</td></tr>
<tr><td>16</td><td>16</td><td>0</td><td>−12</td></tr>
<tr><td>12</td><td>16</td><td>−4</td><td>−12</td></tr>
<tr><td>10</td><td>16</td><td>−6</td><td>−12</td></tr>
<tr><td>10</td><td>16</td><td>−6</td><td>−12</td></tr>
<tr><td>8</td><td>16</td><td>−8</td><td>−12</td></tr>
<tr><td>6</td><td>16</td><td>−10</td><td>−12</td></tr>
<tr><td>4</td><td>16</td><td>−12</td><td>−12</td><td>相同</td><td>否</td></tr>
<tr><td>3</td><td>16</td><td>−13</td><td>−12</td><td>营业劣于停业</td><td>否</td></tr>
</table>

由表 4-8 可知：当休闲中心票价＞16 元时，营业将有利润，停业则亏损 12 元，营业方案优于停业方案。当休闲中心票价＝16 元时，营业将保本，停业则亏损 12 元，营业方案优于停业方案。当休闲中心票价＜16 元且＞4 元时，营业将亏损，停业则亏损 12 元，营业的亏损额小于停业的亏损额，营业方案优于停业方案。当休闲中心票价＝4 元时，营业将亏损 12 元，停业也亏损 12 元，停业。当休闲中心票价＜4 元时，营业亏损将超过 12 元，停业。

上述情况可用图 4-13 表示：

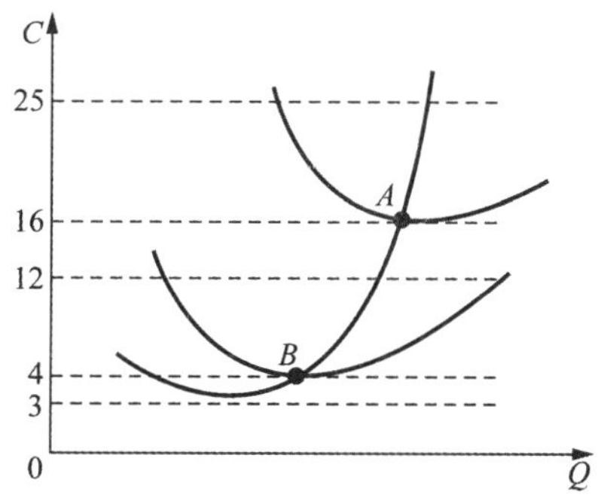


图 4-13　A 休闲中心的营业与停业

在图 4-13 中，当休闲中心票价为 16 元时，票价刚好弥补短期平均成本，此时收入等于支出，故 A 点被称为收支相抵点；当票价为 12 元时，票价不仅可以弥补平均可变成本 4 元(服务生的工资、水电费)，余下 8 元可以看做是收回一部分固定成本投入，因此即使亏损也照样营业；当票价为 4 元时，票价仅仅可以弥补平均可变成本 4 元，经营已经没有意义，因此停业，故 B 点被称为停止营业点。

## 经典案例赏析

### 固定成本，“套牢”企业

企业要开展生产和经营，就必须投入，企业的投入既包括厂房、机器设备等固定投入，也包括原材料、燃料和人工费等可变投入。

不同的企业需要不同规模的固定投入。有的企业只需要进行很小的固定投入：例如小区里的便利店、街边的早点摊位、小商品市场的童装店，这些企业的固定投入充其量在数百到数千元不等。有的企业需要进行很大的固定投入：像制造业来说，像飞机制造、汽车制造、各种家用电器制造企业等，其固定资产投入动辄达到亿万级别；拿服务业来说，高档商场、高档饭店、星级酒店、高尔夫球场、保龄球馆、休闲中心等，由于服务定位和竞争的需要，其固定资产投入也不是小数目。

不同规模的固定资产投入，意味着企业进入的门槛和退出的难易程度不同。固定投入小的企业，其进入的门槛是很低的，像办个童装店、流动的早点摊，几天工夫就可以开业。其退出也很容易，因为本来就没有多少投入，退出损失很小。用通俗的话来说，就是“船小好调头”。固定投入大的企业，其进入的门槛是很高的，只有“财大气粗”的企业老板才能做到。高投入对于企业来说有许多好处：对制造企业来说，高投入意味着企业实力、设备的高技术含量、强大的研发能力；对于服务企业来说，高投入意味着营业场所的档次，所提供服务的高端。但是，一旦企业需求预测失误或者经营管理不善，也容易造成制造企业订单缺乏或者服务企业“门庭冷落车马稀”，企业就面临着巨额的固定投入无法收回的尴尬局面。

拿A休闲中心来说，夏天是生意的淡季，完全正常。但如果是选址错误、经营管理不善造成的生意清淡，则企业就进退两难：经营下去则天天亏损；放弃经营则巨额的固定投入又无法割舍。借用股市的俗话就是被“套牢”了。

被“套牢”了怎么办呢？短期内可以勉强维持一段时间，长期内如果不能改善，即“解套”无望，那只能“割肉”了，关掉企业，认赔出局。

## 思考与练习

姓名________　班级________　学号________

**1. 名词解释**

平均固定成本

平均可变成本

短期平均成本

短期边际成本

**2. 选择题**

(1) 下列关于固定成本及其曲线、平均固定成本及其曲线的说法错误的是(　　)。

A. 固定成本决定了企业的规模大小

B. 固定成本曲线在图形上表现为一条水平线

C. 平均固定成本随着产量的增加而递减

D. 平均固定成本曲线先下降后上升

(2) 下列关于可变成本及其曲线、平均可变成本及其曲线的说法错误的是(　　)。

A. 可变成本与企业产量水平的大小密切相关

B. 可变成本曲线在图形上表现为左下到右上的一条曲线

C. 平均可变成本随着产量的增加先递减后递增

D. 平均可变成本曲线先上升后下降

(3) 下列关于短期总成本及其曲线、短期平均成本及其曲线的说法错误的是(　　)。

A. 短期总成本包含固定成本和可变成本

B. 短期总成本曲线经过原点

C. 短期总成本曲线不经过原点

D. 短期平均成本随着产量的增加先递减后递增

E. 短期平均成本曲线先上升后下降

(4) 下列关于短期边际成本和短期平均成本的关系，说法错误的是(　　)。

A. 短期边际成本曲线和短期平均成本曲线的交点是短期平均成本曲线的最低点

B. 短期边际成本曲线和短期平均成本曲线的交点是短期平均成本曲线的最高点

C. 短期边际成本曲线位于短期平均成本曲线下方，说明边际成本小于短期平均成本

D. 边际成本小于短期平均成本时，短期平均成本曲线不断下降

E. 边际成本小于短期平均成本时，短期平均成本曲线不断上升

**3. 作图题**

(1) 某包子店的固定成本。假设某包子店房租金 10 000 元/年，设备折旧 1 000 元/年，管理人员工资 25 000 元/年。该包子店由李某和王某共同投资，李某占 80%股份，作为管理人员负责日常管理，同时，他平时也作为员工参加劳动，约定领取固定年薪 25 000 元/年，并根据出资比例参与年终分红。王某占 20%股份，不参与日常管理，只作为员工参加劳动，领取员工工资，并根据出资比例参与年终分红。

要求：利用任务 1 作图题中计算的包子店总产量数据，列表计算平均固定成本，并作出包子店的固定成本曲线、平均固定成本曲线。

(2) 根据下表给出的包子店平均可变成本数据，计算包子店的其余各项成本。并作出包子店的可变成本曲线、平均可变成本曲线以及短期总成本曲线。

| 产量 | FC | VC | STC | AFC | AVC | SAC |
|---|---|---|---|---|---|---|
| 60 | | | | | 1.0 | |
| 140 | | | | | 0.9 | |
| 270 | | | | | 0.8 | |
| 360 | | | | | 0.7 | |
| 400 | | | | | 0.8 | |
| 420 | | | | | 0.9 | |

# 任务3 规模经济和长期成本理论应用

**本项目内容结构图**

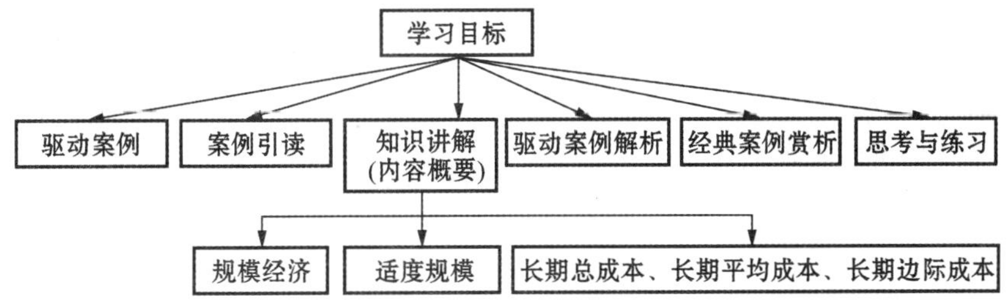

## 学习目标

- **知识目标**

(1) 掌握规模经济的含义。

(2) 掌握适度规模的含义。

(3) 掌握长期总成本、长期平均成本、长期边际成本的定义。

(4) 了解长期平均成本的变动规律。

- **能力目标**

能够运用规模经济理论解释各个行业存在的规模经济现象。

## 驱动案例

**第2000家肯德基快餐厅落户成都,全球餐饮大鳄加速布局中国市场**

"20年来,肯德基在中国茁壮成长,稳居中国西式快餐龙头地位。肯德基深知,这一切都是中国社会给予的,因此把'感恩·回报'确定为20周年活动主题。"2007年11月8日,百胜餐饮集团中国事业部总裁苏敬轼在成都举行的"肯德基20周年新闻发布会"上表示,肯德基在中国的发展成果喜人,目前,连锁餐厅的数量已达2000家。

"肯德基今后将大力发展中西部地区市场。"肯德基品牌总经理朱宗毅向记者透露,近阶段,肯德基正从以往倾向选择商务区布局向日益重视车站、机场等交通枢纽转变。

(资料来源:苑广鸿.第2000家肯德基快餐厅落户成都,全球餐饮大鳄加速布局中国市场.城市晚报.2007-11-13.节选)

**要求:**谈谈规模经济的优势。

## 案例引读

**燕京啤酒拟募资18亿**

燕京啤酒今日公告称，公司拟非公开发行8 000万至8 600万股，募资控制在179 654万元之内。公司表示，此次非公开发行股票的发行对象为控股股东北京燕京啤酒有限公司、公司前20名股东及符合相关条件的机构投资者等不超过10名的特定对象，其中燕京有限认购数量不低于本次发行总股数的50%，均以现金出资。而发行价格则将遵循价格优先的原则确定，且不低于20.95元/股。燕京啤酒有限公司表示，将按照与其他发行对象相同的价格认购相应股份。

（资料来源：陈道. 燕京啤酒拟募资18亿. 羊城晚报. 新浪网2008-01-25转载. 节选）

在企业扩张的过程中，借助银行贷款和股市融资是必然的手段。

## 知识讲解

在短期中，企业的投入分为固定投入和可变投入，短期成本也分为固定成本和可变成本。

在长期中，无所谓固定投入和可变投入，所有的投入都是可变的：当企业决定扩大规模时，不仅需要扩大生产和经营面积、添置固定资产，也要增加员工数量；当企业决定缩减规模时，也要相应的缩小生产和经营面积、转让固定资产，也同时减少员工数量。长期成本不再区分固定和可变。

### 一、规模经济

**规模经济**指的是企业在长期中扩大规模对其产量的影响。

企业扩大规模与产量之间的影响可以用表4-9表示：

**表4-9 规模扩大与产量增加**

| 规模 | 规模增长 | 产量 | 产量增长 | 单位规模产量 | 阶段 |
|---|---|---|---|---|---|
| 1 | | 100 | | 100 | 产量↑>规模↑ |
| 2 | 100% | 300 | 200% | 150 | |
| 4 | 100% | 750 | 150% | 175 | |
| 8 | 100% | 1 500 | 100% | 187.5 | 产量↑=规模↑ |
| 16 | 100% | 2400 | 60% | 150 | 产量↑<规模↑ |

如表4-9所示：在1个单位规模水平时，产量为100。

(1) 规模水平从1个单位到2个单位，增长100%，此时产量从100增长到300，增长200%。产量增长比规模增长“速度快多了”。

(2) 规模水平从2个单位到4个单位，增长100%，此时产量从300增长到

750，增长150%。产量增长比规模增长“速度快一点”。

(3) 规模水平从4个单位到8个单位，增长100%，此时产量从750增长到1 500，增长100%。产量增长与规模增长“速度一样”。

(4) 规模水平从8个单位到16个单位，增长100%，此时产量从1 500增长到2 400，增长60%。产量增长比规模增长反而“速度慢了”。

在(1)、(2)中，产量增加的比例大于企业规模扩大的比例，这个阶段称为规模收益递增。在(3)中，产量增加的比例等于企业规模扩大的比例，这个阶段称为规模收益不变。在(4)中，产量增加的比例小于企业规模扩大的比例，这个阶段称为规模收益递减。

可见，企业规模扩大是“好事”，但是“物极必反”，并不是越大越好的。

## 二、规模经济的原因

扩大规模对企业存在何种诱惑呢？此处列举几种具有代表性的情形：

(1) 专业高效的生产设备；

(2) 优秀的产品质量和良好的企业形象；

(3) 研发能力强大；

(4) 采购成本和价格优势。

这些优势可以用图4-14来说明：

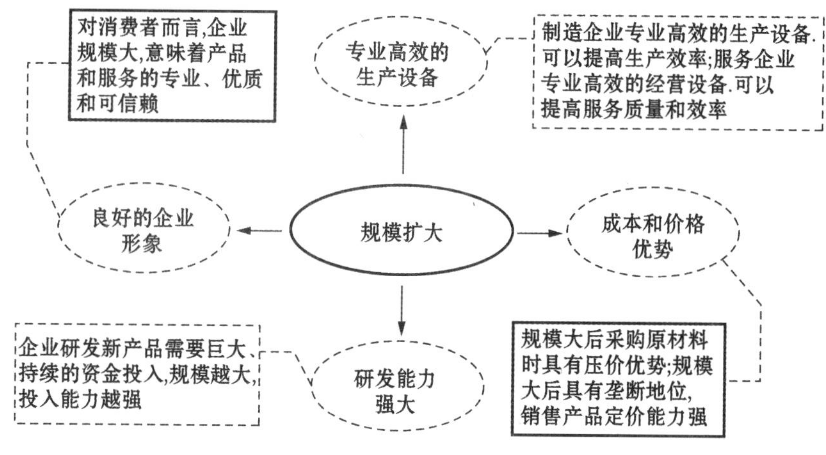


图4-14　规模经济的优势

为了加深对图4-14的理解，此处列举出下列实例。

(1) 造房子：农村作坊式盖房，一般只有七八个工人，设备简陋，技术水平不高。大中型建筑企业有专业的设计人员、管理人员、大量一线建筑工人、先进的机器设备，建筑质量很高，原材料统一采购，能有效控制建筑成本，效率也很高。

(2) 制作面条：小水面店往往只有一间门面，两三个员工，一台设备，生产技术简单，产量较低。规模化的卷面厂，拥有大型的生产车间、大量员工，产品品种丰富，产量高，质量好，成本也低。

(3) 生活购物：小区私人便利店面积小，商品品种少，销量小，往往采取人工收银,工作效率不高。大型超市规模大,拥有上万平米的面积,商品品种丰富,统一批发采购,成本较低,由于销量大,往往拥有大量收银人员,经过专业培训,使用POS机收银,效率高,而且可以实时监控销售数据,科学调整经营策略。

(4) 连锁酒店网上订房:连锁酒店是规模经济的典型代表,往往在多个城市拥有多家酒店,统一品牌,统一装修,统一服务质量。由于旅客分散于各个城市,因此采用网上订房系统大大方便旅客,有利于吸引旅客,提高入住率,扩大规模效益。

(5) 大企业生产的家用电器、私家车:大家电、汽车等产品,生产技术要求高,所用材料有严格定。为了保证质量,这类企业往往规模较大,有较高的研发能力和设计能力,采用自动化设备生产,规模化生产,可以降低成本,生产过程严格控制,有专门的质量监管程序和监管部门,保障产品优质安全。

(6) 大企业生产的啤酒、饮料、牛奶:这些产品人们日常消费较多,关系着身体健康,因而人们对这些产品质量要求高,特别是对原材料和生产过程的要求很严格。通过规模化生产,可以有效地控制原材料质量,采用先进的无菌车间,流水线等设备,员工经过严格的操作培训,管理体系完整、规范,生产出来的产品优质、卫生,才能获得消费者信任,促进销售。

正是因为规模经济具有上述优势,所以众多的企业都走上了规模扩张的道路。但是,企业的规模并不是越大越好。企业的规模越大,企业的管理越难,对企业管理层的要求也就越高。一旦管理中出现难以发现和及时弥补的漏洞,大规模就不再是一种优势,而是一种累赘了。这时,企业就必须及时进行"瘦身"了。

## 三、适度规模

市场经济中,我们留心观察,可以发现:有些企业的规模很大,例如飞机、汽车、家电等制造企业。有些企业的规模很小,例如小区的便利店、快餐店、早点店等。为什么有的企业规模做得很大,而有的企业规模没有做大?此处可用图4-15分析影响企业规模的因素:

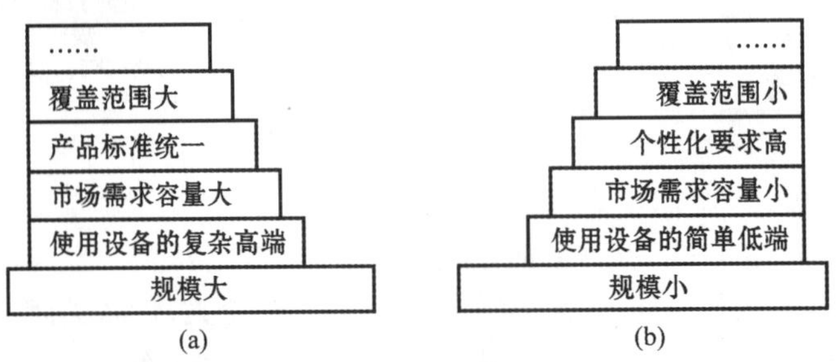


图4-15 影响企业规模的因素

如图4-15所示,一般来说,如果某企业所生产的商品如果满足下列条件,该企业的规模就容易做大:第一,使用设备的复杂高端;第二,市场需求容量大;第三,产品标准统一;第四,覆盖范围大。例如康师傅、伊利、蒙牛、娃哈哈、双汇、燕京、波司登、万科、工商银行、华泰证券、中国人寿、中国旅行社、东方航空、金陵饭店、锦江之星、如家、苏宁、大润发等大企业，或多或少地具有上述四个特点。

如果某企业所生产的商品满足下列条件之一，该企业的规模就不容易做大：第一，使用的设备简单低端；第二，市场需求容量小；第三，消费者个性化高；第四，覆盖范围小。例如制造儿童玩具的设备简单，所以儿童玩具厂规模多数不大。女性穿衣服不喜欢“撞衫”，讲求个性化，所以女装品牌多数规模较小。小区的便利店覆盖范围就是周边小区，规模也无法做大。

所以，每个企业都要根据各自的情况，确定自己的适度规模。

## 四、长期总成本

**长期总成本**是指企业在长期中为生产经营而投入的各项费用总和。在长期中，企业会根据所生产产品的市场前景，考虑扩大规模或者缩小规模。当企业决定扩大规模时，就会扩建厂房和经营场所、添置和更新机器设备，增加员工数量；反之，则会减少生产和经营场所、转让固定资产，也同时减少员工数量。所以，长期成本不再区分固定成本和可变成本，长期总成本曲线如图 4-16 所示：

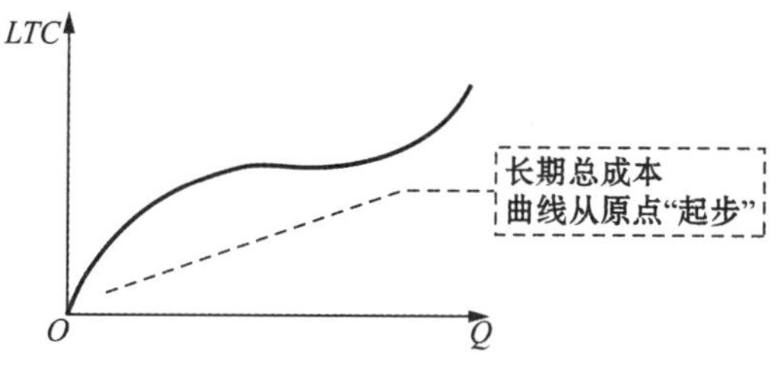


图 4-16　长期总成本曲线

长期总成本曲线与短期总成本曲线有一个显著的不同之处，即短期总成本曲线从固定成本点出发，说明短期内即使不生产也有成本发生；长期总成本曲线从原点“起步”，说明从长期的角度考察，企业如果不生产，就不会产生成本。

## 五、长期平均成本和长期边际成本

**长期平均成本**是指企业在长期中生产每单位产品所分摊的各项费用。

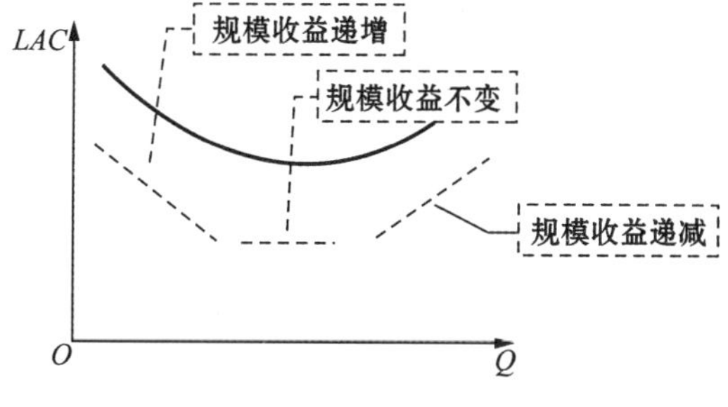


图 4-17　长期平均成本曲线

将表 4-9 稍微修改一下，可以说明规模经济决定长期平均成本曲线的走势。

表 4-10 规模经济与单位产量成本

| 规模 | 长期总成本 | 产量 | 单位规模产量（产量/规模） | 单位产量成本（长期总成本/产量） | 阶段 |
|---|---|---|---|---|---|
| 1 | 10 000 | 100 | 100 | 100 | 产量↑>规模↑ |
| 2 | 20 000 | 300 | 150 | 66.66 | |
| 4 | 40 000 | 750 | 175 | 53.33 | |
| 8 | 80 000 | 1 500 | 187.5 | 53.33 | 产量↑=规模↑ |
| 16 | 160 000 | 2 400 | 150 | 66.66 | 产量↑<规模↑ |

表 4-10 中，在规模达到 8 个单位时，产量达到 1 500，此时，每个单位规模的投入获得产量 187.5，达到最高，企业处于适度规模状态。单位规模的产量最高，意味着此时单位产品包含的成本最低。假设长期中，每个单位规模水平需要企业投入 10 000 元。根据表 4-10 中的数据，在规模达到 8 个单位时，总成本是 80 000 元，产量是 1 500，单位产品包含的成本是 53.33 元，达到最低。所以，长期平均成本曲线先降后升，本质上是由规模经济决定的。

**长期边际成本**是指企业在长期中为追加一单位产量而投入的费用。由于规模经济原因，长期中追加一单位产量而需要投入的费用也是先减少后增加的，因而长期边际成本曲线的走势也是先降后升。

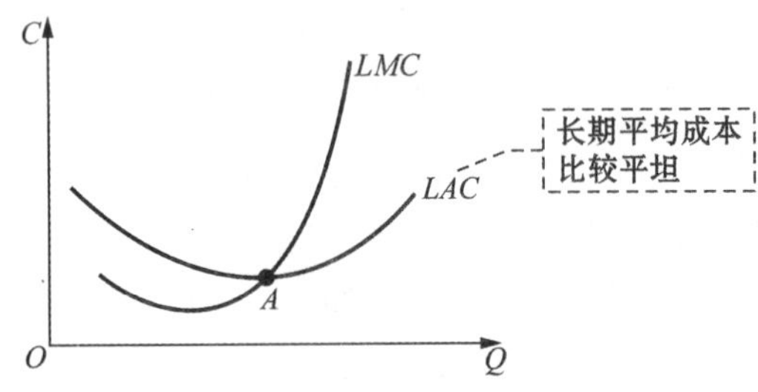


图 4-18 长期平均成本和长期边际成本

如图 4-18 所示，长期平均成本和长期边际成本相交于 A 点，在 A 点左侧，长期边际成本曲线位于长期平均成本曲线下方，长期边际成本小于长期平均成本，"边际"不断拉低"平均"，长期平均成本曲线不断下降；在 A 点右侧，长期边际成本曲线位于长期平均成本曲线上方，长期边际成本大于长期平均成本，"边际"不断拉高"平均"，长期平均成本曲线不断上升。

## 驱动案例解析

### 第 2 000 家肯德基快餐厅落户成都全球餐饮大鳄加速布局中国市场

肯德基连锁店的成功原因是多方面的，规模经济是其重要原因之一。规模经济对肯德基的意义很大，如：使用先进高效的厨房设备；标准化操作；售货设施的完备高效；要素购买；价格优势等。

肯德基的厨房设备无疑是卫生高效的，所选产品的重量、质量、新鲜状况、加工要求、包装、运输、储存等都有一套非常严格的标准，加工后的食物保存时间也有明确的规定，因此保证了其产品加工的高效和产品质量的卓越。肯德基的售货设备效率很高，并提供了肯德基宅急送服务。由于肯德基统一的标识、统一的店堂风格、统一的产品标准等优势，肯德基在产品销售方面有着较强的定价能力。肯德基原料采购量大，由此也会带来较高的议价能力。

上述优势都跟肯德基的规模化经营密不可分。

## 经典案例赏析

### 住宅产业化与规模经济

国务院办公厅于1999年8月20日发布《关于推进住宅产业现代化提高住宅质量的若干意见》，意见明确提出，要促进住宅建筑材料、部品的集约化、标准化生产，加快住宅产业发展。

那么，什么是住宅产业化？

住宅产业化简单地说：就是用工业化的方式盖房子，即首先在工厂里制作房子的部件，然后在现场像搭积木一样组装房子，业界人士形容“像造汽车一样建房子”。

业界指出住宅产业化有如下好处：

(1) 提高建筑物质量，解决现场施工所难以消除的各种质量问题。

(2) 缩短盖房周期，提高资金周转率。

(3) 工厂制作效率高，有利于大型房地产企业扩大产量。

(4) 精装修房有利于环境保护。

目前，万科是国内住宅产业化的积极实践者，一直处于领跑地位。资料1和资料2说明了这一点。

**【资料】** 王石透露万科后年完成住宅工业化体系

昨天，万科集团董事长王石在微博上接受访谈时透露，万科住宅工业化体系正积极推进，争取于2014年完成。

（资料来源：曾洁. 王石透露万科后年完成住宅工业化体系. 深圳特区报. 新浪网 2012-07-17. 节选）

**【资料】** 住宅工业化试水南京 190户市民年底可入住万科保障房

值得一提的是，在万科代建的这100万平方米小区中，有20万平方米采用了“住宅工业化”建设方法，这也是江苏省最大的“住宅工业化”试点小区。简单来说，这一方法就是事先在工厂里制作好房屋模块，主要包括PC墙板、预制楼梯、预制空调板等，然后运到建筑工地后进行拼装，类似于搭积木一样来搭房子。

（资料来源：杜磊. 住宅工业化试水南京190户市民年底可入住万科保障房. 现代快报. 新浪网2012年04月18日转载. 节选）

住宅产业化实际上是房地产业的规模经济，那么，这种规模经济能否带来长期成本的下降呢？这个问题，我们可以倾听万科人士的观点："工厂化技术的应用在短期内造成成本一定幅度的提高，但当施工规模达到50万平方米并且逐步上升时，成本上升的增量将逐渐减少。"

## 思考与练习

姓名________　班级________　学号________

**1. 名词解释**

规模经济

长期总成本

长期平均成本

长期边际成本

**2. 选择题**

(1) 下列关于规模经济的说法,错误的是(　　)。

A. 规模经济研究的是企业保持其他要素不变,只是追加劳动力的投入对产量的具体影响

B. 规模经济研究的是各种生产要素一起变动对产量的具体影响

C. 规模经济理论说明企业的规模越大越好

D. 规模经济理论说明企业的规模并不是越大越好

E. 在规模收益不变阶段,企业达到了规模经济

(2) 下列关于适度规模的说法正确的是(　　)。

A. 企业使用的设备越复杂、越高端,适度规模越大

B. 产品标准容易统一的企业,适度规模越大

C. 市场需求量大的企业,适度规模越大

D. 产品和服务的覆盖范围越小,适度规模越小

E. 有些企业的规模是难以做大的

(3) 下列关于长期总成本及其曲线说法错误的是(　　)。

A. 长期总成本包含固定成本和可变成本

B. 长期总成本不再区分固定成本和可变成本

C. 长期总成本曲线经过原点

D. 长期总成本曲线不经过原点

E. 长期总成本曲线先上升后下降

(4) 下列关于长期平均成本及其曲线说法错误的是(　　)。

A. 长期平均成本先增后减　　B. 长期平均成本先减后增
C. 长期平均成本曲线先升后降　　D. 长期平均成本曲线先降后升
E. 长期平均成本曲线的走势本质上是由规模经济决定的

(5) 下列关于长期边际成本和长期平均成本的关系,说法错误的是(　　)。
A. 长期边际成本曲线和长期平均成本曲线的交点是长期平均成本曲线的最低点
B. 长期边际成本曲线和长期平均成本曲线的交点是长期平均成本曲线的最高点
C. 长期边际成本曲线位于长期平均成本曲线下方时,说明长期边际成本小于长期平均成本
D. 长期边际成本小于长期平均成本时,长期平均成本曲线不断下降
E. 长期边际成本小于长期平均成本时,长期平均成本曲线不断上升

**3. 思考题**

"汽车业研发投入极大,自主品牌必须携手共同开展平台设计,进而建立供应商联合采购平台,实现服务对接与共享。"朱华荣说。

"我们对现在的市场有一个形象的比喻,跨国汽车公司好像大规模舰队,拥有系统和密集的作战能力,而自主品牌汽车企业包括广汽自身在内,就像小炮艇各自为战,以散兵方式与舰艇对抗。"袁仲荣说。

(资料来源:刘婧.自主品牌呼吁抱团联合　是否会杀出血路?2012-09-17.新浪网)

备注:上述案例中,朱华荣先生为中国长安集团党委副书记、长安汽车党委书记、副总裁,袁仲荣为广汽集团执行副总经理。

要求:运用规模经济原理谈谈对这两段话的理解。

# 模块五 竞争与垄断理论

基本任务

1. 市场结构类型分析
2. 市场结构理论应用

**【模块简介】**

假如我们关注身边各行各业市场，可以发现现在的发展真是千变万化，不可捉摸。一般而言，不同的行业面临不同的市场结构和竞争，竞争性越强，价格越公平；垄断性越强，价格就越高。作为不同行业的决策者也需要根据不同的市场状况来调整价格和市场决策。

不同行业主要面临四种不同的市场结构，即完全竞争市场、完全垄断市场、垄断竞争市场和寡头垄断市场。现实中更多的是垄断竞争市场和寡头垄断市场。

在农产品市场竞争中体现特色农业。

农产品市场是竞争性非常强的市场。我国农业由过去的一家一户种植、养殖到现代农场的转变，改变了种植户单打独斗的农业经营模式，形成了一村一品、大户、合作社、公司加农户、公司加农场的相待经营模式。因为单打独斗难成高效，而规模化是高效农业的关键。例如，地处莱芜市的山东省万兴果菜食品有限公司，是我国目前最大的生姜出口企业，已经有了属于自己的万亩有机种植基地。

这样的例子在各个省市农业发展中处处可见。农产品市场上出现了生态农产品、绿色农产品、有机农产品等，规模种植既降低了成本，又提高了农产品的技术含量，提高了卖价，增加了附加值。开发本地农业资源，体现产品特色，凸现各地农产品的差异性，有差别性就存在垄断性，由此也发挥各自在垄断竞争市场中的竞争力。

各行业的规模升级。

我国航空业在20世纪末21世纪初，已经进行了资产重组，重新洗牌。2009年，在国际金融危机的大背景下，航空业市场格局变化莫测。2008年11月，东航和南航都获得国资委的巨额注资；2010年东航与上航重组，从而形成国航、新东航、南航三大寡头垄断企业。重组以后，国航增加了上海市场的运力投放，东航也提高了北京市场的占有率。航空业重组，一方面增强了寡头之间的激烈竞争，另一方面也增强了整个航空业的竞争力。

强强联合，可以获取规模效益；以强并弱，可以完善市场结构；跨国并购，可以利用海外资源。但关键在于如何规避重组后的风险。

另外，石油业的垄断导致石油价格的上涨；啤酒行业集中度也不断地加强；现今的服装市场竞争异常激烈，各类企业只有与时俱进，强化信息化手段，走品牌之路才能在竞争中立于不败之地。

通过本模块的学习，学生可以了解四种不同市场结构的区别，掌握面临不同市场结构厂商利润最大化的条件，产量和价格的关系；学会分析各行业在面临激烈市场竞争过程中，如何实现转型升级，作出科学的决策。

# 任务1　市场结构类型分析

**本项目内容结构图**

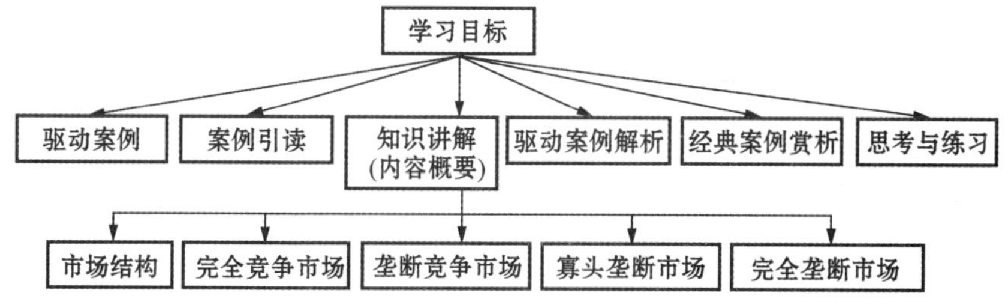


## 学习目标

• **知识目标**

(1) 掌握区分不同市场结构的标准。

(2) 掌握四种市场结构的特点。

• **能力目标**

能够分析某个企业所面临市场的结构类型。

## 驱动案例

**A农贸市场的萝卜**

A农贸市场是一家远近闻名的农贸批发市场，方圆百里的菜贩子都喜欢上这儿批发。因为价格很便宜，附近的居民也经常光顾这儿，所以A农贸市场是批发为主，兼营零售。

刘先生就在A农贸市场附近上班，早就知道A农贸市场的蔬菜价格很便宜，也发现有同事经常去A农贸市场买菜，但刘先生并不赞成这种做法，认为省不了几个钱。

有一次，刘先生搭同事便车回家，因为同事要到A农贸市场买些蔬菜和水果，所以也就跟着简单逛了一圈。一圈逛下来，刘先生大吃一惊，没想到A农贸市场这么大，包括南北干货、海产品、水产、肉品、蔬菜、水果等，真是应有尽有了。

刘先生和同事来到蔬菜批发区，刘先生的注意力被一大片萝卜摊位吸引过去了。他只见这儿从南到北足有二三十家批发萝卜的，一大袋一大袋的萝卜小山似的堆在老板们身后，有大白萝卜、胡萝卜、红皮圆萝卜。问了下价格，刘先生大吃一惊，这儿的萝卜只要0.4元1斤，而家门口菜场里的萝卜可是1.5元1斤呢。实在受不了这么大的差价，刘先生花1元多钱买了根白萝卜，想起两天前他在家门口菜场花5元钱买了个萝卜，刘先生不禁感慨A农贸市场的菜可真是便宜啊，怪不得有那么多人上这儿买菜。

随后，刘先生又买了棵白菜，2斤橘子，满载而归。

**提问**：A农贸市场的萝卜市场属于什么市场结构？

## 案例引读

**具有竞争关系的经营者不能达成垄断协议**

根据《中华人民共和国反垄断法》第十三条，我国禁止具有竞争关系的经营者达成下列垄断协议：(一)固定或者变更商品价格；(二)限制商品的生产数量或者销售数量；(三)分割销售市场或者原材料采购市场；(四)限制购买新技术、新设备或者限制开发新技术、新产品；(五)联合抵制交易；(六)国务院反垄断执法机构认定的其他垄断协议。

**提问**：什么是垄断？为什么要反垄断？

## 知识讲解

### 一、市场结构的区分

一般而言，不同的行业面临不同的市场结构和不同的竞争状态：竞争性越强，价格越公平；垄断性越强，价格就越高。处于不同市场结构类型的企业，在市场上的"价格话语权"是完全不同的：在完全竞争市场上的企业，只能老老实实接受市场价格；而处于垄断程度很高的市场上的企业，却可以对市场价格施加巨大的影响。对于每一个企业来说，搞清楚自己的结构，并采取正确的定价策略，就是其决策者的必修课了。

经济学上，区分不同市场结构类型的标准主要有以下三点：

1. 市场集中度的高低

思考：现实中不同行业的市场集中和竞争程度。

**行业的市场集中度**是指大型企业对整个市场的控制程度。

社会分工和专业化生产形成规模经济，形成大企业的垄断地位，其他企业进入就会构成障碍。企业规模越大，数量越少，加剧行业集中度，增强了大企业的垄断。反之，企业规模越小，数量越多，对市场缺乏控制，行业市场集中度越低，从而增强了市场的竞争性。因此，行业的市场集中度是区分市场结构的重要标准。例如，中式快餐店大街小巷星罗棋布，数量难以统计，这个行业的竞争程度就很高；而全国生产电视机的企业数量十分有限，数量有限的大企业占据了很大的市场份额，这个行业的垄断程度就很高。

2. 产品差别程度

产品差别主要体现为同种产品在质量、型号、规格、牌号、外观色彩、包装等方面的差别。概括地说,产品差别不是指服装和汽车、手机和肯德基、书本和自行车等不相干的产品之间的差别,而是指捷安特自行车和普通自行车、黑屏手机和彩屏手机、护眼台灯和普通台灯等同种产品之间的差别。

思考:从身边的产品说明其垄断性和竞争性的程度。

市场上产品丰富多彩,满足人们不同的多样化的需求。因此,企业开发出系列产品,以多样化和产品差别凸现产品特色,以产品的特色吸引不同偏好、不同需求的消费者。产品特色便垄断了爱好这一特色的顾客,取得其在市场中的垄断地位。

从某种意义上说,产品差别引起垄断。产品差别越大,垄断性越强;产品差别越小,竞争性越强。因此,产品的差别程度是区分市场结构的又一个标准。

3. 企业进出行业的难易程度

一个行业中,对企业进入限制越低,则企业进入越容易,说明行业竞争程度越高;对企业进入限制越高,则企业进入越困难,说明垄断程度越高。企业进出行业的难易程度主要取决于以下几个方面:原材料控制;规模经济;法律和行政因素。

如果某个企业控制了该行业的关键资源如矿山、钻石等原材料,其他企业进入就比较困难,这个行业就具有很强的垄断性。例如德比尔斯公司控制了全世界80%以上的钻石矿,自然就形成了垄断。反之,如果生产某种产品的原材料无法垄断,每个企业都能买到,例如快餐需要的米面油、禽鱼肉蛋不存在进货限制,自然快餐这个行业竞争性就很强。

在一些典型的规模经济行业,例如汽车行业,企业产量达到一定的规模,可以降低其平均成本,凸现其在行业中的竞争实力。这些企业规模越经济,成本越低,竞争力越强,后进入的企业就越难与之竞争,进入行业受到限制,自然造成了行业的垄断性。假如一个行业的企业规模难以做得很大,基于行业特点,这个行业的竞争性就会很强。

此外,还有一些垄断是由法律和行政因素造成的,常见的有:

(1) 特许经营,即政府把提供某种服务的排他性权利授予某些企业,其他企业不得从事该行业的服务,如自来水、天然气、电力等。

(2) 许可证制度,某些行业要求必须得到政府发放的许可证才可以进入,于是增加了企业进入的难度。

(3) 专利制度,即在一定时期内,通过获得专利,就可以获得某种产品的排他性的垄断权力,其他企业无法进入该行业。

## 二、四种市场结构的特点

综合市场结构类型的三大标准,可以判断市场的垄断和竞争程度,从而区分相应的市场结构。市场理论就是研究四种不同市场结构中的企业的行为。企业必须了解所属的市场结构,才能进行价格和产量的正确决策。四种市场结构的区别如表 5-1 所示:

表 5-1 竞争力与垄断的划分

| 市场类型 | 企业数目 | 产品差别 | 进入限制 | 对市场的控制 | 典型行业 |
|---|---|---|---|---|---|
| 完全竞争 | 无数 | 无差别 | 完全自由 | 无控制 | 农业 |
| 垄断竞争 | 很多 | 有差别 | 完全自由 | 无控制有影响 | 轻工业 |
| 寡头垄断 | 几家 | —— | 有限进入 | 相当程度的控制 | 重工业 |
| 完全垄断 | 独个 | 唯一产品 | 完全限制 | 完全控制 | 公用事业 |

不同行业主要面临四种不同的市场结构，即完全竞争市场、完全垄断市场、垄断竞争市场和寡头垄断市场。现实中更多的是垄断竞争市场和寡头垄断市场。不同的市场结构所属的企业，为了利润最大化的目标，会相应地采取不同的产量和价格策略。

企业为了更好地决策，获得更大的效益，首先必须了解不同市场结构的特点。

1. 完全竞争市场的特点

**完全竞争**是指不存在任何垄断，完全非个体决定的市场，也称纯粹竞争。其特点是：

(1) 企业数量繁多。形成完全竞争市场的条件是企业数量多、每家企业规模小，因此，任何企业对市场缺乏控制力，无法通过改变自己的产量来影响市场价格，市场价格由行业的供求关系来决定，任何企业都是市场价格的接受者。

(2) 产品无差别。在该市场上，每个企业提供的产品基本无差别，每个企业的产品可以互相替代，如菜场上的鸡蛋、青菜等。

(3) 企业进入或退出行业无限制。当市场供不应求时，行业存在高利润率，吸引新企业的进入，会增加市场的供给，引起市场价格下降，行业利润率也随之下降；当市场供大于求时，行业存在亏损，部分企业会选择退出，市场的供给减少，引起市场价格上升，行业利润率也随之上升。

(4) 信息对称。即市场信息获取方便，买卖双方完全是在对市场信息做出充分准确的前提下做出决策。例如，消费者买菜时，只需绕着市场走一圈，价格情况就一目了然。

当然，完全竞争市场仅仅是一种理想化的市场，现实中的市场只有接近完全竞争的市场，没有绝对的完全竞争市场。在现实经济生活中，通常把农产品市场看成是接近于完全竞争的市场。

思考：完全垄断市场形成的原因是什么？

2. 完全垄断市场的特点

**完全垄断**是指一家企业完全控制某种产品的市场。其特点是：

(1) 市场上只有独家企业，缺乏竞争者，一家企业就代表了一个行业。

(2) 市场上没有相近的替代品，不存在直接竞争的威胁，但存在潜在的竞争者。

(3) 垄断企业制定的产品价格就是整个行业市场的价格。垄断企业是价格的制定者。

(4) 行业存在进入障碍,其他行业进入极其困难或不可能。

完全垄断与完全竞争一样,在现实生活中也不常见。比较接近于完全垄断市场的主要是公用事业部门,如邮政、电话、自来水、电力、有线电视等。完全垄断市场的关键在于进入限制。

3. 垄断竞争市场的特点

**垄断竞争**是指众多企业生产和销售有差别的同类产品,既有垄断又有竞争,但以竞争为主的市场结构。其特点是:

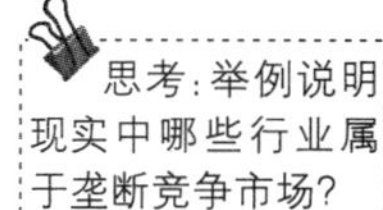
思考:举例说明现实中哪些行业属于垄断竞争市场?

(1) 企业数量较多,每个企业占有较小的市场份额,单个企业的行为对市场有一定的影响,企业对市场价格有一定影响力,但影响程度比较小。

(2) 产品差异性是其典型特点。垄断竞争市场的产品在质量、商标、性能包装、款式及服务等方面存在差异,差别导致垄断,因而市场具有垄断性。产品差异越大,垄断性越强。但各种差别产品又是同种产品,又具有相似性,产品相似性说明产品是可替代的,因而存在激烈的竞争。

(3) 企业规模小,进退较容易。垄断竞争市场的企业规模不是很大,企业可以比较自由地进出这个行业。

现实中垄断竞争市场广泛存在,轻工日用品市场就是典型的代表。垄断竞争市场的关键在于产品的差别性。

4. 寡头垄断市场的特点

**寡头垄断**是指市场上少数几家企业共同控制某种产品的市场结构。其特点是:

(1) 企业数量很少,每个企业的规模都比较大,所占市场份额也很大,每个企业对价格都具有很强的影响力。

(2) 寡头之间相互依存。每个企业的行为对其他企业会产生举足轻重的影响,一家企业在价格、产量方面的决策行为会直接影响到其他企业的利益。因此,寡头间更容易互相勾结,彼此协调,共同控制市场。同时,由于几家垄断,寡头之间仍然存在激烈的竞争,在竞争中应避免两败俱伤。因此,寡头之间更应通过合作的方式来谋取更大的利益。

(3) 企业进入和退出该行业都比较困难。由于寡头企业的规模大,加上寡头之间通过合作与竞争,共同控制该行业市场;规模经济促使寡头在技术、资金、成本等多方面具有极大的优势,加上国家产业政策中政府的扶持,其他企业难以与之竞争,造成其他企业进入障碍。由于寡头之间相互依赖,合作紧密,加上投资巨大,资产丰厚,假如一家要退出,不仅自身损失惨重,而且牵扯面会很大,因此,企业不仅进入困难,退出也不易。

思考:现实中还有哪些寡头垄断企业?

寡头市场有产品同质无差别的纯粹寡头,如钢铁、水泥、铜等产业。还有产品性质相同的差别寡头,其产品各有特色,如汽车、电脑等产业。形成这种市场的关键是规模经济。

## 驱动案例解析

### A农贸市场的萝卜

A农贸市场的萝卜市场接近于完全竞争市场。A农贸市场有二三十家批发商，数量众多，每家实力相当，谁也无法控制市场价格；所有批发商的萝卜是同质的，不存在产品差别；价格信息透明，因为萝卜批发摊位一家家挨着，要摸清市场价格10分钟就够了。A农贸市场的萝卜批发竞争充分的结果就是市场价格足够的低。

总体上讲，A农贸市场的萝卜批发行情实际上不由该市场决定，而是受全国的萝卜供求情况决定的。萝卜属于生活必需品，需求比较稳定，而萝卜的种植是"靠天吃饭"，产量随气候情况而定。某段时间，当全国的萝卜产量较少时，价格上升；当全国的萝卜产量较多时，价格又下跌。A农贸市场的二三十家萝卜批发商不过是"随行就市"而已。

## 经典案例赏析

### 美国历史上著名的反垄断案例

美国在反垄断方面的探索走在世界各国前列。著名的《谢尔曼反托拉斯法》第二条规定："任何个人或企业单独或与他人联合或共谋垄断或企图垄断洲际或与外国之间贸易或商务的行为，即被视为严重犯罪。"较有影响力的美国反垄断案有下列几宗：

反托拉斯司是美国的反垄断机构，1906年，该司起诉新泽西标准石油公司涉嫌垄断。标准石油公司当年通过收购竞争对手公司等手段，操纵了90%的石油市场。1911年，被化整为零，拆分为埃克森、美孚和美国石油公司等几家公司。

美国烟草公司曾控制了95%的美国市场。1911年该公司被裁定有罪，也化整为零，拆分为16家公司。

1972年，反托拉斯司起诉美国电报电话公司(AT&T)涉嫌排挤长途电话竞争者。案件在1982年以和解告终。最终，美国电报电话公司被迫将美国本土电话业务拆分为8个小公司。

但美国政府也有不反垄断的时候。1996年，波音公司用166亿美元兼并了麦道公司，美国政府并没有阻止，原因是合并后的波音公司可以更加有力地对抗空中客车公司。

可见，反垄断是正确的，但是世界上没有绝对的经济学道理。

## 思考与练习

姓名________　班级________　学号________

**1. 名词解释**

完全竞争市场

完全垄断市场

垄断竞争市场

寡头垄断市场

市场集中度

**2. 选择题**

(1) 下列关于市场结构类型判断依据的说法，正确的是(　　)。

A. 行业集中度越低，市场越接近垄断

B. 行业集中度越高，市场越接近垄断

C. 产品差别引起垄断，产品差别越大，垄断性越强

D. 一个市场进出的限制越小，竞争的程度越高

E. 一个市场进出的限制越小，垄断的程度越高

(2) 下列关于产品差别的说法，正确的是(　　)。

A. 产品差别是指同种产品在质量、型号、规格等方面的差别

B. 产品差别是指电视机和电脑的差别

C. 产品差别是指低配置电脑和高配置电脑的差别

D. 只要有产品差别，就会产生一定程度的垄断

E. 产品差别程度是区分市场结构的一个重要标准

(3) 下列属于完全竞争市场特征的是(　　)。

A. 完全竞争市场上存在数量极多的企业

B. 完全竞争市场上各企业的产品没有差别

C. 完全竞争市场上各企业的产品有一定程度的差别

D. 完全竞争市场上企业进入和退出没有难度

E. 完全竞争市场上企业进入和退出有一定的难度

(4) 下列属于垄断竞争市场特征的是(　　)。

A. 垄断竞争市场上存在数量较多的企业

B. 垄断竞争市场上各企业的产品没有差别

C. 垄断竞争市场上各企业的产品有一定程度的差别

D. 因为有产品差别,所以企业之间的产品有价格差异

E. 轻工业多数属于垄断竞争行业

(5) 下列属于寡头垄断市场特征的是(　　)。

A. 寡头垄断市场上只有为数不多的几家企业

B. 寡头垄断市场形成的关键因素是规模经济

C. 寡头垄断市场上各企业既可以相互竞争又可以彼此勾结

D. 寡头垄断市场上后来者很难进入

E. 寡头垄断市场上后来者不可能进入

(6) 下列属于完全垄断市场特征的是(　　)。

A. 完全垄断市场上只有一家企业

B. 完全垄断市场形成的关键因素是规模经济

C. 完全垄断市场上企业可以自主定价,消费者只能被动接受

D. 寡头垄断市场上后来者很难进入

E. 寡头垄断市场上后来者不可能进入

**3. 讨论与思考题**

观察生活中的各个行业,然后列举出一个完全竞争市场、一个垄断竞争市场、一个寡头垄断市场和一个完全垄断市场的例子,并说明理由。

# 任务 2　市场结构理论应用

**本项目内容结构图**

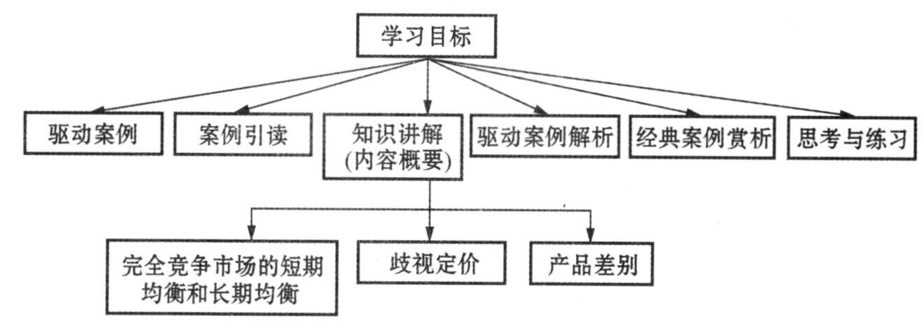

## 学习目标

- **知识目标**

(1) 掌握完全竞争市场上企业的均衡。

(2) 理解垄断竞争市场上的产品差别竞争。

(3) 寡头垄断市场的特征和市场价格和产量的决定。

(4) 理解歧视定价。

- **能力目标**

能够运用市场结构理论初步分析各类型市场。

## 驱动案例

### 宝洁金龙鱼带头提价　民生用品新一轮涨价潮起

据《中国经营报》记者了解，从 4 月起，宝洁旗下的海飞丝、沙宣价格已上调 10%～20%，而飘柔、潘婷等也有提价计划。

“各项成本的上涨迫使企业不得不提价。”一位从事日化产品配方的工程师告诉《中国经营报》记者，从 2010 年至今，包括洗发水、沐浴露等洗护类产品的原材料、包装材料价格平均上涨了 40%～50%，再加上近年来劳工成本的不断上涨以及油价上涨后导致物流配送成本大幅上升，目前日化企业的整体运营成本都在上涨。

而食用油提价背后的重要推手也是成本上涨。中华油脂网信息主编郭清保告诉记者，最近巴西、阿根廷大豆减产以及美国公布的一个大豆种植报告显示大豆种植意向偏低，造成全球油料价格上涨。

（资料来源：徐春梅，韦承武. 宝洁金龙鱼带头提价　民生用品新一轮涨价潮起. 中国经营报. 新浪网 2012-04-14 转载. 节选）

**要求：**运用竞争与垄断的理论分析民生用品新一轮涨价。

## 案例引读

### 宝洁称涨价行动远未结束

7月28日，宝洁中国有限公司对外事务部经理张群翔向网易财经表示，这次针对妇婴产品的调价最高幅度可达15%，原因是妇婴用品的主要原材料吸水材料和纸浆的涨幅均在50%以上。

"我们不关心竞争对手在做什么，只关注把自己的产品质量搞好。"宝洁中国有限公司对外事务部经理张群翔表示，宝洁提价根据成本上升，不会关心竞争对手提不提价。

张群翔也对中国本土品牌的不提价行为表示好奇和不解，"原材料涨了这么多，在产品质量不变的情况下是如何做到不涨价的。"张群翔说道。

（资料来源：刘玉洲. 宝洁称涨价行动远未结束　纳爱斯准备跟进. 网易财经. 2008-07-28. 节选）

**提问：**宝洁为什么可以不在乎竞争对手是否提价？

## 知识讲解

### 一、完全竞争市场理论应用

1. 完全竞争市场单个企业的需求曲线、平均收益和边际收益

在完全竞争市场上，市场价格不是由单个企业供求决定，而是由整个市场的供求决定的。具体而言，完全竞争市场上的价格是由数量极多的企业和难以胜数的消费者这两派力量的博弈形成的。单个企业只是市场价格的接受者，它们无法改变市场价格，而只能按照既定的市场价格销售。

因此，完全竞争市场上的单个企业的需求曲线(D曲线)是一条平行于横轴的直线。

#### 相关案例链接

**一个菜农的收益**

A菜场门口有个很大的停车场，是给买菜的市民停车的。由于A菜场地处城郊结合部，经常有附近的菜农将自家种的蔬菜拿到这儿卖，菜场管理者睁一眼闭一眼，时间长了，这个停车场就成为了一个编外菜场。

刘老师早就听说这个编外菜场的蔬菜又新鲜又便宜，这一天，他决定体验一下，买点青菜。他抬眼一看，好家伙，足足有10家卖青菜的，而且都十分热情。有的说："来来，我这儿只要2元1斤，里面也是这个价，而且没有我的新鲜。"有的说："来，大兄弟，我给你便宜点。"还有的说："我的菜自家吃的，绝对没有打农药。"

最后，刘老师找了个认识的王大妈，买了她 1 斤青菜。对方很高兴地说：今天一篮子的青菜，足有 10 斤，都卖光了。

在上述案例中的青菜市场非常接近完全竞争市场，因为所有的青菜同质、任何一个菜农都可以无障碍地进入这个市场、价格信息传递充分。对于整个青菜市场来说，2 元 1 斤的价格是众多的买者和卖者博弈出来的结果。如果价格上涨，将会有更多的菜农来参与，而消费者会减少购买，转而买其他蔬菜。如果价格下跌，部分菜农会退出这个菜场，拿到其他菜场去卖，而消费者会增加购买。

从整个菜场的角度来看，青菜的需求曲线和供给曲线如图 5-1 所示：

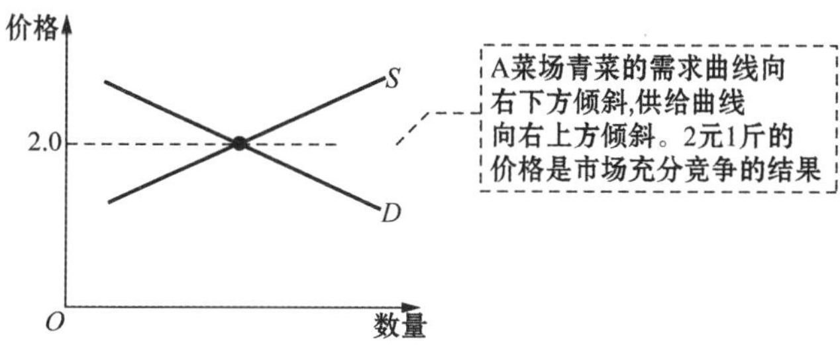


图 5-1　A 菜场青菜的供求曲线

但是，对于王大妈的区区“10 斤青菜”而言，情形就完全不同了。王大妈的最佳“定价”策略是接受 2 元 1 斤的价格，卖贵了没有人理，卖便宜了白白吃亏。可以用图 5-2 来说明菜农王大妈的需求曲线。

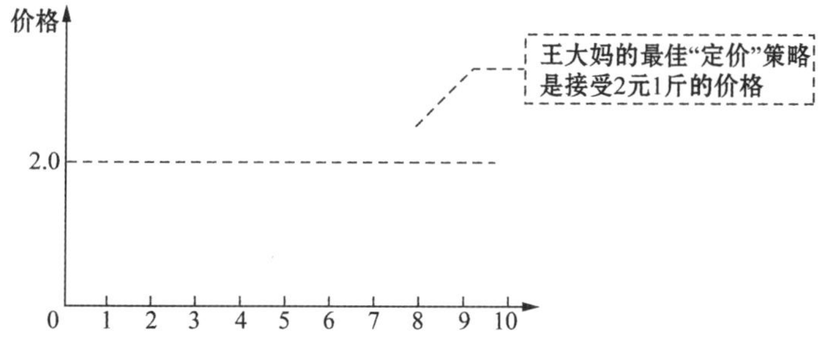


图 5-2　菜农王大妈的需求曲线

进一步分析，王大妈的总收益为：

$$TR = P \times Q = 2 \times 10 = 20 \text{ 元}$$

王大妈的平均收益为：

$$AR = TR/Q = (P \times Q)/Q = P = 2 \text{ 元}$$

王大妈的边际收益也很清楚，每多卖 1 斤青菜，得到 2 元钱，$MR=2$ 元。

所以，一个菜农的收益的案例说明，在完全竞争市场上，单个企业的需求曲线是一条水平线。单个企业的平均收益和边际收益等于市场价格，即 $MR=AR=P$。

2. 完全竞争市场的短期均衡

在短期内，企业不可能根据市场需求来调整全部的生产要素，即不调整规模，只调整原材料、劳动等要素。因此，从整个行业来看，供给小于需求，供给大于需求的情况都有可能出现。如果市场供给小于需求，则价格就会提高，有超额利润的存在；如果市场供给大于需求，则价格就会降低，会存在亏损。

所谓“短期均衡”，就是指企业在短期内的最佳产量方案。在不调整规模，只调整原材料、劳动等要素的情况下，企业的最佳产量方案，必须满足条件 $MR=MC$。为什么 $MR=MC$ 就是最佳产量方案呢？

因为在完全竞争市场上，边际收益等于市场价格时，边际成本就是企业追加一单位产品所花费的“一丁点儿”原材料和劳动成本。如果追加单位产量时，边际收益大于边际成本，说明这时企业“销售单位产品所得到的收入”大于“生产单位产品所消耗的原材料和劳动成本”，追加单位产量有利。随着边际成本的上升，如果追加单位产量时，边际收益小于边际成本，说明这时企业“销售单位产品所得到的收入”已经小于“生产单位产品所消耗的原材料和劳动成本”，追加单位产量不利。

所以，边际收益等于边际成本时，企业“找到”了最佳产量方案。完全竞争市场上，短期均衡存在以下五种情况：

(1) 需求曲线 $D$ 与 $SAC$ 相交。

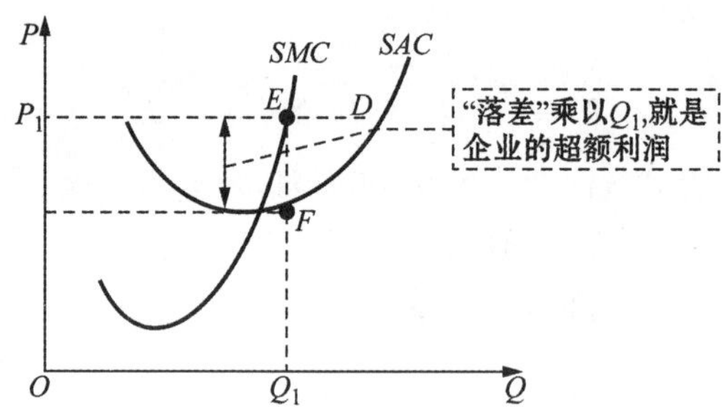


图 5-3　完全竞争市场的短期均衡(1)

如果完全竞争市场产品供不应求，价格很高，需求曲线 $D$ 与 $SAC$ 相交，根据 $MR=MC$ 原则，由需求曲线 $D$ 与短期边际成本曲线 $SMC$ 的交点 $E$ 点向下作垂线，该垂线与横轴的交点是 $Q_1$，$Q_1$ 对应的产量即是短期最佳产量方案，该垂线与短期平均成本曲线 $SAC$ 的交点是 $F$，$FQ_1$ 即是最佳产量方案的平均成本。此时，$EF$ 为价格与成本的“落差”，这个“落差”乘以 $Q_1$，就是企业的超额利润。

(2) 需求曲线 $D$ 与 $AVC$ 相切。

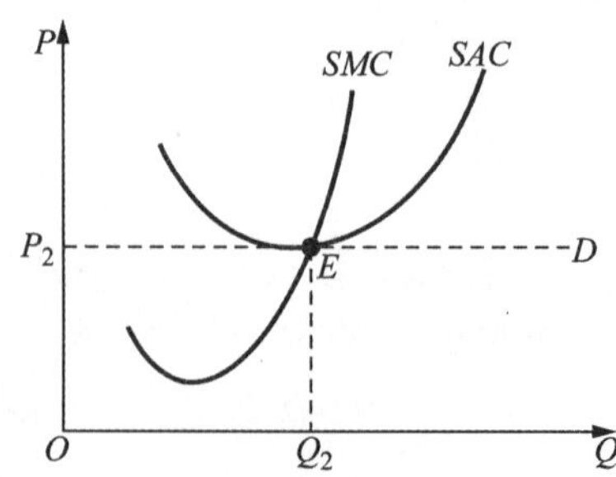


图 5-3　完全竞争市场的短期均衡(2)

需求曲线 D 与短期边际成本曲线 SMC 的交点 E 点，这个交点与切点重合。

如果完全竞争市场产品供求平衡、价格适中，需求曲线 $D$ 与 $SAC$ 相切，根据 $MR=MC$ 原则，由需求曲线 $D$ 与短期边际成本曲线 $SMC$ 的交点 $E$ 点向下作垂线，该垂线与横轴的交点是 $Q_2$，$Q_2$ 对应的产量即是短期最佳产量方案，$EQ_2$ 即是最佳产量方案的平均成本。此时，价格与成本的“落差”为 0，企业收支平衡。

(3) 需求曲线 $D$ 与 $SAC$ 相离。

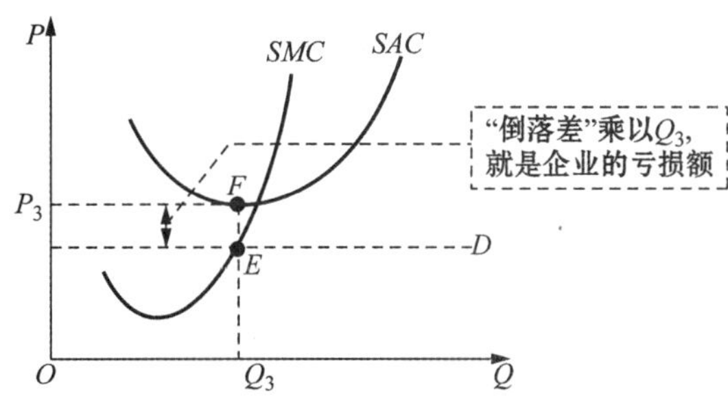


图 5-3　完全竞争市场的短期均衡(3)

> 怎样理解亏损了却还是“最佳产量方案”呢？简单地说，就是亏损无法避免，但在这个产量水平上亏损最少。

如果完全竞争市场产品供大于求，价格很低，需求曲线 $D$ 与 $SAC$ 相离，根据 $MR=MC$ 原则，由需求曲线 $D$ 与短期边际成本曲线 $SMC$ 的交点 $E$ 点向下作垂线，该垂线与横轴的交点是 $Q_3$，$Q_3$ 对应的产量即是短期最佳产量方案，该垂线与短期平均成本曲线 $SAC$ 的交点是 $F$，$FQ_3$ 即是最佳产量方案的平均成本。此时，价格低于成本，$EF$ 为价格与成本的“倒落差”，这个“倒落差”乘以 Q3，就是企业的亏损额。亏损了怎么办？只要价格高于仍然是平均可变成本，生产就可以“找回”一部分固定成本。如果价格低到平均可变成本，就只能无可奈何停产了。

(4) 需求曲线 $D$ 与 $AVC$ 相切。

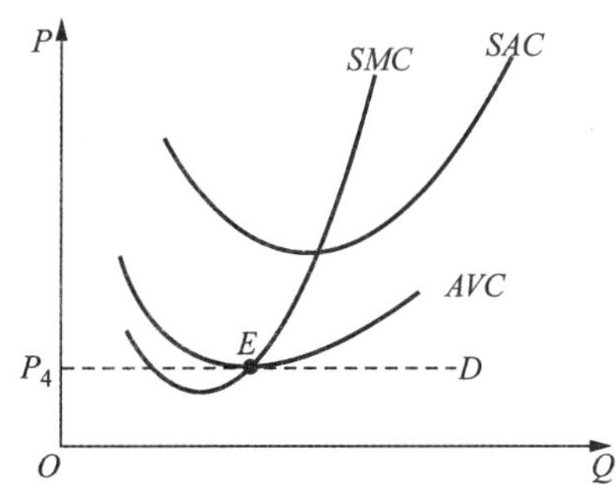


图 5-3　完全竞争市场的短期均衡(4)

如果完全竞争市场产品严重供大于求，价格低得离谱，需求曲线 $D$ 与平均可变成本曲线 $AVC$ 相切，说明此时生产只能“找回”原材料和人工成本。一点固定成本都“找不回”，再“努力”的老板也只好停产了。所以说，企业的目的是利润最大化，在不得不面临亏损时，企业的目的是亏损最小。只要有一点“希望”，企业就要“开工”。从图 5-3 中看，$E$ 点以上，企业就会生产，愿意生产就是“供给”，所以 $E$ 点以上的短期边际成本曲线就暗含了完全竞争市场中单个企业的供给曲线。

(5) 需求曲线 $D$ 与 $AVC$ 相离。

如果需求曲线 $D$ 与平均可变成本曲线 $AVC$ 相离，说明此时生产连原材料和人工成本也不能完全“找回”，企业必然停产。

上述五种情形归纳为表 5-2 所示：

**表 5-2　完全竞争的短期均衡**

<table>
<tr><td>$P>SAC$</td><td>相交 $SAC$</td><td>存在超额利润，市场供给小于需求</td><td>生产</td></tr>
<tr><td>$P=SAC$</td><td>相切 $SAC$</td><td>超额利润为 0，获得正常利润，市场供给与需求平衡</td><td>切点：收支相抵点</td></tr>
<tr><td>$AVC<P<SAC$</td><td>相离 $SAC$</td><td rowspan="3">超额利润为负值，市场供给大需于求</td><td>亏损，但不停产</td></tr>
<tr><td>$P=AVC$</td><td>相切 $AVC$</td><td>切点：停止营业点</td></tr>
<tr><td>$P<AVC$</td><td>相离 $AVC$</td><td>停产</td></tr>
</table>

3. 完全竞争市场的长期均衡

完全竞争市场的进出门槛很低，在长期生产中，各个企业可以自由进出行业。当供给小于需求时，价格较高，该行业有利可图，各企业会扩大生产，行业外的各路资金也会蜂拥而入，从而整个行业供给增加，价格水平下降。当供给大于需求时，价格较低，该行业无利可图，各企业会减少生产，部分企业眼看“解套无望”，就会选择“认赔出局”，从而整个行业供给减少，价格水平上升。

一段时期以后，市场最终会“发现”一个合适的价格，在这个价格水平下，整个行业供给和需求相等，各企业既无超额利润又无亏损，整个行业实现了长期均衡。完全竞争市场的长期均衡如图 5-4 所示：

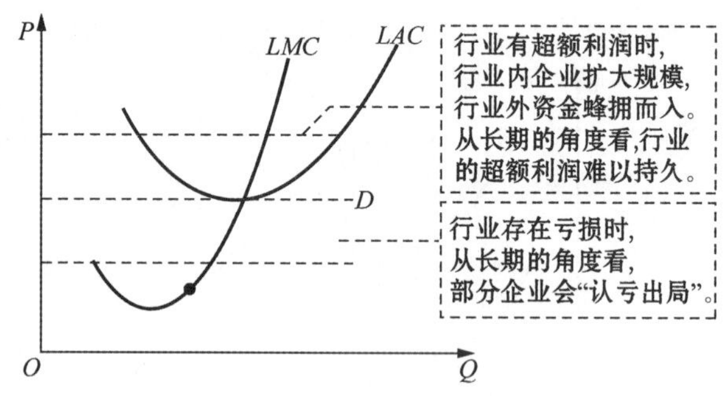


图 5-4　完全竞争市场的长期均衡

4. 经济学家对完全竞争市场的评论

在完全竞争条件下，价格可以充分发挥其“看不见的手”的作用，调节整个经济的运行。对完全竞争市场的作用和评价也应该一分为二，存在有利的一面，也存在缺陷。

(1) 完全竞争带来的好处：

①资源得到最佳配置。通过完全竞争和资源自由流动，实现社会的供给与需求平衡，从而实现资源的最优配置。②资源得到有效利用。完全竞争市场上竞争激烈，促使企业降低平均成本，特别是可促进企业达到长期平均成本的最低点。

这说明通过完全竞争与资源的自由流动，使生产要素的效率得到了最有效的发挥，从而实现资源的最有效利用。③完全竞争带来的最低成本决定的最低价格最有利于消费者。

(2) 完全竞争市场也有不足之处：

①产品无差别，不能满足消费者的多样化需求。②完全竞争市场上生产者的规模小，不利于科学技术发展。③现实中完全竞争市场比较少见，竞争发展必然引起垄断。

## 二、其他市场结构理论应用

### 1. 完全垄断市场

(1) 完全垄断形成的原因。

完全垄断形成的最根本的原因是进入障碍。垄断企业之所以能控制市场，保持垄断地位，是因为其他企业无法进入该市场。进入障碍的形成主要有以下原因：

① 资源垄断。资源垄断是指一家企业控制了生产某种商品的主要资源，便成为了该产品的垄断者。如铝矿砂是生产铝的主要原料，美国铝业公司长期控制了其原料的90%左右，因而它对制铝业具有完全垄断地位。完全垄断地位有庞大的市场势力，即使市场成本很低，垄断者也可以规定极高的价格。再如：南非的德比尔钻石公司控制了世界钻石生产的80%左右。虽然这家企业的市场份额并不是100%，但它也大到足以对世界钻石价格产生重大影响的程度。

尽管关键资源的排他性所有权是垄断产生的一个重要原因，但随着国际贸易的发展，许多产品可以在世界范围内找到相近的替代品，企业靠拥有某种关键资源而成为垄断者也不一定能够长期存在。

②政府垄断。当政府通过立法给予某个企业垄断的权利时，该企业就成为垄断者。政府主要通过特许经营、许可证制度、专利权等方式赋予企业垄断权力。a.企业获得政府特许经营特权。特许经营是政府授予某种物品与劳务供给者的排他性权利，例如航空运输、邮政、广播电视等。行政权力确立的垄断，包括政府的特许经营和许可证制度形成的垄断。b.企业拥有生产某种商品的专利权。企业通过研发取得新技术后，能够确保在一定时期内独享该技术，其他企业不能使用该技术，生产同类产品，从而取得垄断地位。经济发展需要技术进步和创新，专利制度是为激励企业技术开发而提供的有效制度保障。

③自然垄断。当一个企业能以低于两个或更多企业的成本提供整个市场一种物品或劳务时，这个行业为自然垄断。自然垄断是由于规模经济而产生的垄断。在这种情况下，一个企业以最低成本、有利可图的价格提供了整个行业的全部产量。

当企业处在自然垄断状态时，它并不害怕新企业进入行为。因为想进入者明白自然垄断市场上，他们无法达到垄断者的低成本水平。在现实经济中，许多公用事业，如自来水、电力、煤气的供给都是典型的自然垄断行业。

(2) 垄断企业的定价策略。

①单一定价。企业对所有消费者按照同等的价格销售产品，这种定价策略称为单一定价。在实行单一定价时，垄断企业可以采用高价少销，也可以采用低价多销两种定价策略。

是采用高价少销，还是采用低价多销，主要是考虑消费者的反应。一般而言，当某种产品需求缺乏弹性时，垄断企业会采用高价少销的策略。当某种产品需求富有弹性时，垄断企业则采用低价多销的策略。

②歧视定价。企业对消费者按照因人而异的价格销售产品，这种定价策略称为歧视定价。歧视定价的基本原理是：对需求富有弹性的消费者优惠，吸引他们常来；而对需求缺乏弹性的消费者收取高价，垄断企业通过歧视定价可以实现更大的利润。

歧视定价并非完全垄断市场才有，寡头垄断市场和垄断竞争市场也可以实施。

## 相关案例链接

**随处可见的优惠券(卡)**

刘老师发现，许多商家采用优惠券的方式吸引客户。

刘老师有许多学生在肯德基打工，经常有学生给他送肯德基的优惠券。因为刘老师不常去肯德基，优惠券并不随身带着，大概一两个月去一次，每次都是在大街上临时决定，所以很难享受优惠。刘老师有一次在他家附近的一个理发店理发时，店主劝他办个卡，100 元送 20 元。考虑到自己的理发地点并不固定，刘老师也没有答应。

看来刘老师似乎对办卡不怎么热心，不过有一次，刘老师还是办了张卡。刘老师家附近新开了一家 K 中式营养快餐店，是那种顾客点菜并拿到收银处结账的中档快餐店，刘老师在那儿吃过一顿，觉得口味不错，就顺便办了张卡。

办卡后，这个暑假，刘老师就成了 K 快餐店的忠实客户：事情多，来不及做饭时，刘老师就到 K 快餐店去吃；有时从外面办事回来，也到 K 快餐店吃完再回家；有时不想做饭，干脆去 K 快餐店吃。刘老师觉得办卡方便实惠，不用带零钱，还打了折，但是有一点小小的麻烦，必须随身带卡。

K 快餐店的经营策略就是“歧视定价”。快餐店到处都是，K 快餐店的竞争对手自然有很多。对于 K 快餐店来说，像刘老师这样经常在外面用餐的消费者是重点争取对象，通过打折，可以吸引他们成为自己的忠实客户，增加销售量。换句话说，刘老师他们的需求价格弹性很大，降价可以大大增加需求量。而那些偶尔在外面吃饭的人，快餐店对他们打折没有意义，并不会增加销售量，也就意味着，这些人的需求价格弹性很小，降价并不能增加需求量。

消费者在 K 快餐店办卡并没有什么门槛，区别在于谁随身带卡——随身带卡者需求价格弹性大，有优惠；不随身带卡者，没有优惠。

(3) 经济学家对垄断市场的评价。

任何事物都有两面性，垄断对经济发展存在有利的一面，也有不利之处。

①经济学家认为垄断对经济不利的原因在于：a. 生产资源没有最大程度地利用。因为，垄断市场平均成本高于完全竞争市场，价格也更高，而产量则较低。b. 损害消费者的利益。垄断企业实行歧视定价，消费者购买时商品的价格更高，使消费者剩余减少，损害消费者的利益，导致社会福利的损失。c. 垄断限制了竞争。因此，各国都设立反垄断法，打破过度垄断。

②经济学家认为垄断对经济也有其有利的一面。a. 垄断企业“财大气粗”，可以以自己雄厚的资金与人才实力实现技术进步，在全球竞争的条件下，可以提高本国企业的国际竞争力。b. 虽然垄断会导致社会福利的损失，损害消费者利益，但对于某些特殊的行业如自来水、电力等行业，垄断可以实行规模经济，降低单位产品的平均成本，提高资源配置效率。

### 2. 垄断竞争市场

垄断竞争市场是七分竞争，三分垄断；寡头垄断市场是三分竞争，七分垄断。

(1) 产品差别化是垄断竞争市场的关键。

完全竞争市场和完全垄断市场在现实生活中较为少见。现实中大部分市场是介于这两种情况之间，是既存在竞争又存在垄断的市场。垄断竞争和寡头垄断是现实中最典型的两种市场结构。在垄断竞争市场上企业的成功取决于产品差别竞争：短期中可以凭借产品特色形成的暂时垄断地位获得超额利润；但是在长期中，由于垄断竞争行业进入门槛很低，企业之间的竞争充分，就不再有超额利润。垄断竞争市场企业获利的关键是抓住一个个“短期”，使每一个“短期”都有超额利润，而每一个“短期”都有超额利润的条件是产品始终“与众不同”，即始终保持产品差别。

(2) 创造产品差别的途径。

①实际产品差别的创造。实际产品差别就是“实实在在”的差别。比如，中档自行车与低档自行车的选材、工艺及外观差别，高档轿车与低档轿车的输出功率、部件配置差别，五星级酒店菜肴与快餐店菜品的外观、口味差别。

②广告与营销手段的运用。产品差别在许多情况下取决于消费者的主观认知。假如产品有差别，但是消费者不认同这种差别，在消费者心里就不存在这些差别。反过来，即使某企业的产品并没有多少明显的差别，但是企业可以通过广告来“放大”细微的产品差别，并不断强调产品的差别性，使消费者对产品的差别性印象深刻。这就是很多垄断竞争企业愿意花巨资做广告的重要原因。

### 3. 寡头垄断市场

在寡头市场上，少数几家企业提供市场上大部分的产品，几家企业占有该市场较大的份额，对市场的价格和产量具有举足轻重的影响。现实经济中如汽车制造、家电、石油、钢铁、通信、航空、超市零售等行业具有寡头垄断市场的特征，因此，寡头垄断市场在经济社会中显示出重要地位。

寡头市场上，几家巨头之间的博弈既有相互合作共谋利益的一面，也有互相拆台损人利己的一面。如果某寡头垄断行业的产品属于生活必需品，需求价格弹性较小，在通胀背景下，往往是行业“老大”带头涨价，“老二”、“老三”跟进，大家共享价格上涨带来的收益增加。

如果某寡头垄断行业（比如家用电器业）的产品需求价格弹性较大，降价能获取较大的收益，则经常会爆发价格战，这种价格战类似于博弈论中的“囚徒困境”。

## 驱动案例解析

### 宝洁、金龙鱼带头提价　民生用品新一轮涨价潮起

企业处在不同的市场结构下，对市场价格的影响力是完全不同的：具体来说，在完全竞争市场上，企业只是被动的价格执行者；在垄断竞争市场上，企业可以凭借自己的产品差别实施一定范围内的高价；在寡头垄断市场上，企业可以充分利用自己的影响力，贯彻自己的价格意图；在完全垄断市场上，只有一家企业，企业价格就是行业价格。

所以，在接近完全竞争的菜场上，每个菜农只是被动地接受菜价的起起落落，涨价最好，跌价也无可奈何。而在垄断程度相对较高的食用油以及日化用品市场上，行业领跑者的定价能力就很强。例如，宝洁中国有限公司对外事务部经理张群翔表示：“我们不关心竞争对手在做什么，只关注把自己的产品质量搞好。”

当然，市场价格是由供求双方共同博弈出来的，由于食用油以及日化用品的需求价格弹性很小，涨价不会影响多少需求量。所以，由此可以发现只有强势企业才能“放心”涨价。

## 经典案例赏析

### 囚 徒 困 境

囚徒困境是博弈论中的典型例子。这个困境的大意是：A、B 两个人因为合伙偷了一辆汽车被捕，警方还想继续深挖出他们的罪行（超市偷窃），于是进一步审讯。警方将他们分开关押，分开审讯以防止他们串供。警方的审讯策略是告诉他们，如果两个人都交代了偷超市的罪行，都会被判 5 年，如果一人交代了偷超市的罪行，而另一个拒不交代，则主动交代者将被轻判（2 年），拒不交代者将被重判 15 年。（如果都不坦白，因为偷汽车，A、B 都将被判 3 年）

之所以称为“困境”，是因为警方很巧妙的给 A、B 两人设了个难题，这个难题可以用图 5-5 表示：

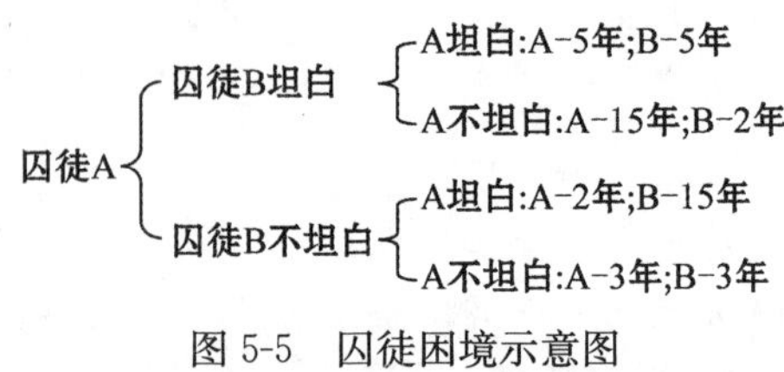


图 5-5　囚徒困境示意图

这个案例有一个假设条件，A、B都是理性人，即在利益面前，他们不会替对方考虑，只会损人利己。

以A为例，A的策略取决于B的行为。A的行为简而言之，就是损B利A。

第一种情形，A判断B会坦白：A选择主动坦白，将会被判5年；A不坦白就亏大了，将被判15年，而B则可以乘机受益(轻判2年)。A当然不会做成全B的“好事”，所以，A肯定坦白。

第二种情形，A判断B不会坦白：A主动坦白，将会被轻判2年；A不坦白，将和B一起被判3年。A当然不会放弃这样的“机会”，所以，A肯定坦白。

就是说，不管B如何做，A总是坦白。站在B的立场上，推理结果完全一致。警方给AB两个人设的难题就是：由于AB都是理性人，很聪明地算计的结果就是“两败俱伤”，如果他们“愚笨一点”，都为对方考虑，反而结局好得多。

囚徒困境可以用来说明寡头垄断市场上寡头之间的互相“算计”。如果某个寡头垄断行业产品需求价格弹性较大，把A、B看成两个家电巨头，坦白看成降价，不坦白看成不降价，减刑看成是市场份额增加，套用上面的分析步骤，就可以得出结论，这两个寡头之间肯定会爆发价格战，率先降价可以获得销量增加，是每个家电巨头的必然选择。

## 思考与练习

姓名________ 班级________ 学号________

**1. 名词解释**

单一定价

歧视定价

**2. 选择题**

(1) 完全竞争市场上,企业短期内利润最大化的原则是(  )。

A. 边际收益小于边际成本
B. 边际收益等于边际成本
C. 边际收益大于边际成本
D. 边际收益等于平均成本
E. 边际收益大于平均成本

(2) 下列关于完全竞争市场短期和长期均衡的描述,正确的是(  )。

A. 短期内,如果整个行业供大于求,企业暂时亏损
B. 短期内,如果整个行业供小于求,企业获得超额利润
C. 短期内,如果整个行业供求平衡,企业收支相抵,既不亏损也无超额利润
D. 短期内,无论供求情况如何,企业均衡的条件都是边际收益等于边际成本
E. 企业实现长期均衡时,既不亏损也无超额利润

(3) 下列关于完全竞争市场短期均衡的说法,正确的是(  )。

A. 如果单个企业的需求曲线 $D$(也是 $MR$ 曲线)与 $SAC$ 相交,企业可以获得超额利润
B. 如果单个企业的需求曲线 $D$(也是 $MR$ 曲线)与 $SAC$ 相切,企业可以获得超额利润
C. 如果单个企业的需求曲线 $D$(也是 $MR$ 曲线)与 $SAC$ 相离,企业短期亏损
D. 只要短期亏损,企业就会停产
E. 即使企业短期亏损,只要边际收益 $MR$ 大于平均可变成本 $AVC$,企业就不会停产

(4) 下列关于完全竞争市场停止营业点的描述,正确的是(  )。

A. 单个企业的需求曲线 $D$ 和短期平均成本曲线 $SAC$ 相切之点被称为停止营业点
B. 单个企业的需求曲线 $D$ 和平均可变成本曲线 $AVC$ 相切之点被称为停止营业点
C. 只有在停止营业点之上,企业才会生产
D. 在停止营业点之下,企业也会生产
E. 在停止营业点之下生产,意味着企业此时只能收回投入的原材料和人工成本

(5) 最需要进行广告宣传的市场是(  )。

A. 完全竞争市场
B. 垄断竞争市场
C. 寡头垄断市场
D. 完全垄断市场
E. 垄断竞争市场和寡头垄断市场

(6) (　　)产品最需要做广告。

A. 超市里的鸡蛋

B. 粮店里的大米

C. 洗发水

D. 小学生教科书

E. 啤酒

**3. 案例分析题**

华润创业副董事副总经理邝文谦日前在香港表示，今年集团的资本性开资约 70 亿港元，其中 40 亿港元将投入啤酒业务上，位于南京、兰州及北京的新厂也会相继投产，可带来 70 万～80 万千升的新产能，不排除未来会有新的收购项目。他称，去年公司收购了 10 家啤酒厂，令总产能提升了 25%。

"进行扩产的都是上市公司，它们正在借力资本市场进行新一轮的扩张，"中国啤酒行业协会肖德润昨日向记者表示，"若干年后，中国啤酒行业将会出现分量极大的企业，整个行业会逐渐走向巨头垄断，目前这一格局已经初具雏形。"

(资料来源：王诚诚. 华润雪花 40 亿港元狂扩啤酒产能. 东方早报. 和讯网 2008-02-21 转载)

要求：上网查找有关啤酒企业扩张的资料，并结合本案例，运用市场结构理论分析我国啤酒市场的结构类型。

# 模块六 分配理论

**基本任务**

1. 工资、利息、地租、利润
2. 收入再分配政策

**【模块简介】**

在要素市场上，需求不是来自于消费者，而是来自于企业。企业购买生产要素是为了生产和出售产品。生产要素市场的波动会影响产品市场的波动，维护要素市场的稳定对稳定整个市场非常关键，因此生产要素市场也需要追求均衡。

工资、利息、地租和利润分别是劳动、资本、土地和企业家才能的价格，其高低决定于生产要素的供求。以工资来说，工资是劳动的价格，取决于劳动的供求。现实中，高级职业经理需求存在很大缺口，因此，他们被称为高收入的打工"皇帝"。律师收入也非常的惊人，"技工荒"推动了技术工人工资的增长，出现了高级技师的收入超过硕士的现象等。

市场经济中的收入分配问题关系到市场的效率和公平，也关系到经济发展和稳定。经济发展必须兼顾效率和公平，必须处理好两者的关系。对于收入分配问题，一般而言，通过收入的初次分配拉大差距，体现效率；通过收入再分配缩小差距，体现公平。通过发展经济，将蛋糕做大，使居民收入在增长中拉大差距；通过个人所得税及转移支付等经济杠杆调节收入，缩小差距。

通过本模块的学习，学生可以了解工资、利息、地租和利润的决定，初步理解"效率优先、兼顾公平"的原则。

# 任务1　工资、利息、地租、利润

**本项目内容结构图**

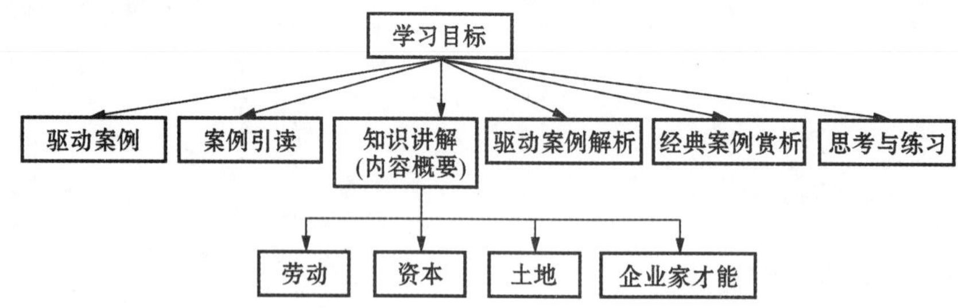

## 学习目标

- **知识目标**

掌握劳动、资本、土地、企业家才能价格的决定。

- **能力目标**

能够运用收入分配理论分析某类生产要素的价格形成和发展趋势。

## 驱动案例

### 高级技师收入超过硕士

**【资料】** 高级技师收入超过硕士

昨天上午，深圳市劳动和社会保障局公布了2004年劳动力市场工资指导价位，涉及16个行业的418个工种。由于短缺情况持续，今年我市高技能人才的工资水平继续看涨，技师、高级技师的工资指导价位继续高于本科和硕士学历者的工资指导价位，其中高级技师高位数的工资达到了18400元，中位数为5334元，低位数为4952元，分别高于硕士的17200元、3500元和2243元。

（资料来源：杨丽萍.今年劳动力市场工资指导价位表明垄断行业和高技能人才收入高.深圳特区报.新浪网2004-08-22转载）

**【资料】** 深圳急需大批高级技工“身价”超硕士

据悉，龙岗一家企业开出6000元的月薪，仍未能找到如愿的高级钳工。

龙岗一位企业家说：“普通工人可以毫不费力地从劳务市场大批地招，研发人员可以从高校和研究机构聘请，唯有‘线长’和掌握特殊技能的技工不知道到哪里去找，很多时候只能靠企业自己培养。”

有关人士介绍说：“现在的珠宝首饰行业从业人员不应再是传统意义的‘打金

匠’,他们必须会看图纸,能使用计算机辅助设计。他们的收入也相当可观,首饰设计和制作技术工人的月薪为 2 000 元至 6 000 元不等,质检师月收入至少达 7 000元至 10 000 元。”

（资料来源:毕国学.深圳急需大批高级技工“身价”超硕士.深圳新闻网-深圳商报.中国劳动咨询网 2011-1-10 转载）

**问题:**高级技师收入为什么超过硕士?

## 案例引读

**漂亮的“收益”**

职场上,各个企业的招聘广告经常会印上一句话:品貌俱佳者优先。这说明在其他条件同等的基础上,外形漂亮者有一定优势,这种优势在空乘服务、宾馆酒店、导游服务等行业更为明显,所以漂亮是有“收益”的。所以,那些长相漂亮者应该感谢自己的父母,给了自己一个好的外观,使自己在职场上多了一份竞争力。当然,维持长久的竞争力还需依靠一个人的真才实学和能力。

但是,那些长相平常的人怎么办呢,没有关系,可以用知识、能力、气质等来弥补。

## 知识讲解

供求定理告诉我们,产品供给和需求决定产品的价格。供求定理的基本原理同样适合于生产要素。企业生产产品需要使用生产要素,企业使用生产要素生产产品的目的是为了获得最大利润。生产要素的需求是指由于对产品的需求而引起的对生产要素的需求,因此,它是一种派生需求。生产要素的需求是一种联合需求,任何生产行为需要多种生产要素的组合才能完成市场需要的产品。各个企业的生产要素需求之和构成整个行业的生产要素需求。生产要素需求曲线是一条向右下方倾斜的曲线。生产要素的供给主要有自然资源、资本、劳动等。

生产要素的价格是由生产要素的供给与需求决定的,而某种生产要素价格发生变动也是由于该生产要素的供给与需求发生了变动。

### 一、工资的决定和变动

1. 工资的决定

工资是劳动要素的价格,由劳动的需求和劳动的供给所决定的。劳动的需求曲线向右下方倾斜。劳动的供给曲线是一条向后弯曲的曲线。将劳动的需求曲线和劳动的供给曲线结合起来,即可得到市场 $E$ 点的均衡工资水平。如图 6-1 所示:

劳动的需求曲线向右下方倾斜,这很容易理解。因为工资是会计成本的组成部分,在其他情况不变的前提下,工资水平高时,企业的利润就会降低,企业的用

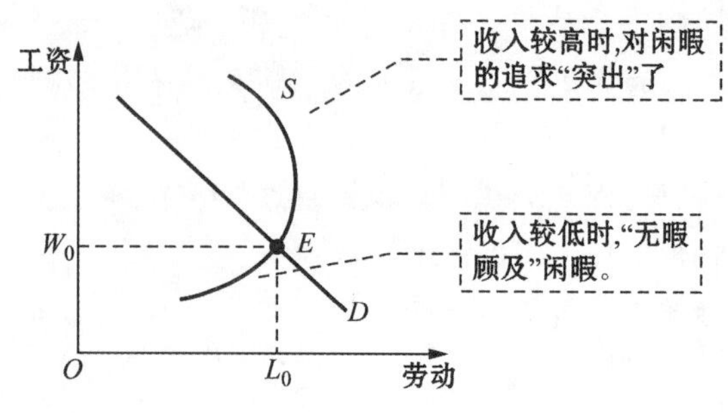


图 6-1　劳动的供求

工需求自然减少;反过来,工资水平低时,企业的利润就会上升,企业的用工需求自然增加。

而劳动的供给曲线则很特殊:一开始,劳动的供给随着工资的增加而增加,增加到一定程度后,又随着工资的增加而减少。这是什么原因呢?

这是因为劳动并不是劳动者追求的终极目标。假设 A 先生受雇于某公司,一开始,月薪只有 3 000 元,勉强度日,他自然勤勉工作。随着他升任部门主管,月薪升为 15 000,房贷已经还清,生活已经达到小康,A 先生自然希望每周少工作一点,放松一下,多陪陪家人。也就是说,在收入较低时,A 先生"无暇顾及"闲暇;而收入较高时,A 先生对闲暇的追求就"突出"了。

2. 工资的变动

(1) 需求的变动。

在劳动供给不变的条件下,通过增加对劳动的需求的方法来提高工资,结果不但工资增加了,而且就业也增加了。例如,对于一个外向型经济国家而言,在一定条件下,当本币贬值导致出口增加时,本国企业产品出口增加,自然就业改善、工资上升;反之,当本币升值导致出口减少时,本国企业产品出口减少,自然就业恶化、工资下降。因此,世界各国都努力扩大本国出口,减少本国进口。

(2) 供给的变动。

在劳动需求不变的条件下,通过减少劳动的供给的方法来提高工资,但是结果呢,工资增加了,就业反而减少了。例如,近几年来,珠三角、长三角地区闹"民工荒",几次折腾下来,企业老板心有余悸,在员工工资和福利方面,不再像过去那样"强硬",而是考虑增加工资和改善福利了。

(3) 最低工资法。

最低工资法是政府通过立法规定企业支付给工人的工资不能低于最低工资的法律。最低工资法使得在劳动的供给大于需求的情况下,工资仍然维持在一定的水平上,不至于太低,如图 6-2 所示:

图 6-2 中,劳动的需求曲线和供给曲线相交于 $E$ 点,决定了均衡的工资水平 $W_0$,如果政府规定企业的最低工资不能低于 $W_1$,这个 $W_1$ 就是最低工资。显然,最低工资具有以下三个特点:①最低工资规定的是"最低价",企业工资低于该水平即为违法。②政府规定最低工资必然高于市场均衡工资,低于市场均衡没有意

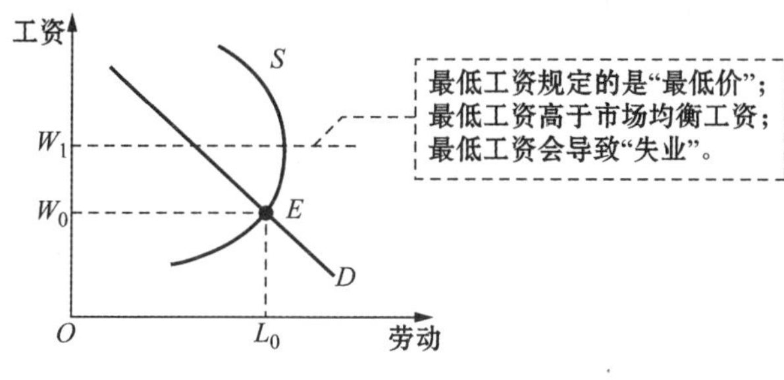


图 6-2　最低工资制

义。③最低工资会导致失业。由于最低工资高于均衡工资，会导致企业用工减少，愿意劳动者增加，故而供大于求，必然出现失业。

## 二、利息的决定

利息的高低可用利息率来表示，利息率是指对借入的资金所付的价格，它等于利息与借入资金的数额即本金的比率。假如某人借入资金 100 万，借期 1 年，约定利率为 5%，则该人到期应付利息为：

利息率＝本金×利率×期限＝100 万×5%×1＝5 万

利息率取决于资本的供给与需求，如图 6-3 所示：

央行通过吞吐货币量来调节利率的方法有公开市场业务和法定存款准备金率等，详见模块九。

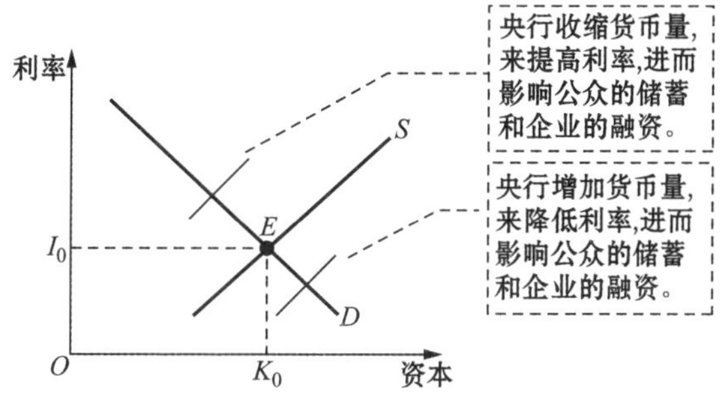


图 6-3　资本的供求

在图 6-3 中，资本的需求曲线就是资本的边际收益曲线，资本的供给取决于其价格，即利息率，供给曲线向右上方倾斜。两条曲线（$D$ 和 $S$）相交于 $E$ 点，均衡利率为 $I_0$，它表示利率为 $I_0$ 时，投资者对资本的需求量恰好等于储蓄者愿意提供的资本量 $K_0$。

当市场利率不等于均衡利率时，资本需求量和供给量会调整，市场利率也会随之上升或下降，一直到资本的需求量等于资本的供给量为止，这时，所有的借款都得到了满足，利率水平处于均衡状态。

资本的需求曲线向右下方倾斜，这很容易理解。因为利息也是会计成本的组成部分，在其他情况不变的前提下，利息水平高时，企业的利润就会降低，企业的融资需求自然减少。反过来，利息水平低时，企业的利润就会上升，企业的融资需求自然增加。资本的供给曲线向右下方倾斜，利率上升时，在其他因素不变的前提下，公众自然倾向于储蓄，从而减少消费。

所以,央行可以通过吞吐货币量来调节利率,进而影响公众的储蓄和企业的融资。

## 三、地租的决定

地租是土地生产要素的市场价格,它由土地的需求与供给决定。如图 6-4 所示:

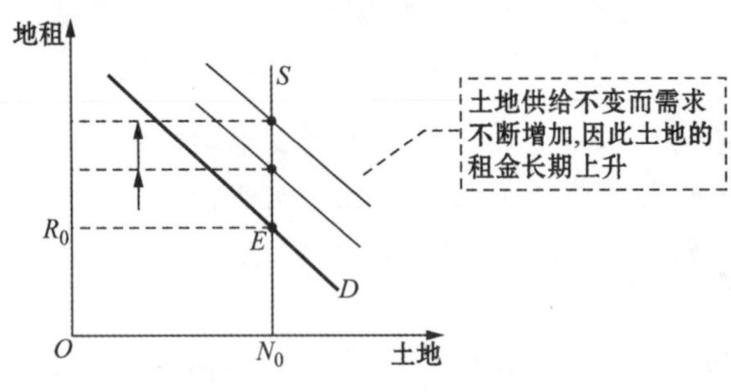


图 6-4 土地的供求

从企业的角度看,因为租金也是会计成本的组成部分,租金水平提高,在其他情况不变的前提下,企业的利润就会降低;租金水平降低,企业的利润就会提高。因此,土地的需求曲线是一条向右下方倾斜的曲线。但土地的供给又是固定的,所以,土地的供给曲线就是一条与横轴垂直的线。也就是说,即使土地的租金 10 年上升 10 倍,土地的供给量也不会增加。

民间有所谓"一铺养三代"之说,指的是那些商业地产,由于位置良好、人流量大,租金长期上升,从而可以养活三代人。这个说法也印证了土地租金长期上升。

在图 6-4 中,土地的需求曲线与供给曲线的交点决定了地租水平 $R_0$。需要说明的是,从长期的角度来看,由于城市化的原因,我国城镇土地的需求不断增加,因而土地的租金长期上升。

## 四、利润的决定

利润是企业家才能的报酬,是企业家为企业创造财富后应得的回报。经济学上,利润分为正常利润与超额利润。

正常利润是在完全竞争的状态下产生的。一个行业经过充分的竞争后,市场买方与卖方处于均衡状态,企业收支相抵,收支相抵时也就获得了正常利润,这个正常利润本来就属于"支"的一部分。与劳动的报酬是工资,资本的报酬是利息,土地的报酬是地租一样,企业家才能的报酬是利润,工资、利息、地租、利润共同组成了企业的"支出"。

员工凭自己的劳动领取工资,企业家也凭自己的劳动领取报酬,正常利润就是企业家才能的价格。所不同的是,"导演"的劳动报酬要远远高于"演员"的报酬。表现在实践中,就是一个企业中,总经理的报酬要百倍千倍于普通工人。

超额利润存主要在于下列几种情况:

(1) 通过垄断获取超额利润。

(2) 通过创新获取超额利润。

经济学家熊彼特把创新分为五种情况，这五种情况可以简单描述为：采用一种新的产品、采用一种新的生产方法、开辟一个新的市场、获得一种原料的新来源、采用一种新的组织形式，这五种情况都可以为企业带来超额利润。以采用一种新的产品为例，我们现在所消费的产品，百年之前的人们根本无法想象，这些产品都是科技人员发明，企业家组织生产出来的。科技人员发明可以获得专利收入，而率先将发明转化为居民消费品的企业将获得超额利润，这是对企业家眼光的奖励。

(3) 风险收益。

企业的经营环境处于动态的变化之中，有时"风平浪静"，有时则"危机四伏"。那些敢于冒着风险经营的企业，要么血本无归，要么获得远高于平时的超额利润。例如，某个国家可能将要发生战争，当地的企业多数选择离开。少数敢于留下的企业缺少了竞争对手，就可以乘机涨价，以获取超额利润。不过，这么做的风险也是不言而喻的。一旦战争真正来临，企业所面对的就不是客户，而是战争机器，在冷酷的战争机器面前，任何强大的企业都是渺小的。

## 驱动案例解析

### 高级技师收入超过硕士

高级技师收入超过硕士的原因在于供求关系。

随着经济的转型升级，珠三角地区对掌握电脑辅助设计、能够操作最先进机器设备的技工需求越来越大。以深圳钟表业来说，该地区已经成为全球最大钟表生产基地，急需各类技能人员上千名。但是高级技师的供给十分有限，据有关人士统计，我国技师和高级技师的缺口高达九成，中高级以上的技师比例远低于发达国家。

正是因为供求关系的巨大失衡，才会出现深圳等地上万月薪招不到高级技师的情况。光大依波钟表深圳有限公司总经理陶立说："在我们公司，质控总监的待遇、收入相当于副总经理。但我们寻觅了好几年，却一直没有找到特别满意的质控总监。"

这个案例给我们提供了如下启示：第一，要改变狭隘的人才观念，并非只有高学历才是人才；第二，高校要与企业之间展开行之有效的合作，不能停留在表面。

## 经典案例赏析

### 香港打工皇帝年薪 1.36 亿港元

香港税务局数据显示，香港 340 万工作人口之中，有 1188 名"打工仔"需在本年度缴交 100 万以上税款，推算该批"打工仔"年薪超过 650 万港元。其中和记黄埔集团董事总经理霍建宁年薪达 1.36 亿港元，成为排在首位的"打工皇帝"。

对于本年度有 1000 多人需缴纳 100 万港元以上税款，香港税务学会理事王锐强并不感到惊讶，他认为该数据正好反映香港作为国际金融和贸易中心的地位。他说："缴100万以上税款的人士，代表其年薪至少有600万港元以上，不少大企业或政府法定机构的总裁，也会有这样的工资水平，而投资界的不少基金经理在经济畅旺的日子，要取得这个数字的年薪也不出奇。"

（资料来源：钟欣.香港打工皇帝年薪1.36亿港元.深圳商报.新浪网2006-03-31转载.节选）

同普通员工一样，企业家也在自己的岗位上为企业作着贡献。在企业中，企业家的职责是"导演"，负责把企业的全部人、财、物组织起来，进行具体的生产活动。好的企业家就是一个优秀的"导演"，用人得法、管理有方，企业生产的产品销售良好，为企业赢得丰厚的利润；差的企业家就是一个蹩脚的"导演"，用人无方、管理失当，企业生产的产品卖不出去，企业亏损累累。

企业家的报酬远高于普通员工，是由企业家的供求关系决定的。

从需求看，市场对优秀企业家的需求是极大的，所谓"千军易得，一将难求"，一个优秀的企业家可以让好的企业"锦上添花"，让濒临倒闭的企业"起死回生"，优秀的企业家历来是企业股东们激烈争夺的对象。

从供给看，市场上优秀的企业家是很稀缺的，而且这种稀缺程度非常高。因为要成为一个优秀的企业家，不仅要经过专门的高等教育，而且要善于将所学理论知识运用到实践中去，也与其个人独具的各项优秀品质密切相关。

供给有限而需求极大，因此企业家的报酬远高于普通员工。

## 思考与练习

姓名________ 班级________ 学号________

**1. 名词解释**

工资

利息

地租

利润

创新

**2. 选择题**

(1) 劳动供给曲线与一般商品的供给曲线有所不同,表现为(　　)。

A. 劳动供给曲线向右下方倾斜

B. 劳动供给曲线向右上方倾斜

C. 劳动供给曲线向后弯曲

D. 劳动供给曲线是一条水平线,垂直于纵轴

(2) 根据劳动的供给曲线,随着工资水平的提高(　　)。

A. 劳动的供给量一直增加

B. 劳动的供给量先增加,但到一定水平后,劳动的供给量不仅不会增加反而会减少

C. 劳动的供给量增加到一定程度后就不会增加也不会减少了

D. 劳动的供给量先减少,后增加

(3) 资本这种生产要素的价格是(　　)。

A. 工资　　B. 利息　　C. 地租　　D. 超额利润

(4) 土地的供给曲线是一条(　　)。

A. 向右上方倾斜的曲线　　B. 向右下方倾斜的曲线

C. 与横轴平行的曲线　　D. 与横轴垂直的曲线

(5) 正常利润是(　　)。

A. 是企业家超过工资部分的利润

B. 是企业家才能的价格，即企业家的工资
C. 是搞创新带来的利润
D. 是冒风险带来的利润
(6) 下面对利润的描述，正确的是(　　)。
A. 正常利润只存在于充分竞争的状态下
B. 正常利润是企业家才能的价格，百倍千倍于普通工人的工资
C. 企业创新获得的利润不属于正常利润
D. 企业冒风险所获得的利润不属于正常利润
E. 一个行业存在垄断时，会产生超额利润

**3. 案例分析题**

无论在国外还是在国内，影视明星以及体育明星们的收入在普通人看来都高至天文数字。在美国，像泰格尔·伍兹和朱利娅·罗伯茨这样的大牌明星年收入达几千万美元。在国内，名气冲天的大腕们的年收入上千万元，甚至上亿元的也为数不少。有些歌星一场演唱会的出场费就能挣到几十万元人民币。人们对明星有一种矛盾的心态：一方面，看着他们开着高档车，穿着名牌衣，享受着奢侈生活，心里非常不平衡；另一方面，又不惜购买高价票去观看他们的演出，享受娱乐生活。

请用经济学的分配理论分析：明星高收入是否合理?

# 任务2　收入再分配政策

**本项目内容结构图**

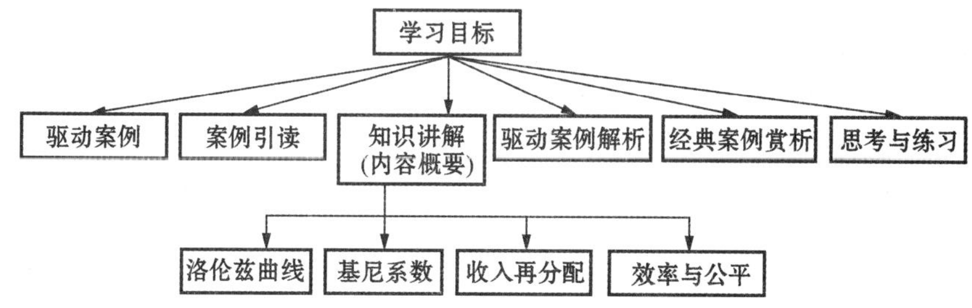


## 学习目标

• **知识目标**

(1) 掌握洛伦兹曲线和基尼系数。

(2) 理解收入再分配的政策。

• **能力目标**

(1) 能够运用基尼系数分析一国收入分配的平均程度。

(2) 初步理解"平等与效率"关系。

## 驱动案例

### 收入分配改革方案争取年底前发布

**【资料】** 收入分配改革方案争取年底前发布

"根据国务院的部署,有关部门正在研究制定收入分配制度改革方案,争取在今年年底之前发布。"人力资源和社会保障部新闻发言人尹成基在25日召开的第三季度人力资源和社会保障工作新闻发布会上表示。

尹成基表示,收入分配改革方案涉及人力资源社会保障部的职责,主要是机关、事业单位和企业职工的工资制度方面。人力资源和社会保障部将按照收入分配改革总体方案的部署来研究制定工资收入分配制度改革的相关办法和政策。

(资料来源:左永刚.人保部:收入分配改革方案争取年底前发布.证券日报.东方财富网2012-10-26转载.节选)

**【资料】** 收入分配改革要形成共识　注意标本兼治

今天下午,中国劳动学会副会长兼薪酬专业委员会会长苏海南做客人民网,就"工资上调与收入分配改革方向"方面的问题与网友进行在线交流。

苏海南表示，还要注意的问题是标本兼治，光治标不治本不行，治本包括要对影响制约收入分配不公平、不公正的某些社会体制里面的弊端消除掉，对那些影响扩大收入分配差距的经济结构中不合理的因素消除掉，这是治本。治标就是在收入分配制度本身，在这个问题上直接下功夫做文章。注意一个很重要的问题，就是要提低控高，就是"十二五"规划里面讲的尽快扭转收入差距扩大的趋势。

（资料来源：赵健. 苏海南：收入分配改革要形成共识？注意标本兼治. 人民网北京 2011-4-21. 节选）

**问题**：我国为什么要进行收入分配制度改革？

## 案例引读

**加快完善再分配调节机制**

坚持和完善按劳分配为主体、多种分配方式并存的分配制度，初次分配和再分配都要处理好效率和公平的关系，再分配更加注重公平，加快形成合理有序的收入分配格局，努力提高居民收入在国民收入分配中的比重，提高劳动报酬在初次分配中的比重，尽快扭转收入差距扩大趋势。

加快健全以税收、社会保障、转移支付为主要手段的再分配调节机制。合理调整个人所得税税基和税率结构，提高工资薪金所得费用扣除标准，减轻中低收入者税收负担，加大对高收入者的税收调节力度。逐步建立健全财产税制度。调整财政支出结构，提高公共服务支出比重，加大社会保障投入，较大幅度提高居民转移性收入。

（资料来源：《"十二五"规划纲要》 第三十二章"合理调整收入分配关系"）

**问题**：什么是初次分配和再分配？什么是再分配调节机制？

## 知识讲解

### 一、收入平等程度的衡量

1. 洛伦兹曲线

洛伦兹曲线是美国统计学家 M. 洛伦兹提出的，用来反映一国国民收入分配平等程度的曲线，通过该曲线可以直观地反映一国的收入分配状况。

假设 J 地区有 1 000 人，一开始，他们的收入分配是绝对平均主义，后来由于引入了竞争机制，收入分配逐步拉大，如表 6-1 所示：

表 6-1　J 地区的收入分布变迁

| 人口分布 | 人口占比 | 合计 | 第一阶段 | | 第二阶段 | | 第三阶段 | |
|---|---|---|---|---|---|---|---|---|
| | | | 收入占比 | 合计 | 收入占比 | 合计 | 收入占比 | 合计 |
| 1～200 | 20% | 20% | 20% | 20% | 10% | 10% | 3% | 3% |
| 201～400 | 20% | 40% | 20% | 40% | 15% | 25% | 5% | 8% |
| 401～600 | 20% | 60% | 20% | 60% | 20% | 45% | 12% | 20% |
| 601～800 | 20% | 80% | 20% | 80% | 25% | 70% | 20% | 40% |
| 801～1 000 | 20% | 100% | 20% | 100% | 30% | 100% | 60% | 100% |

根据表 6-1 可以作出该地区的洛伦兹曲线，如图 6-5 所示：

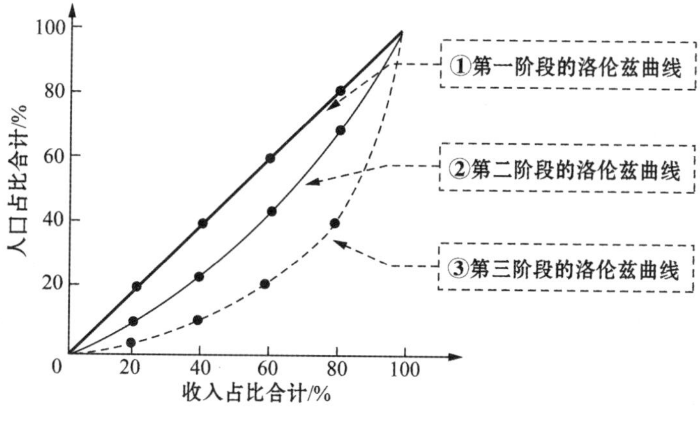


图 6-5　J 地区洛伦兹曲线

图 6-5 中，纵轴表示人口占比合计，横轴表示收入占比合计。曲线①表示 J 地区第一阶段实现绝对平均主义的洛伦兹曲线，此时该曲线为对角线，被称为绝对平等线，对应的 J 地区分配情况是绝对平均。曲线②表示 J 地区第二阶段的洛伦兹曲线，此时该曲线略有弯曲，对应的 J 地区分配情况是：由于引入竞争机制，J 地区的贫富差距有所拉大。曲线③表示 J 地区第三阶段的洛伦兹曲线，此时该曲线弯曲程度加大，对应的 J 地区分配情况是：由于竞争机制的持续作用，财富分配的马太效应逐渐明显，富者越富、贫者越贫的趋势日渐明显。

由此可见，某地区收入分配越平均，洛伦兹曲线弯曲程度越小；收入分配越不平均，洛伦兹曲线弯曲程度越大。最极端的情况是：洛伦兹曲线继续弯曲下去，形成一个直角，此时的洛伦兹曲线被称为绝对不平等线。

2. 基尼系数

基尼系数是根据洛伦兹曲线计算出来的指标，用来衡量一国收入分配的平等程度。

如图 6-6 所示，计算基尼系数的公式为：

基尼系数＝Ⅰ/（Ⅰ＋Ⅱ）

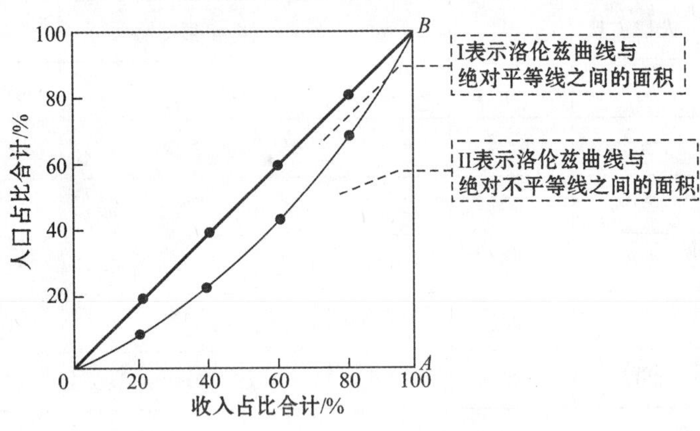


图 6-6　A 地区的基尼系数

图 6-6 中，对角线 $OB$ 表示绝对平等线，$OA$-$AB$ 表示绝对不平均线，Ⅰ表示 J 地区的洛伦兹曲线与绝对平等线 $OB$ 之间的面积，Ⅱ表示 J 地区的洛伦兹曲线和绝对不平等线 $OA$-$AB$ 之间的面积，显然，Ⅰ加上Ⅱ就是图中三角形 $OAB$ 的面积。

如果 J 地区的收入分配绝对平均，Ⅰ＝0，基尼系数为 0。如果 J 地区的收入分配绝对不平均，Ⅱ＝0，基尼系数为 1。

> 国际通用标准认为：基尼系数小于 0.2 表示收入分配绝对平均，0.2～0.3 表示收入分配比较平均，0.3～0.4 表示收入分配基本合理，0.4～0.5 表示收入差距较大，0.5 以上表示收入分配差距悬殊。

实际生活中，由于地区的绝对平等线和绝对不平等线很难出现，实际的洛伦兹曲线总是介于绝对平等线和绝对不平等线之间，因此，基尼系数总是介于 0 和 1 之间。当地区贫富分化较小时，洛伦兹曲线弯曲程度越小，Ⅰ的数值越小，基尼系数越小；反之，当地区贫富分化较大时，洛伦兹曲线弯曲程度越大，Ⅰ的数值越大，基尼系数越大。

## 二、收入再分配目标：效率优先、兼顾公平

### 1. 市场经济的分配原则：效率优先

经济学家经常谈到效率和公平问题，**效率**是指收入分配有利于实现资源高效配置，促进经济发展。**公平**是指收入分配有利于各社会成员之间的相对平均，市场经济的分配原则是坚持效率优先。

市场经济中，各种生产要素的报酬取决于其供求关系。由于供求关系的作用，各行业之间的收入差距是很大的，计算机、生物医药、新材料等高新技术领域以及金融、法律、医疗等高端服务业的收入很高，而劳动密集型行业的收入就很低。即使在同一个职业中，高端从业者和低端从业者的报酬也相差悬殊。例如，大医院的专家和乡镇医院的普通医生、上市公司的财务总监和小企业的普通财务人员、知名大律师和新入行的小律师等，他们之间的收入就有天壤之别。

市场经济中，各种要素的供求关系反映了该种要素对社会的“贡献”大小。例如，某类人才越供不应求，说明社会需要的程度越高，他们对社会的“贡献”越大；

反之,则越小。正是市场经济的这一特点,才激励个人和企业努力去追求各自的最大化,个人追求更高的报酬,企业追求更高的利润。所以,市场经济才能在过去短短的几百年内,创造出如此惊人的社会财富。

2. 引起收入分配不平等的原因

(1) 市场竞争的作用。市场经济按照竞争的规则来调节各要素的分配,市场机制导致稀缺要素必然高价,充裕要素必然低价。市场经济的作用,促使企业对社会资源的有效配置和利用,提高了资源使用效率,但同时也容易导致贫富差距的拉大,即富者越富、贫者越贫。

(2) 要素所有权分布不均。在竞争过程中,拥有更多要素所有权的社会成员,会获得更多的要素收益。各行业拥有不同的要素所有权,这是各行业之间巨大收入差距的一个很重要的原因。

(3) 经济结构和经济发展阶段的影响。一国经济发展存在多元化的经济结构,包括高科技产业、传统工业产业、农业、服务业等多个产业的发展,各产业间和各产业内部都有发展的不均衡性。因此,在经济发展过程中,一方面经济效益不断提高,另一方面收入差距也会随之不断扩大。

3. 收入再分配政策

通过市场机制进行收入分配,经济增长的同时,易造成收入差距拉大,带来贫富分化。不仅对一国扩大需求不利,而且还会引起社会的不稳定。因此,各国政府一般采用收入再分配政策来缓解收入不平等问题。

(1) 税收政策。政府主要通过所得税类和财产税类来实现收入分配的公平。例如,个人所得税是税收的一项重要内容,它是通过累进税制度来调节社会成员收入的不平等分配。累进税制是根据社会成员收入的高低确定不同的税率,对高收入者按高税率征税,对低收入者按低税率征税。累进税制有利于改善社会成员之间收入不平等分配,从而有助于实现收入的平等化。

随着经济的发展,工薪阶层工资水平正呈现不断增长趋势,我国的个人所得税的起征点也在不断地调高。据测算,个税起征点的上调,提高了中低阶层可支配收入,部分成员适用更低的税率,从而减少税收负担,增加了可支配收入。

(2) 社会福利政策。

社会福利政策包括两类:第一类是直接资助弱势群体,改善他们的生活水平;第二类是帮助弱势群体提高生存技能,间接提高他们的生活水平。

第一类福利政策包括政府提供失业救济、医疗保障和住房补贴等,这类政策能够直接改善支助对象的生活水平。例如,我国近年来大力推进社会保障,逐步完善城市和乡镇社会保障制度,扩大被保障人数和范围。同时,大力加强保障房制度建设,通过低房租向贫困人群出租住房,提供经济适用房,实行住房房租补贴等方法,减轻困难人群的住房负担。

第二类福利政策包括资助教育事业、向失业者提供劳动培训等,目的是提高他们的就业能力。直接支助弱势群体,改善他们的生活水平只是“授人以鱼”,而通过教育和培训提高他们的生存技能,才是真正的“授人以渔”。

4. 平等与效率关系的处理

在自由竞争、优胜劣汰的市场机制下,初次分配会拉大收入差距,但有助于效率的提高。再分配具有促使社会公平的功能,即通过税收等经济杠杆对收入分配进行调节,促进社会公平。但是再分配同样要顾及效率。假如再分配调节力度过大,会起到奖懒罚勤的效果,既损害初次分配的公平性,又不利于效率提高,从而影响到再分配的调节功能,不利于社会公平的实现。

因此,只有把握好再分配的“度”,才能在初次分配和再分配过程中,更好地坚持效率优先、兼顾平等的原则,才能实现国民收入合理分配,促进生产力发展,社会的和谐。

## 驱动案例解析

### 收入分配改革方案

经济学中,效率和公平是一对相互影响、相互制约的统一体。市场经济的分配原则是坚持效率优先的,各种要素的价格由其供求关系决定,反映了该种要素对社会的“贡献”大小,这正是市场经济的活力所在。但是,正所谓“物极必反”。市场经济中,长期竞争的结果必然是“贫者越贫、富者越富”,社会财富的分布呈金字塔状,居于金字塔顶的少数群体占有大部分社会财富。所以,一个社会如果坚持纯粹的效率原则,单纯由“市场之手”的调节来完成整个社会的收入分配,必然会伤及公平。并且,当一个社会过度贫富分化时,不仅公平无法实现,连效率最终也难以保障。由于社会财富集中在少数富人手中,社会大众消费能力严重不足,少数富人的单个消费力很强,但受人数限制,总体消费量毕竟有限,最终导致整个社会消费的低下。企业的产品卖不出去,发展经济也就成为一句空话。所以,“十二五”规划纲要提出下列意见:“完善最低工资和工资指导线制度,逐步提高最低工资标准,建立企业薪酬调查和信息发布制度,积极稳妥扩大工资集体协商覆盖范围”;“合理调整个人所得税税基和税率结构,提高工资薪金所得费用扣除标准,减轻中低收入者税收负担,加大对高收入者的税收调节力度”;“创造条件增加城乡居民财产性收入。”

这些都是加快收入分配制度改革,减少贫富差距的有力举措。

## 经典案例赏析

### 培育中等收入阶层

近年来,关于培育和扩大“中等收入阶层”的话题讨论十分热烈。

培育中等收入阶层已经成为我国收入分配方案改革的重要内容,培育中等收入阶层有利于拉动内需、调整经济结构、确保经济可持续增长。中等收入阶层的发展壮大,可以优化社会财富的分配结构,形成橄榄形社会,确保社会的长久稳定。

为了形成橄榄形社会，必须提高低收入阶层的收入水平，扩大中等收入阶层的队伍比例，控制过高收入阶层的收入水平，即“提低、控高、扩中”。

培育和扩大“中等收入阶层”是个系统工程，为了达到“提低、控高、扩中”的目的，必须综合运用各种经济、行政和法律手段。下面的资料从一个侧面说明，个税的调整牵涉千家万户，好的个税方案有利于培育和扩大“中等收入阶层”。

**【资料】** 个税税法修正案草案

昨日，由广东省地税局和中山大学岭南学院主办的第七届岭南财税论坛就邀请了众学者针对个税改革进行了一场头脑风暴，财政部财政科学研究所所长贾康表示15%这档税率不应该取消，这一级可扩大中等收入工薪阶层覆盖面。可以取消30%的税率，即七级累进税率依次为5%、10%、15%、20%、25%、35%、45%。他表示，个税改革的三个要领应该是降低低端税负，实现结构性减税；培育中等收入阶层，这利于社会的长治久安，变为橄榄形社会；对高收入阶层实施抽肥补瘦的再调节。

（资料来源：骆智冕．贾康：中等收入阶层欠考虑．金羊网—新快报．凤凰网，2011-05-17转载）

## 思考与练习

姓名________　班级________　学号________

**1. 名词解释**

洛伦兹曲线

基尼系数

效率

公平

**2. 选择题**

(1) 当洛伦兹曲线和绝对平等线重合时，(　　)。

A. 基尼系数等于 0　　B. 基尼系数等于 1

C. 基尼系数接近于无穷大　　D. 无法确定

(2) 当洛伦兹曲线和绝对不平等线重合时，(　　)。

A. 基尼系数等于 0　　B. 基尼系数等于 1

C. 基尼系数接近于无穷大　　D. 无法确定

(3) 根据基尼系数的大小，(　　)的分配最为平均。

A. 某国的基尼系数为 0.2　　B. 某国的基尼系数为 0.18

C. 某国的基尼系数为 0.15　　D. 某国的基尼系数为 0.1

(4) (　　)情况说明缩小贫富差距的政策是起效的。

A. 政策实施后洛伦兹曲线弯曲程度加大　　B. 政策实施后洛伦兹曲线弯曲程度变小

C. 政策实施后基尼系数由 0.15 变为 0.2　　D. 政策实施后基尼系数由 0.25 变为 0.2

E. 政策实施后基尼系数没有变化

(5) (　　)税种不属于再分配政策，不能对国民收入进行二次调节。

A. 增值税　　B. 营业税

C. 关税　　D. 个人所得税和企业所得税

E. 财产税和赠与税

(6) (　　)属于社会福利政策，有助于缩小贫富差距。

A. 失业救济制度　　B. 残疾人福利制度　　C. 最低工资制　　D. 义务教育制度

E. 国家奖学金制度

**3. 案例分析题**

随着经济的发展，工薪阶层工资水平正呈现不断增长的趋势，我国的个人所得税的起征点也在不断地调高。我国个人所得税开征于1980年，当时起征点为800元，主要是针对在中国工作的外国人而征收的。1986年，对中国人起征点为400元，外国人起征点不变；1994年，起征点调整为800元；2006年1月1日起，起征点又调整为1600元；2008年3月1日起由1600元提升到2000元；从2011年9月1日起，《中华人民共和国个人所得税法》新个税法实施，月收入低于3500元的工薪族不再缴纳个税，这是中国一个力度较大的减税举措。

问题：调高个人所得税的起征点对调节收入分配和促进经济发展起什么作用？

# 模块七 国民收入理论

## 基本任务

1. 国民收入核算及变动
2. 经济增长及经济周期

**【模块简介】**

据国家统计局统计，2011 年国内生产总值(GDP)为 471 564 亿元，比 2010 年增长 9.2%；分季度看，一季度同比增长 9.7%，二季度增长 9.5%，三季度增长 9.1%，四季度增长 8.9%。

投资是经济繁荣与衰退的主要原因。2011 年全年固定资产投资 301 933 亿元，比 2010 年名义增长 23.8%(扣除价格因素实际增长 16.1%)。投资保持较快增长，投资结构有所改善。

增加消费需求能促使国民收入的增加。2011 年全年社会消费品零售总额 181 226 亿元，比 2010 年名义增长 17.1%(扣除价格因素实际增长 11.6%)。全年居民消费价格比上年上涨 5.4%。其中，城市上涨 5.3%，农村上涨 5.8%。稳定物价是宏观经济的重要目标之一。

进出口保持平稳较快增长。全年进出口总额 36 421 亿美元，比上年增长 22.5%。出口 18 986亿美元，增长 20.3%；进口 17 435 亿美元，增长 24.9%。进出口相抵，顺差 1 551 亿美元，比上年减少 264 亿美元。进出口的发展应该起到外贸乘数的作用，带动国民经济的增长。

国家一方面出台扩大投资和消费需求的措施，产业发展必须由投入型向技术型增长，以及增加就业率，减少失业率；同时又要抑制物价的过高上涨，特别是房价的过度增长，采用利息杠杆，适当控制货币量。

宏观调控是一国经济发展中的又一大难点，经济增长过快，容易导致通货膨胀；抑制过高物价，过度紧缩，又会引起经济衰退，导致失业率增加。经济增长总是在伴随着经济周期性变化增长。因此要用好财政、信贷等宏观经济政策措施，协调通胀和失业之间的矛盾，使国家更快走出经济低谷，保持更长的繁荣期，保持经济持续稳步增长。

通过本模块的学习，可以使学生了解国内的生产总值(GDP)的含义，掌握国家扩大投资和消费需求的经济思路，理解经济的周期性变化和一国经济的长远稳步增长规律，懂得保护环境。

# 任务1　国民收入核算及变动

**本项目内容结构图**

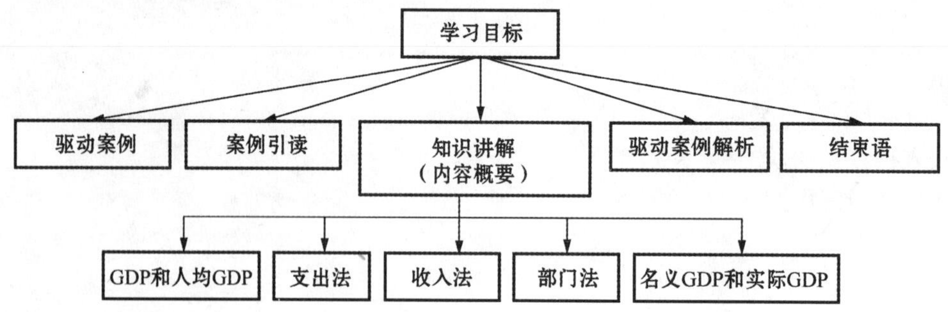


## 学习目标

- **知识目标**

(1) 掌握国内生产总值的含义，理解国内生产总值核算的方法。

(2) 理解总支出恒等于总收入。

- **能力目标**

能运用国内生产总值及其相关概念观察和初步分析我国宏观经济运行。

## 驱动案例

### 应对危机，中国在行动

**【资料】** 中国已经着手应对全球金融危机的挑战

在与美国经济金融业界人士座谈美国金融危机时温总理感谢他们提出的意见和建议。他说，中国已经着手应对全球金融危机的挑战。中国力求保持经济平稳较快发展。我们要在经济发展与增加就业和抑制通货膨胀之间找到平衡点。中国居民消费价格指数最近逐月下降。无疑，外部需求减少一定程度上会影响中国经济的增长速度，但中国经济有自身的特点，中国有13亿人口，其中8亿农民，国内市场广阔，特别是农村市场有很大潜力。我们必须立足扩大内需。

（资料来源：李诗佳　王星桥."信心比黄金和货币更重要"——记温家宝总理与美国经济金融界人士座谈美国金融危机.新华网北京 2008-9-30.节选）

**【资料】** 江苏：家电下乡产品销售突破200万台(部)

记者从江苏省经贸委获悉，截至2月中下旬，江苏省家电下乡产品累计销售量突破200万台(部)，达到207.9万台(部)，带动农村消费43.4亿元，稳居全国前列。

据悉，目前，江苏省家电下乡补贴品种已达 9 类，分别为冰箱、彩电、手机、洗衣机、计算机、空调、热水器、电磁炉、微波炉。统计数据显示，截至 2 月 19 日，冰箱累计销售 70.5 万台，超过家电下乡产品总销量的三分之一；彩电 47.3 万台，空调 35.6 万台，洗衣机 31.9 万台，热水器 8.1 万台，电脑 6.9 万台，手机 3.8 万部，微波炉 3.2 万台，电磁炉 6 000 台。

（资料来源：潘晔．江苏：家电下乡产品销售突破 200 万台(部)．新华网江苏频道南京 2010-3-8．节选）

**【资料】** 发展改革委主任张平详解 4 万亿元投资

“为了抑制经济增长过快下滑的局面，我们必须采取力度比较大、效果比较显著的措施。”发放委主任张平说。

面对此次的 4 万亿元投资记划，中央明确要求“出手要快、出拳要重、措施要准、工作要实”，要尽快采取措施，尽快见到效果。

据张平解释，这 4 万亿元中，保障性安居工程 2 800 亿元；农村民生工程和农村基础设施 3 700 亿元；铁路、公路、机场、城乡电网 18 000 亿元；医疗卫生、文化教育事业 400 亿元；生态环境投资 3 500 亿元；自主创新结构调整 1 600 亿元；灾后恢复重建 1 万亿元。

“根据现行投资体制和投资资金安排的方案，需要中央投资 11 800 亿元。”张平说，这些投资也会带动其他行业和一些地方的投资。

（资料来源：刘铮、江国成、雷敏．发展改革委主任张平详解 4 万亿元投资．新华网北京 2008-11-27 专电．节选）

**问题 1：**金融危机对我国经济有何影响？

**问题 2：**我国为什么要实施家电下乡？

**问题 3：**我国为什么要实施 4 万亿元投资计划？

## 案例引读

初步核算，2011 年全年国内生产总值 471 564 亿元，比上年增长 9.2%。其中，第一产业增加值 47 712 亿元，增长 4.5%；第二产业增加值 220 592 亿元，增长 10.6%；第三产业增加值 203 260 亿元，增长 8.9%。第一产业增加值占国内生产总值的比重为 10.1%，第二产业增加值比重为 46.8%，第三产业增加值比重为 43.1%。

（资料来源：中华人民共和国 2011 年国民经济和社会发展统计公报）

**问题：**什么是一国国内生产总值？

## 知识讲解

宏观经济的理论大厦是由一系列概念组成的。这些概念包括：国内生产总值、人均国内生产总值；总需求、总供给；通货膨胀、需求拉上型通货膨胀、成本推动型通货膨胀、通货紧缩；消费物价指数(CPI)、生产物价指数(PPI)、GDP平减指数；失业、失业率、自然失业、摩擦性失业、结构性失业、周期性失业；经济周期、繁荣、萧条；宏观经济政策、财政政策、货币政策等。

宏观经济学是研究资源稀缺性前提下，整个经济体系如何应对失业、通货膨胀、经济周期性波动等问题，获得最大产出的学问。GDP就是指一国境内企业的总产出。上述列举概念中，国内生产总值居于核心地位，其他概念或者是由这个概念派生出来的，或者是为了说明这个概念，或者与这个概念有密切的联系。**国民收入理论中，国内生产总值通常又称为国民收入。**

## 一、国内生产总值的定义

**国内生产总值(GDP)**是指一个国家在一定时期内所生产的最终产品与劳务的市场价值总和。对GDP含义的理解，要注意以下几个问题：

(1) 国内生产总值是指最终产品的总产值，不应包括中间产品产值，以避免重复计算。例如，超市卖的面包经过了小麦—面粉—面包三个环节，计算GDP时只能统计面包的产值。国内生产总值中的最终产品不仅包括有形的产品，而且包括无形的劳务，因此，要把旅游、服务、卫生、教育等行业提供的劳务所获得的报酬计入国民生产总值。一般来说，越是经济发达的国家，劳务占GDP的比重越高。

(2) 国内生产总值是核算一定时期内生产出来的产品的总产值，不是核算某一时间点上的总产值。计算GDP时不应包括前期生产、本期消费的产品。例如，去年建造的商品房没有销售出去，应该计入去年的GDP。

(3) 国内生产总值是核算在本国领土内所生产出来的产品与劳务。GDP按国土原则而不按国民原则计算。只要在一国领土之内，无论是本国企业还是外国企业生产的都属于该国的GDP。

## 二、国内生产总值的计算方法

国内生产总值的计算方法主要有三种：支出法、收入法及部门法。本书借用宏观经济循环图来说明这三种方法。

在经济学基本原理鸟瞰中，本书介绍了微观角度下消费者经济活动和企业经济活动之间的循环关系。单个企业的行为是：购买劳动力、原材料和机器设备等生产要素，并使用这些要素生产出产品，然后将产品拿到物品市场上出售；单个消费者的行为是：出卖劳动力等生产要素，获取要素报酬，然后用所得收入购买消费品。企业和消费者之间形成一个完整的循环，日复一日、年复一年，永不停止。

一国经济中，存在着千千万万个企业和亿万个消费者。从宏观的角度看整个经济运行：在产品市场上，千千万万个企业把各自的产品推向市场，形成了庞大的产品总供给量，亿万个消费者从市场上购买各自需要的产品，形成了庞大的产品总需求量；在要素市场上，亿万个消费者出售各自的生产要素，形成了庞大的要素总供给量，千千万万个企业购买各自所需要的生产要素，形成庞大的要素总需求量。从宏观的角度看，千千万万个企业和亿万个消费者之间同样存在着循环关系，我们用A国的宏观经济循环图来说明这种循环关系，如图7-1所示：

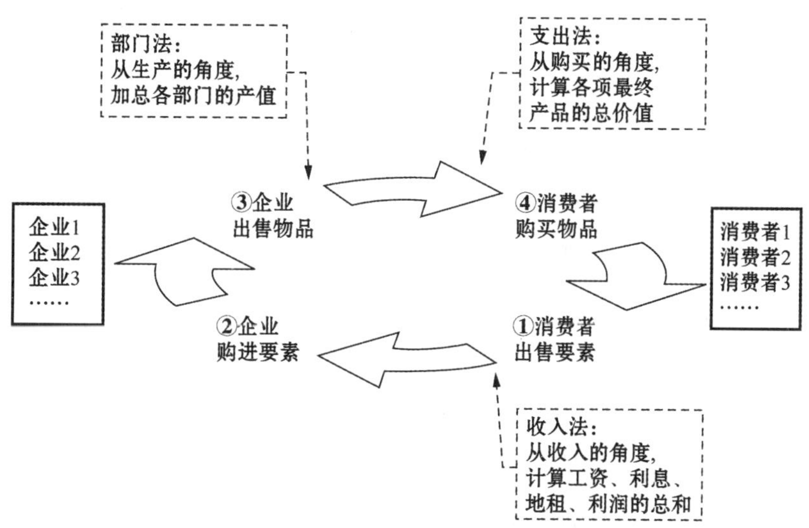


图7-1　A国的宏观经济循环图

可以把A国的整个宏观经济看成是一个无形的环形"管道"，千千万万个企业和亿万个消费者的经济活动都被"收纳"其中，亿万个消费者所提供的生产要素通过要素市场提供给千千万万个企业，企业使用这些要素生产产品，再通过物品市场卖给亿万个消费者，循环往复，以至无穷。

显然，在这个环形管道中，所有企业用于购买要素的钱等于所有消费者出售要素所得到的钱，所有消费者用于购买物品的钱等于所有企业出售产品所得到的钱。如果消费者将全部收入用于消费，环形管道各处的钱就全部相等。

**收入法**是指从要素转让报酬的角度，将一定时期内(一般是一年)劳动的报酬工资、土地的报酬地租、资本的报酬利息以及企业家才能的报酬利润相加，来计算国内生产总值的方法。

> 实际的收入法还要加上间接税和资本折旧两项，并进行统计误差调整。

假设A国在一年内的要素收入情况为：工资4亿；地租2亿；利息2亿；企业家才能2亿。

则该年A国的GDP应为：4亿+2亿+2亿+2亿=10亿

当然，实际的收入法还要加上间接税和资本折旧。

**部门法**是指从企业生产的角度，将一定时期内(一般是一年)各个部门生产的最终产品和劳务的总价值相加，来计算国内生产总值的方法。

> 图7-2中：指向政府的虚线箭头表示政府向消费者、企业和商业银行发行国债筹资；政府指向消费者的虚线箭头表示各种转移支付；银行指向消费者的虚线箭头表示消费信贷。

假设A国在一年内各部门生产的最终产品和劳务的总产值情况为：农业1亿；加工业4亿；服务业5亿。

则该年A国的GDP应为：1亿+4亿+5亿=10亿

**支出法**是指从产品购买的角度，将一定时期内(一般是一年)全社会购买各项最终产品和劳务的支出相加，来计算国内生产总值的方法。

图7-1假设A国只有企业和消费者两大部门，消费者用完全部资金。在分析

支出法时，A 国的宏观经济循环中还应加上金融市场、政府以及对外贸易的影响，如图 7-2 所示：

图 7-2 中：实线箭头表示一国要素收入转变为购买支出的四种情形；虚线箭头表示在四种情形基础上的一些变化。想一想，图中还能增添哪些虚线箭头？

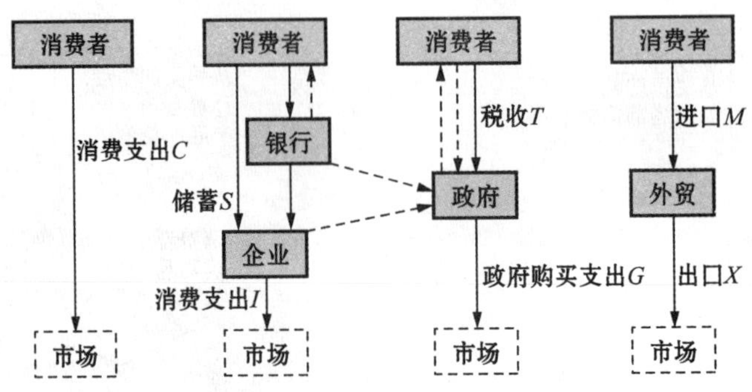


图 7-2 支出法

图 7-2 中，假设 A 国 10 亿元要素收入被分为四块：

第一块是消费支出，消费者们用这笔钱在物品市场上购买大米、衣服、汽车、化妆品等各种消费品。

消费者把钱存到银行，银行贷款给企业，从企业的角度讲是间接融资。消费者直接购买企业发行的债券和股票，从企业的角度讲是直接融资。

第二块是储蓄，即消费者将本来用于消费的资金暂时转变为企业的生产资金。具体又分为两个方式，其一是消费者把钱存到银行，银行贷款给企业；其二是消费者直接购买企业发行的债券和股票。企业用消费者的储蓄在物品市场上购买生产产品所需的设备和原材料，称为投资支出。

第三块是税收，具体又分为两个方式，一种是消费者应该向政府缴纳的直接税，包括个人所得税、遗产税等；另一种是企业缴纳，并由消费者负担的间接税，如增值税等。政府用税收在物品市场上购买各种物品和劳务以维持政府运作，称为政府购买支出。

第四块是本国消费者进口他国物品，这一块是对本国购买力的分流；反过来，本国企业产品出口到对方国家，则是对方国家购买力流入本国。出口减进口等于净出口。

假设 A 国在一年内购买物品和劳务的情况为：消费支出：($C$)4 亿；通过储蓄($S$)转化为投资支出($I$)：2 亿；通过税收($T$)转化为政府购买支出(G)：2 亿；净出口(NX)＝出口($X$)－进口($M$)：4 亿－2 亿＝2 亿。

则该年 A 国的 GDP 应为：4 亿＋2 亿＋2 亿＋2 亿＝10 亿

支出法、收入法及部门法是在环形管道的不同位置测量 A 国在一年内的最终产品和劳务的总价值，理论上讲，三种方法计算的 GDP 应该相等。实际统计中，各国一般以支出法为主，收入法及部门法只是参考。

## 三、几个不同的国内生产总值概念

支出法是将一定时期内全社会购买各项最终产品和劳务的支出相加。假设一国市场上销售 $n$ 种商品。我们用 $P_1$ 表示第 1 种商品的价格，$Q_1$ 表示第 1 种商品的数量，$P_2$ 表示第 2 种商品的价格，$Q_2$ 表示第 2 种商品的数量……$P_n$ 表示第 $n$ 种商品的价格，$Q_n$ 表示第 $n$ 种商品的数量，则 GDP 可以表示为：

$$GDP = P_1Q_1 + P_2Q_2 + P_3Q_3 \cdots\cdots P_nQ_n$$

由于一国的物价总水平是不断上升的，计算某年GDP时，依据不同的价格，就产生了两种不同的GDP，名义国内生产总值和实际国内生产总值。

**名义国内生产总值**是以核算年度价格计算的国内生产总值。

**实际国内生产总值**是以某个固定年份的价格计算的国内生产总值。这个固定年份称为基年。显然，实际国内生产总值"挤干"了价格水分，反映了一国最终产品和劳务的实际数量的增加。

一国国内生产总值反映了该国的经济规模大小，体现的是一国的总体实力。由于各国人口数量不同，国内生产总值同等规模的两个国家，每个公众分摊的最终产品和劳务并不相同，人均国内生产总值反映了这种差异。**人均国内生产总值**是指一国GDP除以总人口所得到的平均产出水平。

例如，A、B两国的GDP都是10亿元，A国人口有100万，则人均国内生产总值就是1 000元，B国人口有200万，则人均国内生产总值就是500元，A、B两国总体实力相当，但是公众消费水平相差一倍。

## 四、国内生产总值的变动

支出法、收入法结果相等这一点，可以用来说明总支出与总收入的恒等关系。从收入"安排"的角度看，总收入包括消费者用于消费的资金(C)、用于储蓄的资金(S)、用于税收的资金(T)以及用于进口的资金(M)。从支出(购买)的角度看，总支出包括实际的消费支出(C)、实际的投资支出(I)、实际的政府购买支出(G)以及实际的出口(X)。由于GDP是对过去一年一国经济成果的总结，一国最终产品和劳务的总价值已经确定，所以支出法、收入法结果必然恒等，即总收入≡总支出。

用公式表示就是：

$$C + S + T + M \equiv C + I + G + X$$

上述恒等式反映了一国"过去时"的总支出与总收入的恒等关系，如果我们"展望未来"，由于宏观经济活动中的许多不确定因素，情形将会发生变化。

例如，由于爆发了金融危机，A国经济形势恶化，企业效益下降，商业银行贷款趋于谨慎，导致银行存款余额大大高于贷款余额，即出现"存差"，企业得不到足够贷款，投资支出被迫减少，总支出相应减少。又如，A国属于外向型经济，总支出中出口所占比例很高，金融危机爆发后，出口订单大量减少，总支出相应减少。总支出减少意味着一国企业生产的部分产品无法销售出去，企业被迫压缩产量，A国总产出减少，国内生产总值下降。

当然，A国不会坐视国内生产总值下降，会采取各种措施扭转局面。例如，A国政府向消费者、企业和商业银行大量发行国债，并使用所筹资金进行大规模的基础设施建设，由此带动总支出相应回升。又如，A国为了扭转出口订单下降的局面，采用了本币贬值措施，出口订单增加，总支出相应回升。

## 驱动案例解析

### 应对危机,中国在行动

**问题1:**金融危机对我国经济有何影响?

2008年三季度后,金融危机对我国的影响日益明显,具体的表现就是企业订单锐减,出口下滑显著,进而导致经济增长速度放缓。相对来说,长三角和珠三角这两个地区经济外向型程度较高,劳动密集型企业分布较广,受影响程度也就较大。在危机的影响下,这两个地区个别劳动密集型企业订单下降到零,一部分企业停产、半停产,少数企业甚至破产倒闭,就业压力明显加大。

面对这场百年不遇的危机,我国政府采取了各种措施,以期尽管扭转经济增长过快下滑的局面,并提出"出手要快、出拳要重、措施要准、工作要实"的工作方针。在出口大幅下滑的背景下,必须努力扩大消费、投资和政府支出。

**问题2:**我国为什么要实施家电下乡?

多年来,我国一直致力于扩大居民消费,但由于种种原因,居民消费增长不尽如人意。根据农村市场广阔的特点,我国在2008年运用财政补贴的政策,积极实施了家电下乡计划,2009年进一步扩大了试点品种和实施范围。

实施了数年的家电下乡,起到了良好的效果,不仅扩大了内需,弥补了出口下滑的不利影响,而且为家电企业消化库存、转型升级提供了回旋余地,也较大程度提升了农村的消费水平。

**问题3:**我国为什么要实施4万亿元投资计划?

中央投资11800亿元,以带动4万亿元投资,可以快速地增加总支出,扭转经济增长过快下滑的局面,并且有利于我国经济建设的长远发展,有利于民生改善和社会进步,经济效益和社会效益均十分明显。

以铁路建设投资来说,大规模的铁路建设,可以产生对钢材、水泥等原材料的巨额需求,缓解这些行业的产品过剩,同时,可以大大缓解客运和货运运力瓶颈,加大对沿线城市的辐射,带动沿线城市经济发展。

## 经典案例赏析

### GDP——国家综合国力的体现

GDP这一概念被发明和运用到宏观经济学上后,"大腕"们给了这个概念极高的评价。

著名经济学家保罗A·萨缪尔森和威廉D·诺德豪斯的评语是:"虽然GDP和其他国民收入账户是显得有点神秘的概念,但它们确实属于20世纪最伟大的发明之列。"美国经济协会前会长罗伯特·艾依斯纳(Robert Eisner)的评语是"本世纪对经济知识的重要贡献之一"。

GDP及其增长对于不同的人来说,体会是不一样的。

对于统计工作者来说，GDP及其增长表现为一组不断增长的数据，当然，不同的国家，GDP的增速是不一样的。比如，2000年中国的GDP是98 749亿元，2005年则增加到188 692亿元，2010年则增加到397 983亿元。

对于普通公众而言，GDP及其增长表现为可消费的最终产品和劳务的不断增加。比如30年前，中国的消费者可享受的电器只有黑白电视机和电扇，而2012年可享受的电器有电视、空调、冰箱、洗衣机……食品极大地丰富，住房大大改善，汽车进入家庭，定期外出旅游已经成为公众的常用休闲方式。

对于国家来说，GDP及其增长表现为一国综合国力的极大提升。例如，2008年汶川地震，中国政府在极短的时间内，向灾区运送了大量的食品、瓶装水、救灾帐篷、衣物、被子、燃油、煤炭等，如果没有一个强大的综合国力支撑，光有救灾的决心是不可能有如此效率的。

## 思考与练习

姓名________　班级________　学号________

**1. 名词解释**

国内生产总值

支出法

收入法

部门法

名义国内生产总值

实际国内生产总值

人均国内生产总值

**2. 选择题**

(1) 从产品购买的角度，将一定时期内全社会购买各项最终产品和劳务的支出相加，来计算国内生产总值的方法，这种方法是(　　)。

A. 支出法　　B. 收入法　　C. 生产法　　D. 部门法

(2) 用支出法计算一国的 GDP，下列项目应该计入的是(　　)。

A. 工资　　B. 利息　　C. 消费支出　　D. 利润

E. 投资支出　　F. 租金　　G. 出口额　　H. 政府购买支出

I. 进口额

(3) 下列关于国内生产总值的说法，正确的是(　　)。

A. 用来做面包的面粉不应计入国内生产总值

B. 律师服务所提供法律服务的报酬不应计入国内生产总值

C. 去年生产、今年销售的汽车应该计入今年的国内生产总值

D. 去年生产、今年销售的汽车应该计入去年的国内生产总值

E. 凡是本国领土内的企业生产的产品，均应计入本国的国内生产总值

(4) 下列关于国内生产总值几个相关概念的说法，正确的是(　　)。

A. 与基年相比，名义国内生产总值既包含了商品和劳务数量的增加，也包含了价格的上涨

B. 与基年相比，实际国内生产总值反映了商品和劳务数量的增加

C. 一国国内生产总值体现的是一国的总体实力

D. 人均国内生产总值反映了一国消费者的实际富裕程度

E. 国内生产总值总量大致相同的两个国家，人口较多的国家，消费者的实际生活水平较低。

**3. 案例分析题**

北京市国税局车辆购置税征稽管理处征收所昨天透露，自 20 日开始，随着车辆购置税的减半，各款车型购置税最低征收额也会自动减半。

东风雪铁龙首汽店销售经理孙硕表示，之前所有车型的购置税算法都是按该车型的开票价除以 1.17，然后乘以 10%。新规定实施后，所有车型的购置税算法变为开票价除以 1.17，然后乘以 5%。

(资料来源：石文夫. 车辆购置税最低征收额减半. 京华时报. 新浪网 2009-01-21 转载. 节选)

要求：

(1) 金融危机后，我国政府为什么要实施 1.6 升以下排量乘用车购置税优惠政策？

(2) 了解该政策目前是否已经结束？如果已经结束，请回答为什么要结束？

裁切线

# 任务 2　经济增长及经济周期

**本项目内容结构图**

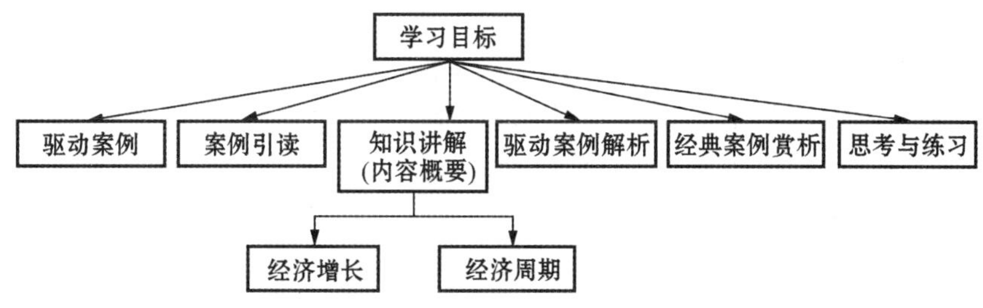


## 学习目标

• **知识目标**

(1) 掌握经济增长理论及经济增长过程中的失业及物价波动。

(2) 了解经济周期变化规律。

• **能力目标**

(1) 能够运用经济增长理论分析现实经济增长状况。

(2) 能够运用经济周期分析像是经济的周期变动。

## 驱动案例

### 关于转型升级的话题

在经过了二三十年的持续高增长后，中国经济增长面临着一个新的挑战，依靠资源投入和廉价的劳动力优势维持高增长已经不可行了，经济转型升级势在必行。

**【资料】** 转型升级　提高产业核心竞争力

2011 年 3 月 14 日通过的“十二五”规划纲要提出：坚持走中国特色新型工业化道路，适应市场需求变化，根据科技进步新趋势，发挥我国产业在全球经济中的比较优势，发展结构优化、技术先进、清洁安全、附加值高、吸纳就业能力强的现代产业体系。

围绕改造提升制造业，纲要提出：优化结构、改善品种质量、增强产业配套能力、淘汰落后产能，发展先进装备制造业，调整优化原材料工业，改造提升消费品工业，促进制造业由大变强。

围绕培育发展战略性新兴产业，纲要提出：以重大技术突破和重大发展需求为基础，促进新兴科技与新兴产业深度融合，在继续做强做大高技术产业基础上，把战略性新兴产业培育发展成为先导性、支柱性产业。

**【资料】** 浙商对话经济学家，为转型升级把脉

2月27日，浙江省工商联联合浙江省社科院，组织了民营经济年度论坛，邀请宗庆后、南存辉、汪力成、楼忠福等著名浙商，与知名经济学家、企业家史晋川等面对面探讨和争论。

论坛的主要话题依然是转型升级。汪力成坦言，前30年浙商的成功有相当一部分原因是幸运因素，包括很多投机性投资。汪力成表示，浙商过去的优势基本是靠劳动力的低成本和市场营销的竞争战略，极少有企业靠自己的核心技术或者创新能力取胜。如今，浙商昔日的优势已经不复存在，转型升级势在必行。

（资料来源：尚启庄. 浙商对话经济学家为转型升级把脉. 中华工商时报. 凤凰网 2011-03-01 转载. 节选）

**问题1：**决定一国经济增长速度的因素有哪些？

**问题2：**为什么要推动我国经济转型升级？

## 案例引读

**朱镕基总理的一个确保**

1998年3月19日，时任国务院总理朱镕基在九届全国人大一次会议的记者招待会上提出了著名的“一个确保、三个到位、五项改革”，所谓一个确保，就是要保证1998年经济增长速度达到8%，通货膨胀率低于3%，人民币不贬值。

**问题：**经济增长速度达到8%是什么含义？

## 知识讲解

### 一、经济增长

1. 经济增长的含义

**经济增长**是指一国国内生产总值的长期增加。经济增长是研究一国国内生产总值的长期变动趋势，即从长期的角度探讨一国的经济规模扩张和经济实力提高。从这点上讲，经济增长是经济学最古老的话题。人类从事一切经济活动的目的都是为了满足自己的生存和发展需要，从宏观的角度看，只有一个社会的经济规模扩张、产出能力提高，这个社会的全体成员才能得到越来越多的最终产品和劳务，生活水平才能不断提高。

例如，经过初步核算，我国2010年国内生产总值397 983亿元，比2009年增长10.3%。经济继续高速增长，相应的该年度各种最终产品和劳务的总数量也随之增加，最终产品和劳务总数量的增加说明了这样一点，我国消费者生活水平在2010年得到了继续提高。

表7-1列举了2010年我国部分农产品和工业品的产量同比增加情况。

表 7-1 2010 年我国部分农产品和工业品的产量

| 商品 | 产量 | 比 2009 年增加 |
|---|---|---|
| 猪肉 | 5 070 万吨 | 3.7% |
| 牛肉 | 653 万吨 | 2.7% |
| 羊肉 | 398 万吨 | 2.2% |
| 禽蛋 | 2 765 万吨 | 0.8% |
| 牛奶 | 3 570 万吨 | 1.5% |
| 彩色电视机 | 11 830 万台 | 19.5% |
| 家用电冰箱 | 7 300.8 万台 | 23.1% |
| 房间空气调节器 | 10 899.6 万台 | 34.9% |

(数据来源:中华人民共和国 2010 年国民经济和社会发展统计公报)

2. 决定一国经济增长潜力的因素

世界各国的经济发展水平存在极大的差异,有的国家人均 GDP 高达数万美元,而有的国家却极低,只有区区几百美元,造成这种巨大差异的根源在哪里呢?

(1) 市场经济的资源配置方式。人类社会最近几百年的历史说明,市场经济是最有利于发展经济的一种资源配置方式,在市场经济下,个人和企业出于自身利益最大化的追求,反而更有利于经济发展。市场经济下一系列的法律和规章,如物权法、公司法、经济合同法、知识产权法等激励着企业努力寻找市场机会、积极扩大经营规模、改善产品质量、促进产品升级换代,激励着个人努力工作,获取更高的报酬。

(2) 劳动和资本的投入。经济增长是一国最终产品和劳务产出的增加,要更多地生产产品,首先必须更多地投入生产要素,包括各种自然资源和劳动力。

生产活动首先要投入各种自然资源。在一个耕地辽阔、土地肥沃的国家,自然可以大力发展农业经济;在一个矿产资源丰富、能源储备充足的国家,自然更有条件发展加工工业。难以想象,在一个严重缺乏淡水资源的地区,能够建立规模巨大的啤酒企业;一个严重缺乏能源的地区,能够大力发展高能耗产业。

生产活动还必须投入劳动力,劳动力投入包括数量和质量两个方面。在一个人口众多、劳动力供给极为丰富但是劳动者教育程度较低的国家,自然适合大力发展劳动密集型产业,如服装加工、玩具制作和电子产品装配等;而人口匮乏的国家自然会努力提高劳动者素质,大力发展资本技术密集型产业。

(3) 生产技术的进步。随着第三次工业革命的深入,科学技术在经济增长中的作用越来越突出。经济增长是指 GDP 的增加,衡量的是一国最终产品和劳务的市场价值的增加,这种增加既可以来自于产出数量的增加,也可以来自产出价格的提高。

例如,某电视机厂 2010 年的年产量是 10 万台,每台价格 3 000 元,则该厂的产值是:3000×10 万=3 亿元。

如果该厂2011年要将产值从3亿提高到6亿,有两个办法:一是提高年产量至20万台,则2011年的产值为3 000×20万=6亿元;二是产量不变,将每台电视机的售价提高到6 000元,则2011年的产值:6 000×10万=6亿元。

显然,第一种办法需要增加资本和劳动力的投入,才能扩大产量,增加产值,我们称为投入型增长;第二种办法需要提升电视机产品的技术含量,增加产品附加值,才能顺利地提高产品售价,增加产值,我们称为技术型增长。

一国GDP增长的同样如此。在某个特定的时期,一国既可以选择增加资本和劳动力投入,走投入型增长道路,也可以选择提高本国产品的技术含量,走技术型增长道路。具体选择哪种道路,取决于该国的经济发展水平、要素禀赋特点、劳动力的受教育程度等综合因素。

## 二、经济周期

1. 经济周期的含义

**经济周期**是指由于各种因素作用引起的国内生产总值的短期周期性波动。经济增长理论从长期的角度探讨国内生产总值,研究的是一国国内生产总值的长期变动趋势。长期来说,一国国内生产总值是不断增加的。但是,一国国内生产总值的增加并不是匀速的,而是以"进三退一"或者"进五退二"的方式增加的。由于各种因素的影响,有些年份增长速度很快,有些年份增长速度很慢,有些年份甚至是倒退的。经济周期理论就是研究这种国内生产总值的周期性波动,"挖掘"造成国内生产总值周期性波动的原因。

2. 经济周期各阶段的特征

经济周期可以分为两个阶段,扩张阶段和收缩阶段。扩张阶段又称为繁荣,收缩阶段又称为衰退。

(1) 扩张阶段的特点:经济周期处于扩张阶段时,主要表现出以下几个特点:公众消费增加,企业投资增加;商业银行信用扩张,积极放贷;物价逐步回升,就业形势改善;股市不断上涨。

公众消费、企业投资、商业银行信用这三个方面是"一荣俱荣"的,当宏观经济逐步转为繁荣时,上述特点是连锁呈现的,当某个因素导致公众扩大消费时,企业盈利前景改善,自然会扩大投资,商业银行于是"锦上添花",自然会增加放贷。

随着公众、企业和商业银行的预期逐步趋于乐观,三者之间的良性循环进一步强化,经济活动逐步趋于高涨,物价不断上升,就业形势良好,股市不断走高,金融市场一片繁荣。繁荣到达顶点时,市场气氛极度乐观,公众不惜举债消费,企业积极酝酿扩产,而商业银行也早已无视放贷风险。

(2) 收缩阶段的特点:经济周期处于收缩阶段时,主要表现出以下几个特点:公众消费减少,企业投资停顿;商业银行信用收缩;物价逐步回落,就业形势恶化;股市不断下跌。

公众消费、企业投资、商业银行信用这三个方面也是“一损俱损”的，当衰退不期而遇时，上述特点也是连锁呈现的。当某个因素导致公众削减消费时，企业库存增加，应收账款激增，资金链趋于紧张，房地产市场烂尾楼大量出现，商业银行决不“雪中送炭”，坚决收紧银根。

随着公众、企业和商业银行的预期逐步趋于悲观，三者之间的恶性循环进一步强化，经济活动不断紧缩，物价逐步下跌，就业形势恶化，股市跌跌不休，金融市场一片萧条。衰退到达低点时，市场预期极度悲观，公众不敢消费，企业苦苦支撑，而商业银行依旧熟视无睹。

3. 经济周期的成因

经济学中，对经济周期产生原因的理论解释有几十种之多，概括起来分为两类：

第一类是内生经济周期理论。这类理论认为经济周期主要是由宏观经济内部因素引起的，典型代表是乘数-加速原理。

举例说明：假设 A 国为了走出衰退，投资 1 000 万新建了一座发电厂：盖厂房的过程中，购买钢材、水泥等建材促使钢铁厂、水泥厂销售回升，钢铁厂、水泥厂预期改善，开始追加投资、扩大产量；厂房盖好后添置发电设备和电煤，又促使设备供应商和电煤供应商追加投资、扩大产量；招募工人 1 000 名，这些工人就业改善，开始扩大消费。至此，最初的 1 000 万投资在宏观经济各个部门引起了一系列良性反应，A 国经济逐步回升。但是，这种良性反应不可能无限地延续下去，当某个因素制止了这种反应时，一切又倒着进行了。购买下降，引起投资减少，而投资的减少又会进一步减少购买，A 国经济再次不断下滑。

第二类是外生经济周期理论。这类理论认为经济周期主要是由宏观经济外部因素引起的，如地震、战乱、某个突发事件(如太阳黑子爆发)等。

举例说明：某项技术的进步带来了新的投资机会，这种投资会引起一系列的连锁反应，促使经济增长，但是技术进步没有持续性，因此当这种连锁反应停止时，经济也就衰退了。

## 驱动案例解析

### 关于转型升级的话题

决定一国经济增长的因素有资源配置方式、资本和劳动力的投入以及技术的进步。

我国建立市场经济体制后，采用了以市场为主的资源配置方式，大大地促进了经济的发展，经济规模跃居世界第二。但是，随着我国绝大多数消费品市场的逐步饱和，企业产品急需升级换代，才能满足消费者不断增长的要求。从国际竞争的角度上讲，随着我国经济发展水平的提高，廉价的劳动力成本优势正在逐步削弱，过去那种依靠资本和劳动力的投入型增长道路已经走不通了，必须转到依靠技术进步的技术型增长道路上来。

## 经典案例赏析

### 复利的威力

有一个古老的故事，说的是一个国王和宰相打赌，宰相要求国王在一个有64个格子的棋盘里放麦子，第1个格子里放1粒麦子，第2个格子里放2粒麦子，第3个格子里放4粒麦子，第4个格子里放8粒麦子，……依次类推。国王一开始没有当回事，但是仔细研究后，发现他根本不可能履行诺言，因为第64个格子里的麦子是个天文数字。这个故事讲的就是复利的威力。

无独有偶，股神巴菲特的长期年化收益率只有21%，但是，经过几十年复利的威力，他却一度成为世界首富。

假设A、B两个国家，A国的经济增长率是4%，B国的经济增长率是2%，这两个国家在2000年的GDP都是1 000亿元，2030年他们的GDP各是多少呢？

2030年A国的GDP是：$1\,000\times(1+4\%)^{30}=3\,240$ 亿

2030年B国的GDP是：$1\,000\quad(1+2\%)^{30}=1\,810$ 亿

经济增长率2%和4%的差距似乎很小，但是经过时间的放大，差距就很明显了。

有兴趣的同学可以计算一下，再经过30年，两国的差距是多少？

## 思考与练习

姓名________　班级________　学号________

**1. 名词解释**

经济增长

经济周期

**2. 选择题**

(1) 下面关于经济增长的说法,错误的是(　　)。

A. 经济增长研究一国国内生产总值的长期变动趋势

B. 经济增长研究一国国内生产总值的短期变动趋势

C. 经济增长体现为一国国内生产总值的增加

D. 经济增长体现为一国人均国内生产总值的增加

(2) 下面属于影响一国经济增长的因素是(　　)。

A. 一国的资源配置方式　　B. 一国资本的投入

C. 一国劳动力投入的数量和质量　　D. 技术的进步

E. 政府干预宏观经济

(3) 下面措施有利于一国经济增长的是(　　)。

A. 颁布《专利法》、《经济合同法》

B. 发展职业教育,提高劳动者素质

C. 发现一座储量世界领先的煤矿

D. 在新材料领域取得重大突破

E. 政府干预宏观经济

(4) 下面属于经济周期繁荣阶段特点的是(　　)。

A. 公众消费增加

B. 企业投资增加

C. 商业银行逐步增加放贷

D. 商业银行出于避险需求,逐步减少放贷

E. 物价水平稳中有跌

(5) 下面属于经济周期衰退阶段特点的是(　　)。

A. 公众消费增加　　B. 企业投资逐步减少

C. 商业银行收紧银根　　D. 商业银行放松银根

E. 股市不断下跌

(6) 下面属于外生经济周期理论的是(　　)。

A. 认为经济周期是由货币的周期性扩张和紧缩引起的
B. 认为经济周期是由技术创新引起的
C. 认为经济周期是由太阳黑子的活动引起的
D. 认为经济周期是由消费者消费不足引起的
E. 认为经济周期是由人们的预期变化引起的

**3. 讨论与思考**

(1) 改革开放以来,我国经济保持了 30 年左右的持续高增长,请分析我国经济持续高速增长的原因。

(2) 联系实际谈谈技术进步对学院所在地经济增长的作用。

# 模块八 失业与通胀

**基本任务**

1. 失业理论的应用
2. 通货膨胀理论的应用

**【模块简介】**

从长期看，一个国家的经济实力是不断增强的。

不过，从短期看，一个国家的经济时不时地要闹个病。短期宏观经济生病的症状主要表现在两个方面：一是高失业现象，二是物价水平的大幅上涨。

一国的失业率总是处于动态变化之中，有时很低，为社会所接受，有时却非常高，舆论压力较大。当应届大学毕业生找工作难、民工返乡的新闻频频见诸报端时，说明失业问题要高度重视了。

一国的通货膨胀率也总是处于动态变化之中，有时很低，为社会所接受，有时却非常高，公众意见较大，当有关 CPI、猪肉涨价、食用油涨价的话题不断被提起时，说明通胀问题要高度重视了。

经济学家发现，许多时候，失业率和通货膨胀率呈现出明显的“跷跷板”现象：失业率高时，通货膨胀率往往就较低；反之，失业率低时，通货膨胀率往往就较高。经济学家用菲利普斯曲线来描述这种规律。

本模块向您简单介绍失业和通胀。

# 任务1　失业理论应用

**本项目内容结构图**

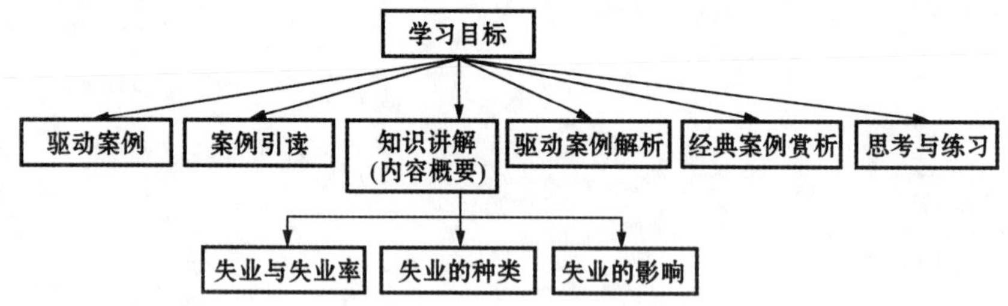


## 学习目标

• **知识目标**

(1) 掌握失业的定义。

(2) 掌握失业率的定义。

(3) 了解失业的种类。

(4) 了解失业的影响。

• **能力目标**

能够运用失业理论初步分析我国近年的失业现象。

## 驱动案例

**温家宝总理谈大学生就业**

"你们会有用武之地的。"当温家宝总理温和而亲切地说出这句话，无论是学习发动机制造专业的学生，还是因金融危机影响尚未找到工作的毕业生，心中都充满暖意。温家宝坦言："我们确实处在一个比较困难的时期。"他最担心忧虑的一件事就是大学生就业分配。

他明确地告诉北航的学子："同学们请放心，在就业问题上，当前我们要把大学生就业放在首位，我们很快就会提出一系列促进大学生就业的措施，包括创造条件让大型企业特别是创新型企业多招大学生，科研院所和学校重大科技专项以多种方式吸收大学生，引导大学生到基层充实一线工作，组织大学生继续深造和接受技能培训，搞好人才市场和招聘工作，各类企业要想方设法稳定在岗大学生的工作等。我们共同努力，一定会克服这个困难。"

（资料来源：熊争艳."你们会有用武之地"——温家宝总理与北航学生座谈.新华网北京 2008-12-21 电.节选）

**要求**：运用失业理论分析金融危机期间的大学生就业难问题。

## 案例引读

**温家宝总理谈危机**

"金融危机对中国实体经济的影响日益显现。从去年第三季度以来，出口大幅下滑，经济增速放缓，就业压力加大。中国经济面临着严峻的局面。"

（资料来源：国务院总理温家宝在英国剑桥大学演讲《用发展的眼光看中国》.新华网英国剑桥 2009-2-2.节选）

## 知识讲解

### 一、失业及失业率

**失业**是指个人主动寻找工作而无法找到工作的现象。构成失业必须具有三个条件：个人愿意工作；具有必要的工作能力；主动寻找工作但是没有找到工作。

例如，某人拥有银行存款 1 000 万，年利息达到几十万，不用工作也能活得很滋润，这种情形下的"没有工作"不能称为"失业"。又如，某小区的居民多数是拆迁户，每户都分得了 2 套以上房子，他们自住一套，剩下的用于出租，每月都有固定的收入。所以，小区里 50 岁左右的居民相当一部分选择赋闲在家，月薪1 000多元的工作他们不愿去做，这种情形下的"没有工作"也不能称为"失业"。

失业率是衡量一个国家或地区失业情况的指标。**失业率**指失业人口占劳动人口的比重，劳动人口等于失业人口与就业人口之和。

#### 相关案例链接

**A 地区的失业率**

假设 A 地区有 10 万人口，就业情况分布如下：年龄不足 18 周岁的未成年人和超过 60 周岁以上的退休人员 3.5 万。年龄 18 周岁以上和不足 60 周岁的人口中，不愿参加工作和不能参加工作的人员共有 5 000 人，包括全职主妇、残疾人士、在读全日制大学生等；愿意工作、努力寻找工作但是还没有找到工作的人员有 3 000 人；正常工作的人员有57 000人。问：A 地区的失业率是多少？

由案例得，A 地区的失业人口是 3 000 人；

就业人口是 3 000＋57 000＝60 000；

则 A 地区的失业率＝3 000/60 000＝0.05＝5%。

## 二、失业的种类

1. 自愿失业与非自愿失业

根据个人的主观愿意，失业可以划分成自愿失业与非自愿失业。

**自愿失业**是指个人因为自身的因素不愿意就业。他们或者拥有巨额货币而不需要工作；或者拥有某种固定收入而不需要工作；或者不满现有工作报酬、工作条件主动辞职不干，甘心赋闲在家。例如那些不外出工作，在家照顾一家人起居生活的全职太太，他们就属于自愿失业。显然，自愿失业是由于劳动者个人因素而导致的失业，外界因素无法调节。

**非自愿失业**是指个人有劳动能力、愿意接受企业的雇佣但仍然找不到工作。这种失业是由于各种各样的外部因素所造成的，存在着重新就业的可能。自从美国次级房贷风暴发生以来，全球金融业遭遇大裁员。美国纽约华尔街投资银行家约苏亚·珀斯基从2007年12月就开始失业，6个月中，他始终没能找到一份工作。为了尽快找一份工作养家糊口，心灰意冷的珀斯基竟然"放弃尊严"，脖子上挂着一块推销自己的牌子走上纽约街头，希望能通过这种"毛遂自荐"的方式帮自己找一份工作。约苏亚的这种失业就属于典型的非自愿失业。

经济学研究的是非自愿失业。

2. 摩擦性失业、结构性失业和周期性失业

非自愿失业可以分为摩擦性失业、结构性失业和周期性失业。

(1) 摩擦性失业。**摩擦性失业**是指在经济活动中各种由于职业转换的原因而造成的难以避免的短期、局部失业。例如，随着快递行业蓬勃发展，之前很多从事邮政送信的投递员改做快递，在没有完成角色转换前，他就处于失业状态。又如，某人由于报酬和人际关系原因，准备从A公司跳槽到B公司，从离开A公司到进入B公司，期间有一段时间在家休息，这种情况就属于摩擦性失业。从经济和社会发展的角度来看，摩擦性失业的存在是正常的，也是无法消除的。

(2) 结构性失业。**结构性失业**是由于各种制度的存在而造成的失业。例如，当一个社会规定了最低工资制度后，劳动者的供给增加，而企业的用工需求减少，由此而形成的失业就是结构性失业。与摩擦性失业不同的是，导致结构性失业的原因长期存在，所以结构性失业也是长期存在的。

(3) 周期性失业。**周期性失业**是指宏观经济遭遇经济的周期性衰退或萧条时，因总需求下降而造成的失业。当经济发展处于一个周期中的衰退期时，社会总需求不足，因而厂商的生产规模也缩小，从而导致较为普遍的失业。例如，2008年金融危机时，欧美消费者购买力锐减，大量珠三角企业来自欧美的订单也随着大幅减少，迫使企业不得不压缩产能，减少用工，倒致工人失业。这种失业就属于周期性失业。周期性失业对于不同行业的影响是不同的。一般来说，需求收入弹性越大的行业，周期性失业的影响越严重。也就是说，人们收入下降，产品需求大幅度下降的行业，周期性失业情况比较严重。如金融危机期间，高级酒店的生意

大受影响,高级酒店员工的失业情况就会较明显。反之,需求收入弹性越小的行业,周期性失业的影响越不严重。也意味着人们收入下降,产品需求下降很小的行业,周期性失业情况就很小。如快餐业受金融危机的影响就很小。

除了以上三种主要失业类型外,经济学中的失业类型还包括隐藏性失业和季节性失业。

隐藏性失业是指经济活动中存在这样一种现象:一部分人表面上有工作,但实际上对产出并没有作出什么贡献。也就是说,这些工作人员的边际生产力为零,实际上是个摆设,去掉他们后产出不会下降。当经济活动中减少就业人员而产出水平没有下降时,即存在着隐藏性失业。我国农业领域,特别在我国农村家庭中,往往存在一户家庭一到两个强壮劳动力养活一家人的情况,其余人员的务农仅是个点缀,那些农民可以被认为隐藏性失业。

季节性失业是由于某些部门的季节性生产停顿而造成的失业。如在雨季来临的时候,建筑、装潢工人因天气原因停工而造成的失业就被认为是典型的季节性失业。

## 三、失业的影响

失业是相当可怕的一件事。对于家庭成员来说,由于失业,会对自己的家庭收入产生一定的影响,从而使家庭的购买力降低,影响了整个家庭的生活水准。失业同时会导致社会不安,大量的失业潮会导致整个社会动荡。利比亚、埃及的政治危机说到底就是国内的失业率居高不下,国内失业人口甚至买不起生活必需品,整个社会也因此动荡不安。

失业的经济影响可以用机会成本的概念来理解。当失业率上升时,经济中本可由失业工人生产出来的产品和劳务就损失了。衰退期间的损失,就好像是将众多的汽车、房屋、衣物和其他物品都销毁掉了。

20 世纪 60 年代,美国经济学家阿瑟·奥肯根据美国的数据,提出了经济周期中失业变动与产出变动的经验关系,被称为奥肯定律。奥肯定律的内容是:失业率每高于自然失业率一个百分点,实际 GDP 将低于潜在 GDP 两个百分点。换一种方式说,相对于潜在 GDP,实际 GDP 每下降两个百分点,实际失业率就会比自然失业率上升一个百分点。

## 驱动案例解析

### 温家宝总理谈大学生就业

2008 年的金融危机,使欧美消费者购买力锐减,大量珠三角企业来自欧美的订单也随着大幅减少,迫使企业不得不压缩产能,减少用工。在这种背景下,大学生就业难的问题就显得非常突出了。面对困难,温家宝总理在与北航学生座谈时的一席话体现了危机期间中央政府对大学生就业的高度关注,所提的措施具有高度的针对性。

金融危机期间包括大学生在内的就业难，归根到底是由于出口需求的萎缩所致，要改善就业，就必须扩大内需，以填补外需缺失的空白。为了应对危机，我国政府相继出台了一系列“保增长、扩内需、调结构”的政策，来应对金融危机，例如：2008年11月，确定了进一步扩大内需、促进经济增长的十项措施；投资4万亿元用于保障性安居工程建设，铁路、公路、机场等重大基础设施建设；出台家电下乡实施细则；出台小排量汽车购置税优惠政策。

## 经典案例赏析

### 牵动人心的就业

近年来我国就业的结构性矛盾突出，一方面是企业招工难，一方面是百姓就业难。

**【资料】** 据人力资源和社会保障部新闻发言人尹成基介绍，2012年城镇需就业的劳动力达2 500万人，比“十一五”时期的年均数多100万人。他说，2012年就业总量矛盾和结构性矛盾依然非常大，另外，结构性矛盾更加突出，招工难和就业难并存。不仅技术工人短缺，普通工人也短缺。就业难主要是大学生就业难。

“现在的就业形势比较复杂。”人力资源和社会保障部劳动科学研究所研究员张丽宾告诉本报记者，“十二五”时期是劳动力供给的高峰期，当前不仅就业总量压力大，而且结构性矛盾更加突出，劳动力的需求和供给很不匹配。

（资料来源：罗兰. 各地就业完成情况　纳入政府考核体系——就业率为何会成为政绩“硬杠杠”. 人民日报海外版. 2012-08-28. 节选）

需要强调的是，目前，广大中小企业是我国扩大就业的主要渠道，温家宝总理2012年7月17日在全国就业创业工作表彰大会上的讲话体现了这一点。

**【资料】** 积极扶持中小企业发展，促进以创业带动就业。中小企业特别是小型微型企业是稳定扩大就业的主力军。各地区、各部门要充分认识中小企业在经济社会发展和促进就业创业中的重要地位作用，认真落实针对小型微型企业的税收优惠政策，清理不合理收费，切实减轻企业负担。要扩大对小型微型企业贷款，完善金融体系结构，逐步缓解和解决小型微型企业融资难问题。要改善对小型微型企业的公共服务，支持企业提高技术和管理水平，增强发展后劲和市场竞争力。要放宽市场准入、简化审批手续，优化小型微型企业发展环境。

（资料来源：温家宝. 促进就业是保障和改善民生的头等大事. 新华网北京2012-7-22. 节选）

所以，从更高的高度重视广大中小企业的发展，就显得非常紧迫了。

## 思考与练习

姓名________ 班级________ 学号________

**1. 名词解释**

自然失业

周期性失业

摩擦性失业

结构性失业

**2. 选择题**

(1) 一个地区的失业率是失业人数与(　　)的比率。

A. 就业人数　　B. 劳动力总数

C. 人口总量　　D. 18 周岁以上,60 周岁以下的人口

(2) 周期性失业是指(　　)。

A. 经济中由于正常的劳动力流动而引起的失业

B. 由于金融危机而引起的短期失业

C. 由于不满现有报酬跳槽所引起的失业

D. 由最低工资制度引起的失业

(3) 由于消费减少、经济衰退而形成的失业属于(　　)。

A. 摩擦性失业　　B. 结构性失业

C. 周期性失业　　D. 自然失业

(4) 劳动力总量包括(　　)。

A. 所有失业和就业的工作年龄人口

B. 总人口中扣去非工作年龄人口外的所有工作年龄人口

C. 总人口数,包括无劳动能力者

D. 所有失业的工作年龄人口

**3. 计算题**

假设某地区有 20 万人口,就业情况分布如下:

年龄不足 18 周岁的未成年人和超过 60 周岁以上的退休人员 8 万;年龄 18 周岁以上和不

足60周岁的人口中,不愿参加工作和不能参加工作的人员共有2万,包括全职主妇、残疾人士、在读全日制大学生等;愿意工作、努力寻找工作但是还没有找到工作的人员有5000人;正常工作的人员有95000人。

问:该地区的失业率是多少?

**4. 案例分析题**

(1) 在我们身边不难发现,有很多这样的"啃老一族"。他们是这样一个群体:到了该独立的年纪却仍然在经济上依赖父母,需要父母的帮助。但是也有人说,如今的高房价、高物价才造就出这样的群体。而"啃老族"也表示心里虽然很是过意不去,但是也是无奈之举。"啃老"一族究竟是形势所迫,还是自身不负责任?对于"啃老"一族,你怎么看?请从失业理论的角度进行分析。

(2) 年关未至,然而,在广州、合肥、重庆、武汉、南京、南昌等地的火车站却反常地迎来大批人流,其中绝大部分是返乡的农民工。"孔雀东南飞"一语所描述的中国劳动力候鸟式迁徙,似乎也受到了当前最恶劣经济气候金融风暴的冲击。随着广东制造业成片倒闭,珠三角成片港企倒闭,沿海地区经济放缓,这一多米诺牌骨的效应正在显现。但在更大的层面上,农民返乡并不意味着重归田园牧歌的悠闲生活,而是失业和困厄。在大家都纷纷捂紧口袋准备过冬时,我们的农民兄弟们该怎么办?

# 任务2　通货膨胀理论应用

**本项目内容结构图**

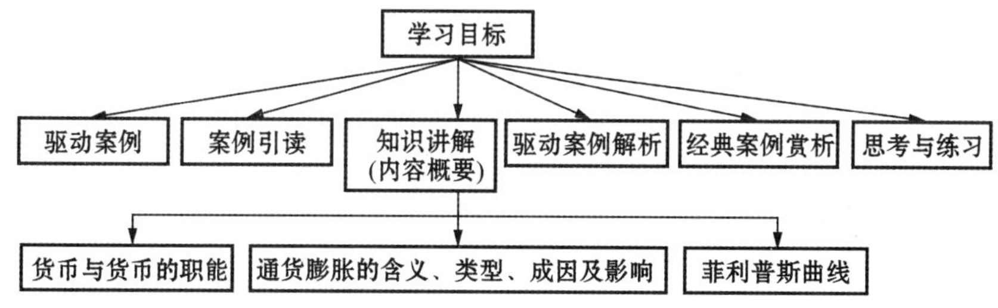


## 学习目标

• **知识目标**

(1) 掌握货币的含义。

(2) 了解货币的职能。

(3) 掌握通货膨胀的含义、类型、成因及影响。

(4) 了解菲利普斯曲线。

• **能力目标**

能够运用通货膨胀理论解释我国近年的通胀现象。

## 驱动案例

### 通货膨胀——市场经济永恒的主题

**【资料】** 必须对通货膨胀保持警惕

中国人民银行行长周小川北京时间30日接受海外媒体采访时表示，央行必须对通胀保持警惕，目前国内通胀率仍存在进一步走高的空间。周小川称，“通胀水平依然高于许多人的预期。通胀率可能仍将进一步上扬，我们应对此保持警惕。”

(资料来源：王宙洁. 周小川发出警告：必须对通货膨胀保持警惕. 上海证券报. 凤凰网 2011-01-31 转载. 节选)

**【资料】** 温家宝：通货膨胀像老虎

“摆在我们面前的任务十分艰巨，国内外形势也非常复杂。”短短两个小时的记者会，温总理就通胀、房价、政治体制改革等问题一一作答。

“通货膨胀就像一只老虎，如果放出来就很难再关进去。”温总理对此给予形象的比喻。他认为，中国目前出现的通胀是国际性的，由于某些国家实行量化宽松的政策,而造成汇率和大宗物资价格的大幅度波动。“输入型的通货膨胀对中国有很大的影响,这是难以控制的。”

(资料来源:马继鹏. 温家宝:通货膨胀像老虎. 国际金融报. 2011-03-15. 节选)

**问题 1:**什么是通货膨胀?

**问题 2:**为什么要对通货膨胀保持警惕?

## 案例引读

**CPI——消费者最关心的统计数据**

CPI 是消费物价指数的英文缩写,是根据与消费者生活密切相关的“一篮子”产品及劳务价格统计出来的物价变动指标,是观察一个社会通货膨胀水平的最重要指标之一,也是消费者最关心的统计数据。

**【资料】** 中国启动新 CPI 统计权重方案

1 月居民消费价格(CPI)数据于 15 日公布。国家统计局相关负责人 14 日对中国证券报记者表示,国家统计局已根据社会消费调查情况,对 CPI 统计权重方案进行适当调整。其中,最明显的变化之一是食品价格所占权重将出现一定程度的下调。

国家统计局该负责人表示,统计部门每年都会对 CPI 的“商品篮子”进行一定微调,但幅度不会太大。

(资料来源:韩晓东. 中国启动新 CPI 统计权重方案 食品价格权重降低. 中国证券报. 人民网 2011-02-15 转载. 节选)

我国计算 CPI 的“一篮子”产品和劳务共计八大类,根据形势的变化,统计部门会对各类产品价格所占的权重不断微调,近年的惯例是“每年一小调,五年一大调”。

2011 年各类产品价格所占的权重最新调整为:食品 31.79%、烟酒及用品 3.49%、居住 17.22%、交通通信 9.95%、医疗保健个人用品 9.64%、衣着 8.52%、家庭设备及维修服务 5.64%、娱乐教育文化用品及服务 13.75%。

## 知识讲解

### 一、货币

货币是商品交换发展到一定程度的产物,人们使用货币来交换商品。

人类历史上,有商品货币和法定货币。首先出现的是商品货币,包括白银和黄金。白银和黄金被用来购买各种物品时,其身份是货币;当白银和黄金不履行货币职能时,本身就是一种商品。另一种是法定货币,即由政府法令规定、强制使用的货币。人民币是我国的法定货币。

法定货币包括以下几种形式：纸币：由一国中央银行发行，并强制使用。铸币：是小额辅币。存款货币：指商业银行的活期存款。准货币：指各种定期存款。上述划分是为了定义经济学的两个概念：狭义的货币、广义的货币。狭义的货币用 $M_1$ 表示，广义的货币用 $M_2$ 表示。

$M_1$ 包括流通中的现金和各种活期存款，其中，活期存款包括支票存款和信用卡存款。现金、支票存款和信用卡存款可以直接用来购买商品，反映了一个社会最直接的购买能力。$M_2$ 包括 $M_1$ 和各种定期存款。与现金相比，定期存款是一种潜在的购买力，在一定条件下，可以转换成现金，反映了一个社会潜在的购买能力。

## 二、货币的职能

货币的职能主要有三种：①充当商品交换的媒介。很久以前，贵金属比如金、银和铜都曾经非常广泛的当做货币来使用，比如一两银子可以买若干桌酒席。货币之所以能执行价值尺度职能，是因为货币本身也具有价值，因而能以自身价值作为尺度来衡量其他商品所包含的价值量。例如，人们说一斤鸡蛋的价格是 5 元，这是用货币来表示鸡蛋的价格。货币可以使你与老板就工资达成一致，也可以使你轻松地对比出一个篮球和足球的贵贱。②表示某种商品的价格；③贮藏财富的手段。人们在接受货币支付以后，可以把货币花掉，也可以把货币贮藏起来等待一段时间以后再使用，或者作为财富的代表留给下一代。

## 三、通货膨胀理论

### 1. 通货膨胀的含义

**通货膨胀**是指市场上绝大多数物品的价格在一段时期内持续上涨。理解通货膨胀要注意两点：一是大部分商品的价格都在上涨，小到大米、食用油、服装，大到商品房价都在上涨。二是必须是物价在一段时间内持续的上涨，并不是涨涨回回。

“我像你这么大的时候，100 元钱能买到的东西比现在多多了。那时候两元钱可以吃一碗面、两个包子、一根冰棍了，现在可不行了。”一年级的小王常常听妈妈这样唠叨。实际上，100 元钱在很久之前的价值比现在更高，因为那时候的东西比现在的价格要低得多。这样一种现象，就被认为是通货膨胀。**衡量通货膨胀的指标是通货膨胀率。**

### 2. 通货膨胀的类型

(1) 爬行的通货膨胀，又称为温和的通货膨胀，通胀率一般较低，不会引起消费者的恐慌。

(2) 加速的通货膨胀，其通胀率一般在两位数以上，一旦形成通胀预期，就会引起消费者的恐慌，需要引起管理部门的高度警惕。

(3) 超速通货膨胀，这是一种恶性的通货膨胀，通胀率往往达到疯狂的程度。典型的例子是旧中国国民党政权崩溃前的恶性通胀。

3. 通货膨胀的成因

(1) 需求拉动型通货膨胀，是指总需求过度增长超过总供给所引起的一般物价水平普遍而持续的上涨。引起总需求过度增长的原因有两个方面：

① 实际的总需求过度增长。总需求包括个人消费、企业投资、政府支出以及净出口，无论是其中哪一项增加都会导致总需求的过度增长。凯恩斯主义持这个观点。例如，一国对外发生战争，军方的订单大量增加，这样，现有生产能力生产出来的产品就满足不了市场的需求，价格就会不断上涨。

② 货币因素造成的。货币因素造成通货膨胀形象地说就是“过多的货币追逐过少的商品”，由于流通中的货币量太多，绝大多数的商品价格自然就会水涨船高。美国经济学家弗里德曼曾经说过：“通货膨胀总是发生在货币量增加的速度超过了产量增加速度的情况下。”这句话也深刻地说明了这一点。

(2) 供给推动型通货膨胀，是指由于一国内的企业成本增加而引起的通货膨胀。造成供给推动型通货膨胀的主要类型有以下三点：

①工资成本推动的通货膨胀。工资是企业成本中的主要构成部分之一，工资水平的上升速度过快，会导致厂商成本迅速增加，厂商因此而提高产品和劳务的价格，从而导致通货膨胀。由于工资增长具有刚性，所以工资成本推动的通货膨胀在各国普遍存在。

②利润推动的通货膨胀。一国市场上存在许多具有垄断地位的企业，这些企业为了增加利润而提高价格，由此引起的通货膨胀称为利润推动的通货膨胀。如果这些企业处于上游，则其提价行为将会引起一系列连锁反应。

③进口成本推动的通货膨胀。造成成本推进的通货膨胀的另一个重要原因是进口商品的价格上升。如果一个国家生产所需要的原材料主要依赖于进口，那么，进口商品的价格上升就会造成成本推进的通货膨胀。最典型的例子是 20 世纪 70 年代的石油危机期间，石油价格急剧上涨，而以进口石油为原料的西方国家的生产成本也大幅度上升，从而引起通货膨胀。

(3) 结构性通货膨胀，指在没有需求拉动和成本推动的情况下，由于经济活动中发生的结构因素的变动而引起的通货膨胀。

4. 通货膨胀的影响

(1) 通货膨胀对经济的影响。

通货膨胀破坏生产发展、扰乱流通秩序。在通货膨胀下，由于原材料等初级产品的价格上涨往往快于产成品的价格上涨，从而会增加生产性投资的风险和经济成本，使投资不如投机、生产不如囤积的现象普遍出现。同时，通货膨胀使市场价格信号失真，导致商品价格升降并不能真正反映商品供求关系的变化。价格上涨后，由于预期的作用，需求量不减反增，失真的价格导向会使社会资源盲目流动和组合，从而引起社会资源的巨大浪费。

(2) 通货膨胀对个人生活的影响。通货膨胀对人们造成的影响也是不同的。通货膨胀会对财富形成新的分配效应，有的人遭受损失，而有的人会得到好处。

最可能遭受损失的人主要有：①依靠固定收入生活的人。在通货膨胀时期，由于生活成本的增加。人们为了维持现有的生活，就得挣更多的钱。而对于那些依靠固定退休金生活的人来说，由于他们的收入无法增加，自然就无法抵消通货膨胀对他们生活的影响。当通货膨胀出现的时候，他们的生活水平就会下降。②存款者。人们把钱存到银行，目的是为了能够得到一定的利息。除非银行的利息率至少等于或者高于通货膨胀率，否则实际返还到存款人手中的钱的购买力会小于存款之前的购买力。

从通货膨胀中收益的人主要有：①容易增加收入的人。在通货膨胀时期，某些行业、劳动力群体比在其他时期更能提高价格和工资。如果价格和工资的增长幅度高于通货膨胀率，这些人就会从中受益。例如，珠宝销售行业在通货膨胀时期，珠宝销售的价格通常比生活用品的价格增长的更快，结果就是珠宝商拥有了更多的利润。②借入资金的人。对于那些在通货膨胀时期借入资金的人来说，到期还款的时候，还款额的价值低于借款时借入款项的价值。如果对这一借款收取的利率低于通货膨胀率的话，那些借款人就会从两者之间的差额得到好处。

## 四、菲利普斯曲线

通货膨胀和失业是宏观经济中的两个重要的问题。**菲利普斯曲线**是用来表示失业与通货膨胀之间此消彼长关系的曲线。菲利普斯曲线表明，在短期内失业与通货膨胀之间存在此消彼长关系，它是一条向右下方倾斜的曲线，如图 8-1 所示。

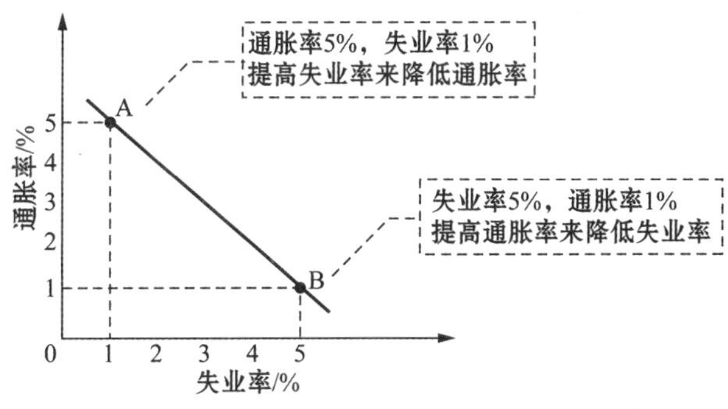


图 8-1　菲利普斯曲线

通货膨胀与失业率的交替关系为政府的决策提供了一个选择空间，即政府总可以通过牺牲一个目标来换取另一个目标的实现，比如在 A 点时，通胀率 5%太高，公众意见很大，而失业率 1%较低，政府可以提高失业率来降低通胀率。在 B 点时，失业率 5%太高，公众意见很大，而通胀率 1%较低，政府可以提高通胀率来降低失业率。也就是说，菲利浦斯曲线为政府提供了一个选择的菜单。具体的方法在宏观经济政策模块阐述。

## 五、长期中的通货膨胀

货币数量论认为,商品的价格水平最主要是由流通中的货币量决定的,长期中,决定一国通胀水平的是货币因素。该理论可以通过长期中通货膨胀示意图来理解,如图 8-2 所示。

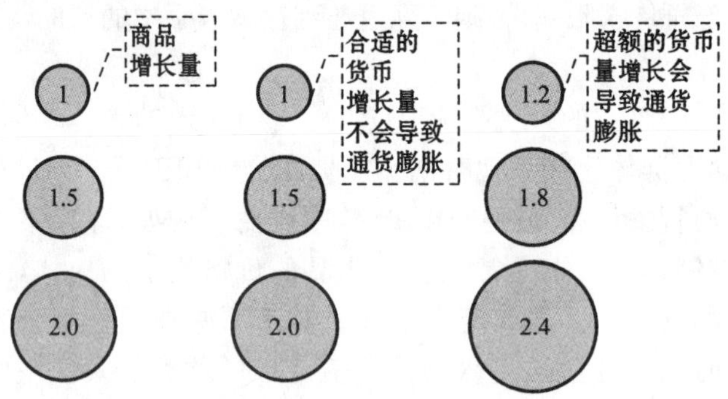


图 8-2 长期中通货膨胀示意图

如图 8-2 所示:长期中,如果商品增长量与流通中的货币增长量大致相等,则不会发生明显的通货膨胀;反之,如果商品增长量小于流通中的货币增长量,则肯定会发生通货膨胀。

## 驱动案例解析

### 通货膨胀——市场经济永恒的主题

**问题 1:**什么是通货膨胀问题?

通货膨胀是指一般价格总水平的持续上涨。理解这一定义需要注意两个问题:一是价格上升并不是个别现象,不是猪肉涨价而洗衣机跌价;二是价格总水平上升要持续一定时期,不是此时上涨彼时回落。

**问题 2:**为什么要对通货膨胀保持警惕?

之所以要对通货膨胀保持警惕,是因为通胀预期一旦形成,再要制服它就困难了。

引起通货膨胀的原因很多,有需求拉上、成本推动等,这些因素随着时间的推移、各项宏观调控政策的实施会逐渐淡化,但它们都是客观存在的。

另外,还有一种引起通货膨胀的因素更需警惕,即公众的通胀预期。通胀预期一旦形成,公众将会陷入恐慌之中,即使前面的因素消失了,通货膨胀也会继续下去。如果需求拉上、成本推动和通胀预期因素结合在一起,将使得通货膨胀更加难以降服。

## 经典案例赏析

### 疯狂的通货膨胀

1935年国民党反动政府实行了“法币改革”，规定自1935年11月4日起，以伪中央银行、中国银行、交通银行三家银行所发行的钞票为“法币”(1936年又增加了伪中国农民银行。1942年7月1日起，法币的发行权统一于伪中央银行)，并宣布所有白银和银元的持有人，应立即将其缴存政府，照面额换领法币。从法币改革到抗日战争前夕，法币的发行额增加到三倍以上。截至1936年6月为止，搜刮人民的白银就达2亿2千5百万元。

抗日战争期间，法币的发行额迅速增长。1945年8月抗日战争结束时，法币的发行额为1937年7月抗日战争发生时的340余倍，同一时期的物价至少上涨了2000倍左右。

抗日结束后，国民党反动派又发动了反人民的国内战争，更加大量地增发纸币。从1937年6月至1948年8月21日法币崩溃为止，法币发行量上升到47万倍，同一时期上海的物价上涨了492万7千倍。

大量发行直接导致法币急剧贬值，1948年8月法币的购买力只有战前币值的五百分之一。

## 思考与练习

姓名________ 班级________ 学号________

**1. 名词解释**

通货膨胀

需求拉上的通货膨胀

供给推动型通货膨胀

结构性通货膨胀

菲利普斯曲线

**2. 填空题**

(1) 衡量通货膨胀的指标是________。

(2) 通货膨胀按其严重程度可分为________、________、________三类。

(3) 供给推动的通货膨胀是由于________增加而引起的通货膨胀。

(4) 菲利普斯曲线是用来表示________与________之间此消彼长关系的曲线。

**3. 单项选择题**

(1) 经济学家认为,利润推动的通货膨胀的根源在于(  )。

A. 工会的存在
B. 市场的完全竞争性
C. 企业的垄断
D. 进口的原材料价格上升

(2) 由于企业之间竞相涨工资而引起的通货膨胀是(  )。

A. 需求拉上的通货膨胀
B. 供给推动的通货膨胀
C. 供求混合型的通货膨胀
D. 结构性通货膨胀

(3) 如果经济中发生了未预期到的通货膨胀,那么(  )。

A. 债务人和债权人都受损失
B. 债务人和债权人都受益
C. 债务人受益而债权人受损失
D. 债务人受损失而债权人受益

(4) 由于国际油价上涨,导致进口国形成的通货膨胀是(  )。

A. 需求拉上的通货膨胀
B. 供给推动的通货膨胀

C. 供求混合推动的通货膨胀　　D. 结构性通货膨胀

(5) 由于经济结构因素的变动，形成的通货膨胀是(　　)。

A. 需求拉上的通货膨胀　　B. 供给推动的通货膨胀

C. 供求混合推动的通货膨胀　　D. 结构性通货膨胀

(6) 20%的通货膨胀率属于(　　)。

A. 爬行的通货膨胀　　B. 加速的通货膨胀

C. 温和的通货膨胀　　D. 超速的通货膨胀

(7) 菲利普斯曲线说明(　　)。

A. 失业率越高，通货膨胀率越高　　B. 失业率越低，通货膨胀率越低

C. 失业率越高，通货膨胀率越低　　D. 失业率与通货膨胀率没有关系

**4. 问答题**

联系实际谈谈通货膨胀对经济的影响。

# 模块九 宏观经济政策

基本任务

1. 财政政策
2. 货币政策

**【模块简介】**

宏观经济政策就是政府使用某些工具来干预宏观经济运行。

围绕是否应该采用国家干预宏观经济，整个经济学界分裂为互相对立的两派：干预派和自由派。干预派主张靠政府调控这一只“看得见的手”来平抑宏观经济波动，与此相反，自由派反对国家干预。

干预派的主流是凯恩斯主义经济学，自由派的主流是新古典宏观经济学。实践中，凯恩斯主义经济学被世界各国普遍采用，对世界各国宏观经济政策的制定具有深刻的影响。

宏观经济政策应该达到四个目标：充分就业、物价稳定、减少经济波动和实现经济增长，这四个目标共同确保一国宏观经济的持续发展。为了实现上述目标，就需要对总需求和总供给进行管理，凯恩斯主义强调通过调节总需求来干预宏观经济。

本模块重点介绍凯恩斯主义宏观经济政策——财政政策和货币政策。

# 任务1　财政政策

**本项目内容结构图**

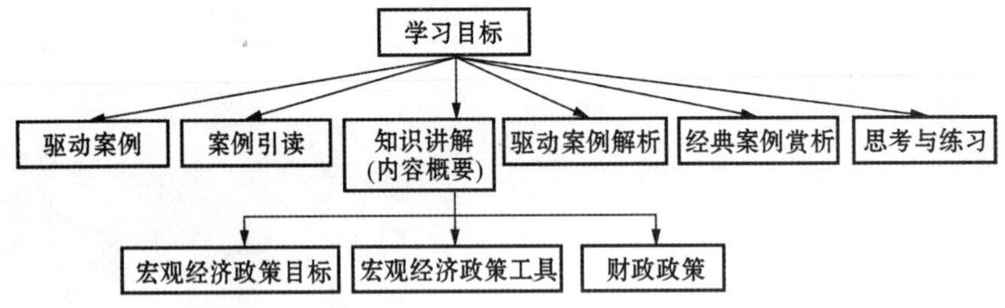


## 学习目标

• **知识目标**

(1) 了解宏观经济政策的目标。

(2) 掌握宏观经济政策工具。

(3) 理解财政政策的内容。

• **能力目标**

能够运用财政政策原理初步分析各项财政政策的作用。

## 驱动案例

**减税的话题**

**【资料】** 肯尼迪总统减税

1961 年当一个记者问肯尼迪总统为什么主张减税时，肯尼迪回答："为了刺激经济。"他的目的是实行减税，减税增加了消费支出，扩大了总需求，并增加了经济的生产和就业。在选择这种政策时，肯尼迪政府成立了以詹姆斯·托宾和罗伯特·索洛(这两位之后都获得了诺贝尔经济学奖)为首的经济顾问小组。

(资料来源：圣才学习网. 2010-7-2)

**【资料】** 奥巴马减税

美国经济复苏放缓，一系列的经济刺激计划随之而来。继美联储利用其持有的按揭支持证券的到期资金购入 25.51 亿美元美国国债之后，日前，奥巴马又祭出了为企业减税 2 000 亿美元以及 500 亿美元投资基础设施的利器，以期待对经济有相应的拉动作用。除此之外，延长针对中产阶级的减税期限、扩大对清洁能源的研发及投资、针对商业活动减税都将陆续出台。

(资料来源：钟慧文，2 000 亿减税＋500 亿基建：美经济上演"无就业复苏"?

中国产经新闻报，东方财富网 2010-09-10 转载）

**【资料】** 周其仁谈减税

北京晨报：放松货币流动性，能否解决“小微”融资难？

周其仁：不要认为放松货币就是帮助小微企业。第一，如果松了，以后物价会冲得更凶，成本压力会更大，这对小微企业是非常不利的；第二，即使松货币，也不能落到小微企业的口袋里去，从目前货币传导机制看，货币量投放较多时，小微企业从正规渠道获得的贷款非常少，钱都被大企业拿走了。

北京晨报：那应使用何种调控手段？

周其仁：小微企业首先需要的就是减税。千万不能放开货币“水龙头”，要执行稳健的货币政策。货币稳健是有代价的，但我认为，小微企业是需要稳健的货币环境的，在稳健货币的前提下，财政减税政策能够发挥更大作用。除此之外，还需要发展服务小微企业的金融产业，小微企业单个看起来风险很高，但其总体系统风险并不高。

（资料来源：孙春祥，放松货币流通无益小微企业　减税应是首选，北京晨报，北方网 2012-2-13 转载）

**问题**：运用财政政策的原理分析减税的必要性。

## 案例引读

**加强和改善宏观调控**

加强和改善宏观调控。巩固和扩大应对国际金融危机冲击成果是“十二五”时期的重要任务。要处理好保持经济平稳较快发展、调整经济结构和管理通胀预期的关系，保持宏观经济政策的连续性和稳定性，增强针对性和灵活性，提高宏观调控的科学性和预见性，防范各类潜在风险，避免经济大的起落。把短期调控政策和长期发展政策有机结合起来，加强各项政策协调配合，促进经济平稳较快发展。

（资料来源：中央关于国民经济和社会发展“十二五”规划的建议，新华社北京 2010-10-27 电）

**思考**：为什么要加强和改善宏观调控？

## 知识讲解

### 一、宏观经济政策的概念

**宏观经济政策**是指国家或政府依据相关经济理论，有意识和有计划地运用一定的政策工具，以达到一定的经济社会目标。正确的实施宏观调控政策对一国经济和社会发展极为重要。“十一五”期间的宏观调控案例就充分说明了这一点。

相关案例链接

**“十一五”期间的宏观调控**

“十一五”期间，在各项宏观经济政策的护航下，我国经济发展取得了令人瞩目的成就……社会发展目标基本达到。

中国人民大学财政金融学院副院长赵锡军表示：“五年来，虽然面对国际金融危机、汶川地震等一系列严峻挑战，但我国经济依然保持了平稳较快的发展态势，其中一条重要经验就在于宏观调控政策把握得当，宏观调控能力日益成熟，这将为‘十二五’乃至未来更长一段时间我国经济实现可持续发展奠定良好基础。”

（资料来源：牛娟娟，经济政策强调“四性”宏观调控关注长远目标，金融时报，金融界 2010-11-04 转载）

## 二、宏观经济政策的目标

经济学家认为，宏观经济政策应该达到的目标是实现经济持续地稳定发展，为此要同时达到四个目标：充分就业；物价稳定；减少经济波动；实现经济增长。

充分就业并不意味着完全消除失业，人人都有工作。因为摩擦性失业和结构性失业是不可能完全地消除的，把这两项加起来，得到自然失业率。当实际的失业率等于自然失业率的时候，我们就说经济处于充分就业的状态。

物价稳定也不是通货膨胀率为零，期望这种通货膨胀率是不现实的。物价稳定是指一种物价水平的缓慢增长状态，对宏观经济的不利影响很小。一般而言，当经济中存在温和的通货膨胀也算是实现了物价稳定。

减少经济波动并不是要消灭经济周期。由于各种事件的影响，一个经济中出现周期性波动是正常的，调控的目的是减少而不是“熨平”经济周期。

实现经济增长是达到一个恰当的增长率，不追求短期内的快速增长，不搞没有后劲的“百米冲刺”，宏观调控立足于一国经济持续稳定地增长。

正所谓“鱼与熊掌难以兼得”，上述四项目标往往难以兼得，最为明显的就是充分就业和稳定物价无法两全。关于这两者之间的矛盾，最经典的描述是菲利普斯曲线。该曲线表明，失业率与物价变动率之间存在着一种此消彼长的相互替代关系。

## 三、宏观经济政策工具

国际经济政策本书不讨论。

**宏观经济政策**工具是为实现既定的政策目标而使用的具体手段。宏观经济问题归根到底是总需求和总供给的关系问题，当总需求和总供给关系失衡时，既可以调节总需求，也可以调节总供给，所以，常用的有需求管理、供给管理政策，以及国际经济政策。

需求管理是通过调节总需求，来调节总需求和总供给的关系失衡，以达到一定政策目标的宏观经济政策工具，这也是凯恩斯主义所重视的政策工具。需求管理包括财政政策与货币政策。

供给管理是通过对总供给的调节，来调节企业的生产活动，以达到一定的政策目标的宏观经济政策工具。

凯恩斯主义需求管理的政策原理是什么呢？其认为调节总需求和总供给的关系失衡，关键在于调节总需求。如表 9-1 所示：

**表 9-1　凯恩斯主义总需求**

| | 物价 | 失业 | 政策取向 |
|---|---|---|---|
| 总需求>总供给 | 价格水平上升 | 失业下降 | 抑制总需求 |
| 总需求<总供给 | 价格水平下跌 | 失业严重 | 扩张总需求 |

如表 9-1 所示，当一国宏观经济中，总需求大于总供给时，整个社会物价总水平就会上升，同时，企业订单充足，就业形势良好。当总需求过于旺盛，导致通货膨胀率居高不下时，政府就会考虑抑制总需求，以降低通货膨胀率。反过来，当一国宏观经济中，总需求小于总供给时，整个社会物价总水平就会下跌，同时，企业订单减少，就业形势恶劣。当总需求过于疲软，导致失业率居高不下时，政府就会考虑扩张总需求，以降低失业率。

凯恩斯主义需求管理中，所有的财政政策与货币政策都是照这个思路设计的。

## 四、财政政策

财政政策包括财政收入和支出两个方面：财政收入方面包括增加或减少税收，财政支出方面包括增加或者缩减政府开支。

1. 扩张的财政政策

当一个社会总需求过于疲软，总供给大量过剩，企业订单减少，普遍收缩产能，劳动者就业形势恶劣，失业率居高不下，公众舆论普遍关注失业率时，政府就会考虑扩张总需求，以扩大企业订单，增加企业用工，降低失业率。具体的方法主要有：降低个人所得税，增加个人消费；降低企业所得税，增加企业投资；增加政府投资；增加转移支付。

为了加深对上述内容的理解，此处试举下列例子。

全国人大常委会 2011 年 4 月 20 日初次审议个人所得税法修正案草案，拟将个人所得税工资薪金所得减除标准，即免征额由每月 2 000 元上调至每月 3 000 元。2011 年 6 月 30 日，全国人大常委会表决通过了关于修改个人所得税法的决定，根据该决定，个税的免征额从 2 000 元上调至 3 500 元。

2007 年 3 月 8 日，财政部部长金人庆在十届人大五次会议第二次全体会议上表达了这样的观点：将内外资企业所得税税率统一为 25%，主要是考虑对内资企业要减轻税负，对外资企业也尽可能少增加税负，25%的税率在国际上属于适中偏低的水平，有利于提高企业竞争力和吸引外商投资。

2010 年底，财政部发出了《1.6 升及以下购置税优惠到期的通知》，原文如下：

各省、自治区、直辖市、计划单列市财政厅(局)、国家税务局，新疆生产建设兵团财务局：经国务院批准，对1.6升及以下排量乘用车减按7.5%的税率征收车辆购置税的政策于2010年12月31日到期后停止执行，自2011年1月1日起，对1.6升及以下排量乘用车统一按10%的税率征收车辆购置税。

2. 紧缩的财政政策

当一个社会总需求过于旺盛，总供给严重不足，导致各种商品价格不断上涨，通货膨胀率居高不下，公众舆论普遍关注商品涨价时，政府就会考虑采用各种手段抑制总需求，以降低通货膨胀率。具体的方法主要有：增加个人所得税，减少个人消费；增加企业所得税，减少企业投资；减少政府投资；减少转移支付。

3. 内在稳定器

内在稳定器是指某些财政政策具有自动的双向调节特征，当宏观经济处于繁荣状态时，能自发地抑制总需求；当宏观经济处于萧条状态时，能自发地刺激总需求，以协助宏观经济恢复平衡。

具有内在稳定器功能的主要是所得税和转移支付。假设一国有10 000个劳动者，个税起征点是2 500元，领取救济金的标准是600元。个税和救济金的自动稳定功能如图9-1～图9-3所示：

常规状态

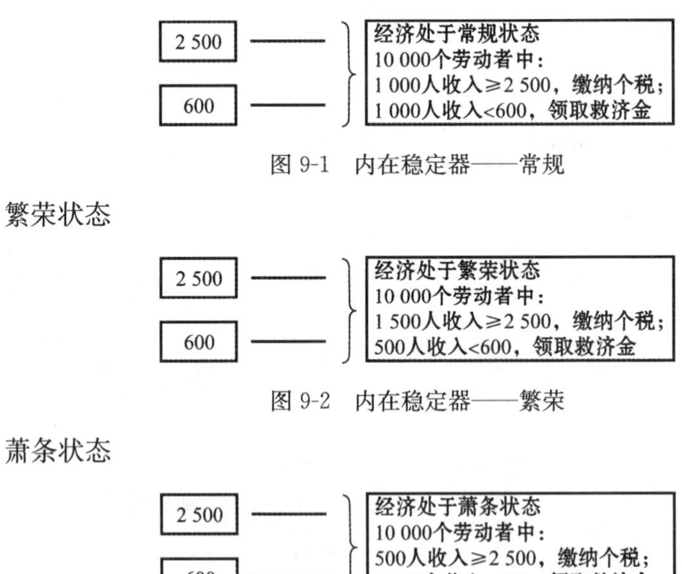


图9-1 内在稳定器——常规

繁荣状态

图9-2 内在稳定器——繁荣

萧条状态

图9-3 内在稳定器——萧条

由图9-1～图9-3所示，个税和救济金具有自动的双向调节特征。

当宏观经济处于繁荣状态时，劳动者的收入普遍增加，达到个税起征点的人数增加，缴纳个税的人数增加，一定程度上“打击”了整个社会的消费能力。同时，收入在救济金以下的人数减少，领取救济金的人数减少，也在一定程度上“打击”了整个社会的消费能力。当宏观经济处于萧条状态时，劳动者的收入普遍减少，达到个税起征点的人数减少，缴纳个税的人数较少，一定程度上"保护"了整个社会的消费能力。同时，收入在救济金以下的人数增加，领取救济金的人数增加，也在一定程度上"保护"了整个社会的消费能力。

同样道理，企业所得税也具有类似的双向调节能力。

4. 赤字财政政策

在经济萧条时期，为了扩张总需求，就必须增加政府支出，减少政府税收，这样一来，非常容易造成财政赤字。凯恩斯主义认为，赤字财政并不可怕，只要公债用于发展经济，政府就有足够的能力来还债。

## 驱动案例解析

### 减税的话题

凯恩斯主义强调的是总需求管理，包括财政政策与货币政策两类。

总需求包括个人消费、企业投资、政府支出和净出口，无论是财政政策还是货币政策，只要能够作用到以上任何一个方面，都能够起到调节总需求的作用。本质上讲，财政政策和货币政策并无优劣之分，只是各自的特点不同。财政政策的特点是：具有良好的"定向"能力，能够作用于特定的对象。中间环节少，起效快。

政府降低个人所得税，可以增加个人的可支配收入，进而增加个人的消费能力，所以肯尼迪政府实施减税，以增加消费支出，扩大总需求，刺激经济回升。

政府降低企业所得税，可以增加企业的税后利润，增加企业投资，所以奥巴马政府为企业减税 2 000 亿美元。

金融危机来临后，我国的小微企业处境艰难。由于种种原因，打开货币"水龙头"，并不能使小微企业得到多少实质性帮助。而针对小微企业的税收优惠则可以起到立竿见影的帮助作用。在这样的背景下，经国务院批准，自 2012 年 1 月 1 日至 2015 年 12 月 31 日，我国对年应纳税所得额低于 6 万元(含 6 万元)的小微企业，其所得减按 50%计入应纳税所得额，并按 20%的税率缴纳企业所得税。

## 经典案例赏析

### 四万亿投资的意义

**"四万亿"的背景**

2008 年十月，受到国际金融危机的冲击，中国经济尤其是出口部门出现了令人恐慌的现象：订单骤减，原材料价格暴跌，用电量快速下降……如果这种趋势不能快速得到扭转，经济可能出现恐慌性的下跌，经济增长将受到严重制约。在出口受阻的不利局面下，必须做到"东方不亮西方亮"，及时启动政府投资来弥补出口的快速下降。从这个意义上来说，四万亿从一推出就对维持经济增长就起到了至关重要的作用。

**“四万亿”的作用**

(1) 以铁路投资拉动内需。四万亿投资中有近一半是铁路投资，其中绝大部分投资于高速铁路，即总长8900公里的23条客运专线(包括城际铁路)。政府投资高速高铁，解决城市间交通问题，有利于商务交流。例如，京沪高铁通车后，从上海到无锡的时间不足40分钟。高铁建设是中国城市化进程与经济建设的必然需求，同时可以拉动内需。

(2) 有利于经济转型升级。投资短期内无法带来出口订单的提升，但是四万亿投资中的技术进步、产业重组等投资从长期来看将提高中国产品和中国企业在国际市场的竞争力和经济效益，中国经济发展不可能永远依靠低廉的劳动力成本优势，迫切需要通过转型升级来生产更多高技术高附加值产品，四万亿投资有利于培养中国经济的长久竞争力。

(3) 促进了民生。四万亿投资消除了消费者对于未来通货紧缩的预期，人们变得乐观起来，逐步敢于消费。同时，四万亿投资中对于保障性住房和医疗、教育、文化的投资，配合宽松的货币政策，将降低居民购房成本，提升居民边际消费意愿和消费能力。因此，四万亿投资不仅仅是一个为了解决燃眉之急的短期投资计划，更是一个着眼于长期的国家经济的全面刺激计划。

总之，无论从短期、中期还是长期来看，四万亿投资计划对于我国经济都将产生重大的积极影响。

## 思考与练习

姓名________　班级________　学号________

**1. 名词解释**

宏观经济政策

充分就业

物价稳定

减少经济波动

实现经济增长

需求管理

供给管理

宏观经济政策工具

自动稳定器

**2. 选择题**

(1) 下列属于宏观经济政策可以实现的目标是(　　)。

A. 消灭自然失业　　B. 消灭通货膨胀

C. 同时实现物价稳定和充分就业　　D. 促进经济增长

(2) 下列属于紧缩性财政政策的是(　　)。

A. 降低个人所得税　　B. 降低企业所得税

C. 增加政府投资　　D. 减少政府投资

(3) 下列属于扩张性财政政策的是(　　)。

A. 提高个人所得税　　B. 提高企业所得税

C. 增加政府投资　　D. 减少政府投资

(4) 下列属于内在稳定器财政政策的是(　　)。

A. 个人所得税　　B. 企业所得税

C. 政府投资　　D. 失业补助

E. 抚恤金

(5) 当一国经济物价飞涨、企业投资高涨时,应该采取的财政政策是(　　)。

A. 降低个人所得税　　B. 提高个人所得税

C. 增加政府投资　　D. 减少政府投资

E. 降低企业所得税

**3. 讨论题**

"以旧换新"政策是在国家的推动下,相关部门共同研究推出来的一项利国利民利企的好政策。党中央和国务院在全面实施家电下乡和汽车、摩托车下乡的同时,2009 年 5 月份,出台了以旧换新的政策,对汽车和家电以旧换新,通过财政补贴这个政策工具促进消费。这项政策和汽车下乡、家电下乡一起构成了扩大汽车和家电消费的政策体系,是宏观调控的一项重要措施。

讨论,政府出台"以旧换新"政策的目的是什么? 能起到什么作用?

# 任务 2　货币政策

**本项目内容结构图**

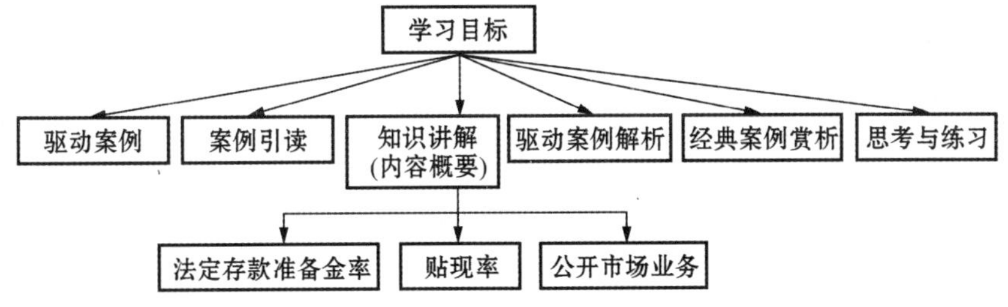

## 学习目标

- **知识目标**

(1) 掌握法定存款准备金率的原理。

(2) 掌握贴现率的原理。

(3) 掌握公开市场业务的原理。

- **能力目标**

能够运用货币政策原理初步分析各项货币政策的作用。

## 驱动案例

**中国时隔一个月再次上调存款准备金率**

中国央行 12 日宣布从 2010 年 2 月 25 日起上调存款类金融机构人民币存款准备金率 0.5 个百分点。“这是正常的信贷管理，并不意味着适度宽松的货币政策取向发生了改变。”央行有关人士对新华社记者说。

这位人士指出，2009 年大量信贷的投放是应对金融危机下的非常态管理。2010 年货币政策要回归常态管理，连续上调存款准备金率是针对当前非常宽裕的流动性中的一小部分，货币政策的取向并未发生改变。

“作为数量型货币政策工具，存款准备金率的调整，主要是针对银行体系流动性的管理。此次上调不涉及农村信用社等小型金融机构，是出于春耕备耕的需要，也体现了货币政策的针对性和灵活性。”这位央行人士说。

（资料来源：安蓓　姚均芳　王宇. 中国时隔一个月再次上调存款准备金率. 新华网北京 2010-2-12）

**问题：**央行为什么要上调法定存款准备金率？

## 案例引读

**下调金融机构人民币存贷款基准利率**

2012 年 6 月 7 日晚间，央行宣布：自 2012 年 6 月 8 日起下调金融机构人民币存贷款基准利率。金融机构一年期存款基准利率下调 0.25 个百分点，一年期贷款基准利率下调 0.25 个百分点；其他各档次存贷款基准利率及个人住房公积金存贷款利率相应调整。

2012 年 7 月 5 日晚间，央行宣布：自 2012 年 7 月 6 日起下调金融机构人民币存贷款基准利率。金融机构一年期存款基准利率下调 0.25 个百分点，贷款基准利率下调 0.31 个百分点。这次降息距离上次降息还不到 1 个月，贷款利率下调幅度大于存款利率下调幅度。

**问题**：央行为什么要下调金融机构人民币存贷款基准利率？

## 知识讲解

### 一、金融机构体系

金融机构体系以中央银行为中心，包括商业银行和非银行金融机构，如图 9-4 所示：

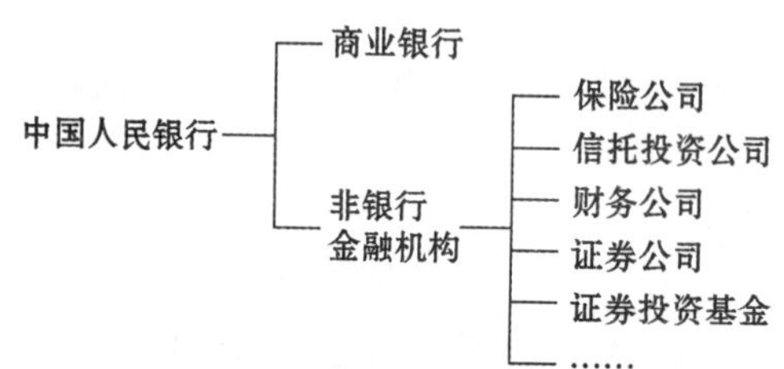


图 9-4 金融机构体系示意图

我国的中央银行是中国人民银行，商业银行包括工商银行、农业银行、中国银行、建设银行、交通银行等全国性大型商业银行和各地的股份制商业银行，商业银行可以经营存贷款业务。

我国的非银行金融机构包括保险公司、信托投资公司、财务公司、证券交易所、证券公司、证券投资基金、典当行等，非银行金融机构主要从事某一方面的金融业务，一国的非银行金融机构越发达，金融机构体系就越成熟。

### 二、商业银行

商业银行是以货币为经营对象的企业。

商业银行的业务包括资产业务、负债业务和中间业务，如表 9-2 所示：

**表 9-2　A 商业银行资产负债简表**

| 资产 | 负债 |
| --- | --- |
| 1. 现金(10%)<br>2. 投资(20%)<br>3. 贷款、贴现(60%)<br>4. 固定资产(10%) | 1. 存款业务(70%)<br>企业存款;居民储蓄存款;其他存款<br>2. 同业拆借(20%)<br>自有资本金(10%) |

在表 9-2 中,假设 A 商业银行有 10 亿资产,其中现金 1 亿,投资于各种短期债券 2 亿,贷款贴现等 6 亿,还有 1 亿固定资产。贷款、贴现、短期债券投资就是其资产业务。

> 中间业务不牵涉商业银行的资产和负债。

假设 A 商业银行有 10 亿资产,来源如下:自有现金 1 亿,吸收的各种外来存款 7 亿,同业拆借资金 2 亿。各类存款业务以及同业拆借就是其负债业务。

贷款业务对于一般企业而言是负债,但是对于银行是资产;存款业务对于一般企业而言是资产,但是对于银行是负债。

## 三、中央银行

中央银行是一国金融体系的管理机构,如图 9-5 所示:

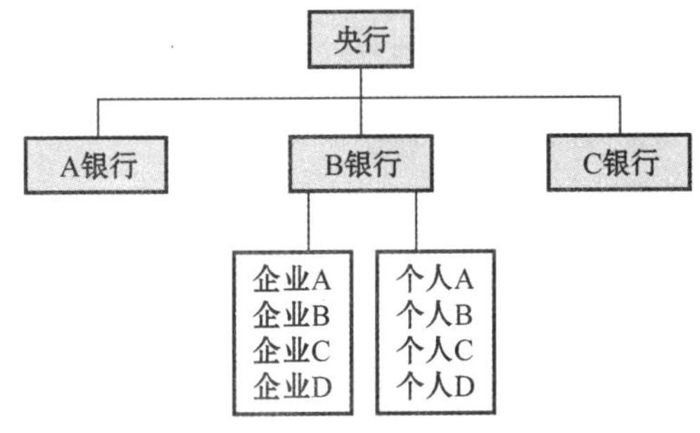


图 9-5　中央银行、商业银行和企业、个人

如图 9-5 所示:中央银行一般只与商业银行发生业务往来,商业银行向中央银行缴纳法定存款准备金,中央银行向商业银行发放再贷款。商业银行则与企业和个人发生业务往来。

商业银行与一般企业有一个显著的不同,商业银行通过各种业务活动,联系着千千万万的企业和个人,其经营活动一旦有"风吹草动",就会关乎到千千万万企业和个人的资金安全,容易演变成严重的社会危机,所以商业银行的日常经营特别注重安全性。

## 四、货币政策

凯恩斯主义货币政策作用于货币供应量,以货币供应量的变动带动利率变动,进而影响社会总需求。凯恩斯主义货币政策的三大传统工具分别是法定存款准备金率、再贴现率和公开市场业务。与财政政策不同,货币政策的特点是:作用于整个经济。中间环节较多,政策有时滞,起效慢。

1. 扩张的货币政策

当一个社会总需求过于疲软，总供给大量过剩，企业订单减少，普遍收缩产能，劳动者就业形势恶劣，失业率居高不下，公众舆论普遍关注失业率时，政府就会考虑扩张总需求，以扩大企业订单，增加企业用工，降低失业率。

(1) 降低法定存款准备金率。**法定存款准备金率**是一国中央银行规定的商业银行上交存款的比例。

**【例 9.1】** 假设赵先生在金融市场上出售政府债券，得到 100 万元现金，法定准备金比率为 20%，赵先生将 100 万元存入 A 银行。

赵先生将 100 万元存入 A 银行后，将会引起一系列的连锁反应，如图 9-6 所示：

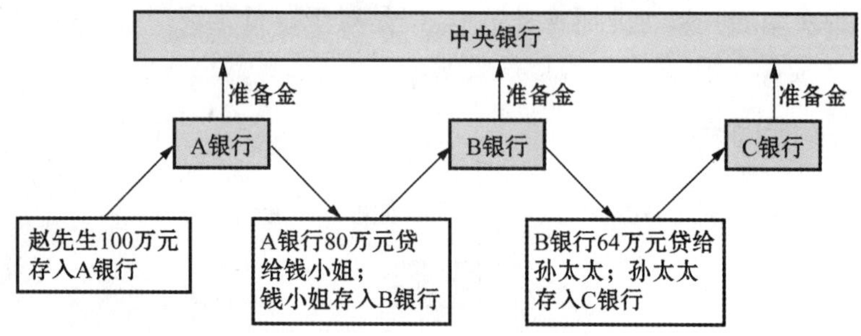


图 9-6 法定存款准备金

**赵先生 100 万元存入 A 银行；**

A 银行按照规定应该上交中央银行法定存款准备金为：100 万×20%＝20 万；

A 银行将剩余的 80 万元贷给钱小姐；

**钱小姐将 80 万元存入 B 银行；**

B 银行按照规定应该上交中央银行法定存款准备金为：80 万×20%＝16 万；

B 银行将剩余的 64 万元贷给孙太太；

**孙太太将 64 万元存入 C 银行；**

……

随着这个过程的继续，D 银行、E 银行、F 银行、G 银行……得到的存款将会逐步减少，各家银行应该上交中央银行法定存款准备金也会随之减少，李女士、周阿姨、吴叔叔、郑师傅……他们得到的贷款也会越来越少。赵先生最初存入的 100 万元，经过这种魔术般的变化，最终会产生多少新增存款呢？

将新增 80 万、64 万、51.2 万、40.96 万、32.77 万、26.21 万、20.58 万……再加上最初存入的 100 万，最终的总存款是：

100 万＋80 万＋64 万＋51.2 万＋40.96 万＋32.77 万＋26.21 万＋20.58 万＝100 万/(1－0.8)＝500 万

**【例 9.2】** 假设赵先生在金融市场上出售政府债券，得到 100 万元现金，法定准备金比率为 10%，赵先生将 100 万元存入 A 银行。

赵先生将 100 万元存入 A 银行后，引起一系列的连锁反应过程与例 9.1 完全相同，区别在于：经过这种魔术般的变化，最终产生新增存款数会增加。

实际上，将新增 90 万、81 万、72.9 万、65.61 万、59.05 万、53.14 万、47.83 万……再加上最初存入的 100 万，最终的总存款是：

100 万＋90 万＋81 万＋72.9 万＋65.61 万＋59.05 万＋53.14 万＋47.83 万
＝100 万/(1－0.9)＝1 000 万

可见，降低法定存款准备金率后，流通中的货币量会增加。

(2) 降低再贴现率。

贴现率是票据持有人将持有票据向商业银行变现时所支付利息的利息率。再贴现率是商业银行将持有票据向中央银行变现时所支付利息的利息率。

**【例 9.3】** 3 月 1 日，甲商场向乙公司购进面料，并开出 3 个月远期汇票 100 万，付款日 6 月 1 日。4 月 1 日，乙公司由于资金不足，将票据向 A 银行贴现，贴现率 3%，乙公司实际获得金额多少？5 月 1 日，A 银行由于资金不足，将票据向中央银行再贴现，贴现率 3%，A 银行实际获得金额多少？

贴现与再贴现可用图 9-7 表示：

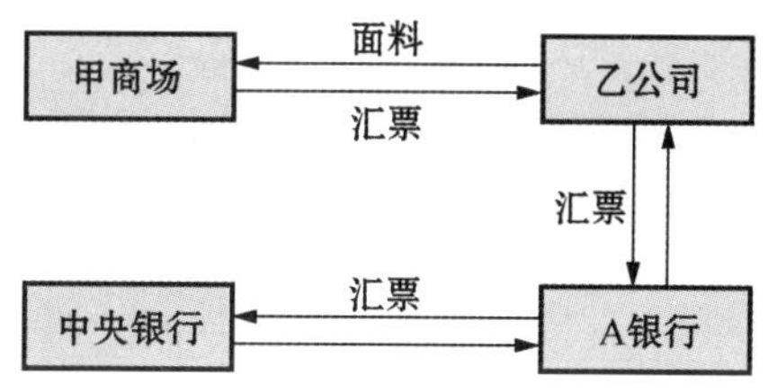


图 9-7　贴现与再贴现

4 月 1 日，乙公司将持有票据向 A 银行贴现：

贴现利息＝100 万×3%×2/12＝5 000，乙公司实际获得 995 000 元。

5 月 1 日，A 银行将持有票据向中央银行贴现：

贴现利息＝100 万×3%×1/12＝2 500，A 银行实际获得 997 500 元。

A 银行获利 2 500 元。

**【例 9.4】** 3 月 1 日，甲商场向乙公司购进面料并开出 3 个月远期汇票 100 万，付款日 6 月 1 日。4 月 1 日，乙公司由于资金不足，将票据向 A 银行贴现，贴现率 3%，实际获得金额多少？5 月 1 日，A 银行由于资金不足，将票据向中央银行再贴现，贴现率 1.5%，实际获得金额多少？

4 月 1 日，乙公司将持有票据向 A 银行贴现，仍然可以获得 995 000 元。

5 月 1 日，A 银行将持有票据向中央银行贴现：

贴现利息＝100 万×1.5%×1/12＝1 250，A 银行实际获得 998 750 元。

再贴现率从 3%降到 1.5%后，A 银行获利 3 750 元，获利增加，开展贴现业务的积极性将会增强。

可见，降低再贴现率后，流通中的货币量会增加。

(3) 公开市场业务买进有价证券。

公开市场业务是指中央银行为了调节流通中的货币量，在金融市场上买进或者卖出有价证券的活动。当中央银行想增加流通中的货币量时，就会买进有价证券，如图 9-8 所示：

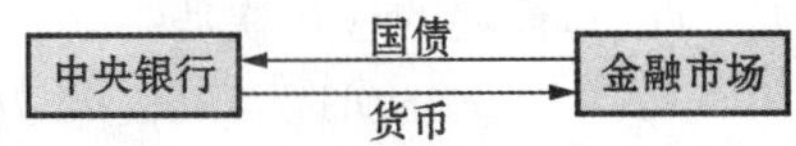


图 9-8　公开市场业务

当中央银行执行买进操作时，所使用的货币就会增加流通中的货币量，这笔货币经过商业银行的存款创造将会成倍增加。

2. 紧缩的货币政策

当一个社会总需求过于旺盛，总供给严重不足，导致各种商品价格不断上涨，通货膨胀率居高不下，公众舆论普遍关注商品涨价时，政府就会考虑采用各种手段抑制总需求，以降低通货膨胀率。具体的方法就是将扩张的货币政策反过来：提高法定存款准备金率；提高再贴现率；公开市场业务卖出有价证券。

## 相关知识链接

**表 9-3　凯恩斯主义需求管理一览表**

| | | 经济萧条（扩张性） | 经济繁荣（紧缩性） |
|---|---|---|---|
| 财政政策 | 政府支出 | 增加政府支出 | 减少政府支出 |
| | 税收 | 减少税收 | 增加税收 |
| 货币政策 | 公开市场 | 买进有价证券 | 卖出有价证券 |
| | 贴现率 | 降低贴现率并放松贴现条件 | 提高贴现率并严格贴现条件 |
| | 准备率 | 降低法定存款准备率 | 提高法定存款准备率 |

凯恩斯主义财政政策和货币政策都属于需求管理，财政政策针对性强，作用迅速，货币政策作用全面，有一定时滞，在实践中，两者往往配合起来使用。

## 驱动案例解析

货币政策的三大传统工具分别是法定存款准备金率、再贴现率和公开市场业务。

这三大工具中，法定存款准备金率是调控力度最猛的工具，对流通中的货币影响力最大。假如一国商业银行的存款余额是 10 万亿，法定存款准备金率每上升 1 个百分点，将会减少流通中的资金 1000 亿；反过来法定存款准备金率每下降 1 个百分点，将会增加流通中的资金 1000 亿。

相比而言，公开市场业务操作的力度就小得多，可以小幅频繁操作，也可以随时反向修正。再贴现率只是一个辅助性工具。

2009 年，为了应对金融危机，我国实施了大量的信贷投放，在最困难的时期已经过去、宏观调控已经取得了明显效果后，2010 年货币政策就要回归常态管理，需要通过连续上调存款准备金率来收回过量的货币。

## 经典案例赏析

### 中国的政策目标是降低通货膨胀率

博鳌亚洲论坛 2012 年年会于 4 月 1 日～3 日在中国海南博鳌举行，凤凰财经全程进行了报道。

**【资料】** 周小川：中国的政策目标是降低通货膨胀率

从技术上来讲确实存在很多困难，有些时候我们不知道所采取的政策措施是过强了，还是过弱了，对于软着陆好不好。……

这一点和政策工具也有关，要使用哪一个政策工具呢？对中国而言，当然我们是使用了一系列的量化政策和价格政策，自从 2010 年的最后一个季度开始，我们就开始提高利率，而到现在已经是增加了利率有 5 次，每一次大概都是 0.25%。

如果全球经济过于流动性，那么我们就要非常的小心，如果你使用太多的利率工具，可能会导致资本向国内流动。

（资料来源：周小川：中国的政策目标是降低通货膨胀率. 2012-04-03. 凤凰网. 节选）

货币政策工具中，法定存款准备金率、再贴现率和公开市场业务是通过调节流通中的货币量来调节利率，是一种数量型工具。而金融机构存贷款基准利率调节则是一种价格型工具，具体采用哪种类型，要根据货币政策的传导情况而定。

周小川行长的话说明：开放经济条件下，利率的上调固然可以遏制投资，但是也会吸引热钱，需要政策制定者权衡利弊。同时，宏观调控是一门科学，也是一门艺术，需要根据情况不断地微调。

此外，市场经济条件下，中央银行可以使用的货币政策工具有许多。除了中央银行的三大法宝法定存款准备金率、再贴现率和公开市场业务外，还有优惠利率政策、消费者信用控制等选择性政策工具以及中央银行的窗口指导等，中央银行会根据不同的情况选择不同的货币政策工具。

## 思考与练习

姓名________ 班级________ 学号________

**1. 名词解释**

金融机构体系

商业银行

中央银行

存款准备金率

公开市场业务

贴现率

再贴现率

**2. 多选题**

(1) 下列政策中，不属于中央银行三大货币政策工具的是(　　)。

A. 法定存款准备金率　　B. 再贴现率

C. 公开市场业务　　D. 消费者信用控制

E. 窗口指导

(2) 当一国经济物价飞涨、企业投资高涨时，应该采取的货币政策是(　　)。

A. 提高法定存款准备金率　　B. 降低法定存款准备金率

C. 提高贴现率　　D. 降低贴现率

E. 在公开市场买进有价证券

(3) 当一国经济失业严重、企业投资低落时，应该采取的货币政策是(　　)。

A. 提高法定存款准备金率　　B. 降低法定存款准备金率

C. 提高贴现率　　D. 降低贴现率

E. 在公开市场买进有价证券

(4) 当一国经济物价飞涨、企业投资高涨时,应该采取的宏观调控政策是(　　)。

A. 降低个人所得税　　　　B. 提高个人所得税

C. 增加政府投资　　　　D. 提高法定存款准备金率

E. 提高贴现率

**3. 案例分析题**

实行更为严格的差别化住房信贷政策。对购买首套自住房且套型建筑面积在 90 平方米以上的家庭(包括借款人、配偶及未成年子女,下同),贷款首付款比例不得低于 30%;对贷款购买第二套住房的家庭,贷款首付款比例不得低于 50%,贷款利率不得低于基准利率的 1.1 倍;对贷款购买第三套及以上住房的,贷款首付款比例和贷款利率应大幅度提高,具体由商业银行根据风险管理原则自主确定。

(资料来源:国务院关于坚决遏制部分城市房价过快上涨的通知. 国发〔2010〕10 号. 2010-04-17)

要求:上网查找最近一轮房地产调控中差别化住房信贷政策的其他规定,分析差别化住房信贷政策的具体效果。

# 参 考 文 献

[1] 梁小民. 西方经济学[M]. 北京:中央广播电视大学出版社. 2002.
[2] 缪代文. 微观经济学与宏观经济学[M]. 北京:高等教育出版社. 2012.
[3] 卢进强. 应用经济学[M]. 北京:北京交通大学出版社. 2009.
[4] 曼昆. 经济学原理:微观经济学分册(第5版)[M]. 北京:北京大学出版社. 2009.
[5] 陈淮. 广厦天下:房地产经济学 ABC[M]. 北京:中国发展出版社. 2011.
[6] 董志勇. 生活中的行为经济学(上、下)[M]. 北京:北京大学出版社. 2010.